Muhammad Wolfgang G. A. Schmidt

Einführung in die Grammatik der hochchinesischen Umgangssprache

Theoretische Grundlagen, Sprachvergleich
Chinesisch-Deutsch und Strukturen

disserta
Verlag

Schmidt, Muhammad Wolfgang G. A.: Einführung in die Grammatik der hochchinesischen Umgangssprache. Theoretische Grundlagen, Sprachvergleich Chinesisch-Deutsch und Strukturen, Hamburg, disserta Verlag, 2017

Buch-ISBN: 978-3-95935-406-6
PDF-eBook-ISBN: 978-3-95935-407-3
Druck/Herstellung: disserta Verlag, Hamburg, 2017
Covermotiv: © Eky Chan / Fotolia

Bibliografische Information der Deutschen Nationalbibliothek:
Die Deutsche Nationalbibliothek verzeichnet diese Publikation in der Deutschen Nationalbibliografie; detaillierte bibliografische Daten sind im Internet über http://dnb.d-nb.de abrufbar.

© disserta Verlag, Imprint der Diplomica Verlag GmbH
Hermannstal 119k, 22119 Hamburg
http://www.disserta-verlag.de, Hamburg 2017
Printed in Germany

Vorwort

Dieses Buch behandelt die wichtigsten Satzmuster und grammatischen Regeln, die ein deutscher Lerner zur Beherrschung der modernen Umgangssprache des Hochchinesischen benötigt. Es kann damit im Unterricht von Chinesisch als Fremdsprache eingesetzt werden, und zwar unabhängig von dem jeweils benutzten Lehrwerk, das die Grundfertigkeiten der sprachpraktischen Beherrschung in den Bereichen Sprechen und Hörverständnis sowie Schreiben und Leserverständnis vermittelt, ergänzend zur Vertiefung der grammatischen Themen eingesetzt werden.

Da das Schwergewicht auf der hochchinesischen Umgangssprache liegt, werden hier grammatische Strukturen, die vorwiegend in der modernen hochchinesischen Schriftsprache in speziellen Textsorten vorkommen, nicht weiter berücksichtigt. Insofern wurde in Bezug auf die in diesem Buch behandelten grammatischen Themen eine bewusste Auswahl unter besonderer Berücksichtigung von Strukturen, wie sie in der hochchinesischen Umgangssprache vorkommen, getroffen.

Inhaltlich geht die Präsentation der grammatischen Stoffe insofern systematisch vor, dass sie nach einer ausführlichen Einleitung in den gewählten grammatischen Deskriptionsrahmen mit den einzelnen Wortklassen und ihren jeweiligen grammatischen Besonderheiten beginnt und dann weiterführt zu den einzelnen Satzteilen und schließlich zu den der Einheit Satz mit einfachen und komplexen Sätzen selbst. Der Fokus liegt dabei vor allem auf einer Darstellung der Besonderheiten, die dem Lerner erwartungsgemäß die größten Schwierigkeiten bereiten dürften.

Die bisher vorliegenden grammatischen Darstellungen zum Hochchinesischen sind in vielerlei Hinsicht oft wenig hilfreich und daher unbefriedigend. Dies betrifft in Sonderheit die dazu aus China vorliegenden Lehrwerke und Handbücher, denen auch die außerhalb des chinesischen Festlandes publizierten diesbezüglichen Darstellungen weitgehend folgen. Was kann z. B. ein Lerner mit einer Aussage zur Funktion und Struktur des *Gradkomplementes* anfangen, wenn gesagt wird, dass dieses „den Grad einer Handlung" bezeichnet, um dann in der Darstellung der strukturellen Gegebenheiten zu diesem Punkt fortzufahren, ohne diese Aussage zur Funktion und dessen, was seine Verwendung eigentlich aussagt, weiter zu vertiefen? In europäischen Sprachen entspricht in vielen Fällen die Verwendung des Gradkomplements der adverbialen Beifügung von Adjektiven in einem Satz wie *Er kam schnell.* Wodurch grenzt sich dann aber die Verwendung des Gradkomplemems im Chinesischen von der dort auch möglichen Verwendung von solchen Fällen adverbialer Beifügungen mit Adjektiven ab?

Dies sind natürlich Fragen, die den westlichen Fremdsprachenlerner des Chinesischen eher interessieren als den durchschnittlichen chinesischen Muttersprachler; der westliche Lerner benötigt insbesondere diese ihn besonders interessierenden Zusatzinformationen deswegen, weil er sie für die korrekte Anwendung grammatischer Grundmuster entsprechend der Aussageintention eines Sprechers und damit zur Bildung grammatisch korrekter Sätze benötigt. Wichtig für eine weiterführende und damit hilfreiche Aufklärung des Lerners ist, dass man dabei den Dingen sozusagen auf den Grund geht und auch nach dem tieferen Wesen des Zugrundeliegenden fragt.

Ein anderes Beispiel wäre etwa auch das Thema *Aspekt*, das für den deutschen Muttersprachler nicht immer ganz einfach nachvollziehbar ist. Manche Themen wie die semantische Rolle der Satzglieder, die in chinesischen Sätzen mit passivischem Sinn, aber ohne explizite Passivmarkierungen, hinsichtlich ihrer Form vorkommen können, sind in den gängigen Grammatikbeschreibungen entweder gar nicht oder nur sehr unzureichend behandelt. Auch in dieser Hinsicht möchte das vorliegende Buch eine Lücke schließen.

Die grammatischen Strukturen einer Sprache kann man nicht ohne einen vorher theoretisch vorformulierten grammatischen Theorierahmen angemessen beschreiben. In vielerlei Hinsicht eignen sich die herkömmlichen grammatischen Beschreibungsrahmen, die zumeist an Hand der strukturellen Eigenheiten westlicher Sprachen entwickelt wurden, nicht für das ganz anders strukturierte Chinesisch. Dieses hat ja seinerseits strukturelle Eigenheiten, die z. T. extrem stark von denen in den westlichen Sprachen bekannten abweichen. Insofern stellte sich für dieses Buch die Notwendigkeit, auf mehrere unterschiedliche Ansätze traditioneller, aber auch neuerer Art, zurückzugreifen und insofern eklektisch vorzugehen..

Die in diesem Buch verwendeten grammatischen Theorieansätze werden in einem einleitenden Kapitel ausführlich erläutert. Um den Benutzer nicht zu sehr mit abstrakter Theorie und unwesentlichen Einzelheiten zu überfrachten, wurde diese einleitende Darstellung des Deskriptionsrahmens bewusst knapp gehalten und auf das Wesentliche für die diesem Buch zugrunde liegende Präsentation der grammatischen Stoffe beschränkt.

Für die meisten der hier präsentierten grammatischen Stoffe steht das, was sie aussagen und wann ihre Strukturen zur Anwendung kommen, naturgemäß im Vordergrund. Im Gegensatz zum Deutschen, aber auch zu anderen westlichen Sprachen, weist ja das Chinesische eine eher verblüffende Armut an grammatischen Formen seiner Wörter in den einzelnen Wortklassen auf. Vieles wie z. B. Singular und Plural von Nomen oder die grammatischen Zeitformen bei Verben, wie sie im Deutschen üblich und eigentlich immer notwendig sind, fehlen in der Regel in entsprechenden chinesischen Sätzen ganz, so dass vieles, was in einem entsprechenden deutschen Satz mit stehen müsste, nur implizit und damit nur aus dem Zusammenhang erschlossen werden kann.

Insofern spielt hier im Chinesischen die *Kontextsensivität* eine weitaus größere Rolle als im Deutschen beim Lesen- und Hörverstehen, aber auch beim Sprechen selber. Es nimmt dann nicht Wunder, wenn in der Präsentation der grammatischen Stoffe selbst in diesem Buch der Schwerpunkt vor allem auf der Bedeutung und Anwendung grammatischer Strukturen in einem bestimmten Kommunikationszusammenhang liegt.

Die vielfach in diesem Buch vorhandenen Satzbeispiele sollen das Gesagte und die zugrunde liegenden Regeln beispielhaft verdeutlichen und auch intuitiv nachvollziehbar machen. Aus satztechnischen Gründen musste dabei auf zusätzliche Pinyin-Umschriftangaben zu den in chinesischen Zeichen präsentierten Satz- und sonstigen Beispielen verzichtet werden; andererseits muss hier auch die Kenntnis der chinesischen Schrift bis zu einem gewissen Grade auch vorausgesetzt werden können, weil ohne eine elementare Kenntnis der chinesischen Schriftzeichen und der ihnen zugrunde liegenden Schriftsystematik die Benutzung weiterführender lexikographischer Hilfsmittel wie die von Wörterbüchern oder Zeichenlexika unmöglich und daher die alleinige Beschränkung auf die offizielle Lateinumschrift Hanyu Pinyin weder hilfreich noch eigentlich wünschenswert ist.

Diesem Buch sind im Anhang ein Glossar zum leichten Nachschlagen der in diesem Buch verwendeten grammatischen und sonstigen Fachausdrücke sowie ein Index aller hier im Buch verwendeten chinesischen Beispielsätze in chinesischen Zeichen sowie der Lateinumschrift Hanyu Pinyin beigegeben. Ein Literaturverzeichnis mit Hinweisen auf weiterführende Literatur beigegeben rundet das Ganze ab.

Man kann die einzelnen Stoffe in der Reihenfolge, wie sie hier präsentiert werden, durcharbeiten oder auch nur je nach Bedarf ein bestimmtes Thema einzeln und punktuell herausgreifen. Im Einzelnen wird das immer von den konkreten Bedürfnissen des einzelnen Benutzers abhängen.

Viele der hier behandelten grammatischen Stoffe beruhen auf eigenen linguistischen Forschungen des Autors und werden in den Grammatikbüchern anderer Autoren entweder gar nicht thematisiert oder anders und aus unserer Sicht linguistisch unzureichend präsentiert. Dessen ungeachtet steht der Verfasser natürlich in der geistigen Schuld anderer Autoren und Vorgänger, chinesischer sowie westlicher, die zur grammatischen Beschreibung des modernen Hochchinesisch gearbeitet haben. Ohne deren bedeutende Vorarbeit hätte dieses Buch gar nicht geschrieben werden können.

Im August 2017

Der Autor

INHALTSVERZEICHNIS

Aussagesätze 116 - 128

Fragesatzmuster 129 - 134

Hinweise zur Arbeit mit diesem Buch

In dieser Grammatik wenden wir verschiedene Verfahren an, um dem dargebotenen Stoff in angemessener Weise gerecht zu werden: Neben der in Grammatikbüchern ohnehin üblichen 1) Darstellung des grammatischen Regelwerks zu einem bestimmen Grammatikthema, das dann durch geeignete Satz- oder andere Beispiele exemplarisch in der Anwendung illustriert wird, haben wir auch da, wo es vom Thema her erforderlich schien, stellenweise auch 2) sprachvergleichende Hinweise zum deutschen Regelwerk eingebaut. Das ist zwar in Grammatikbüchern zur chinesischen Sprache eigentlich eher nicht üblich, scheint uns aber zum besseren Verständnis des entsprechenden grammatischen Regelwerks zu bestimmten Themen der chinesischen Grammatik erforderlich zu sein. Denn manche Themen eines solchen Regelwerks sind ihrer Natur nach kontrastiv, d. h. sprachvergleichend, angelegt und müssen dann auch als solche behandelt werden. Dies ist vor allem bei solchen Themen der chinesischen Grammatik der Fall, deren Inhalt und Ergebnisse vor allem aus der eigenen linguistischen Forschung des Autors stammen und in den chinesischen Grammatikwerken anderer westlicher oder chinesischer Autoren entweder gar nicht oder nur unzureichend behandelt werden, gleichwohl aber wichtig für westliche Chinesischlernende sind. Schließlich haben wir in diesem Buch, sicher auch abweichend von anderen Grammatikbüchern, häufiger 3) Visualisierungen in Form der in der Linguistik seit langem üblichen grafischen Präsentationen in Form sogenannter syntaktischer Strukturbäume zu Satz- und Satzteilstrukturen mit eingebaut, die dem Nutzer helfen sollen, das hier präsentierte abstrakte Regelwerk zu einzelnen Themen der chinesischen Grammatik auch intuitiv besser nachvollziehen zu können und dies für den Lernprozess fruchtbar zu machen.

Dieses Buch ist zwar nicht mit Blick auf Fachlinguisten geschrieben worden und richtet sich eher an unterschiedliche Gruppen von westlichen Chinesischlernenden. Anlage und Konzeption des Buches erfordern jedoch vielfach Vorgehensweisen in der Darstellung der grammatischen Stoffe, wie sie oft auch in der Deskriptiven Linguistik üblich sind. Die nachfolgenden kurzen einführenden Hinweise sollen den linguistisch nicht vorbelasteten Leser mit den wichtigsten in der wissenschaftlichen Linguistik üblichen Notationen und grafischen Präsentationen sprachlicher Daten vertraut machen.

1. Sätze weisen eine hierarchische Struktur auf. Allgemein ausgedrückt bedeutet das z. B., dass *meine* in *meine Suppe* zu Suppe in engerem Verhältnis steht als etwa *auf* in dem Beispiel unten. Diese hierarchische Strukturen kann ein Muttersprachler leicht für sich selbst erschließen, obwohl die Worteinheiten alle linear in einer Sequenz von Worten angeordnet sind und die Hierarchie solcher Strukturen in einem solchen Satz sonst gar nicht so direkt offensichtlich sind. Die folgenden Beispiele zeigen die jeweils hierarchischen Strukturverhältnisse für deutsche und chinesische Satzbeispiele. Die Abkürzungen der Wortklassen- und Wortgruppennamen finden Sie auf Seite 161 dieses Buches.

(1) 我　买　　中国　书。
　Pron　V　　Subst Subst

　　　　　　　　　Objekt
　│　　　　│　　　　│
Subjekt　Prädikat

　　　　　　S
Ich kaufe ein chinesisches Buch

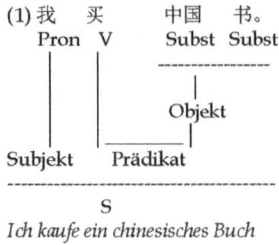

Für dieses chinesische Satzbeispiel geht aus der Visualisierung der hierarchischen Satzstruktur z. B. klar hervor, dass das Objekt dieses Satzes aus zwei Substantiven besteht und in der offiziellen heute in China üblichen Grammatikschreibung mit zum Prädikatskomplex gehört.

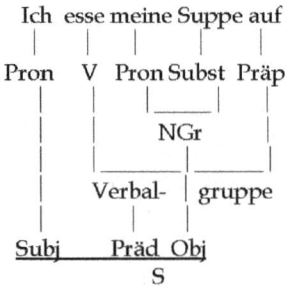

Ich　esse meine Suppe auf
│　│　　│　　│　　│
Pron　V　Pron Subst Präp
│　│　　│___│　　│
　　　　　NGr
│___│____│____│
　Verbal-　│ gruppe
│　　│　　│
Subj　Präd Obj
　　　S

In der grafischen Präsentation der hierarchischen Satzstruktur für dieses deutsche Satzbeispiel wird z. B. deutlich, dass es hier ein Subjekt *Ich* gibt, das zur Wortklasse der Pronomen (genauer: Personalpronomen) gehört

2. Hierarchische Satzstrukturen kann man auch in einem sogenannten *syntaktischen Baum* darstellen wie in dem folgenden Beispiel. Dabei ist S, also der gesamte Satz selbst, die oberste Beschreibungsebene, von dessen Teilen sich weitere Verästelungen wie die Äste eines Baumes hierarchisch ableiten lassen.

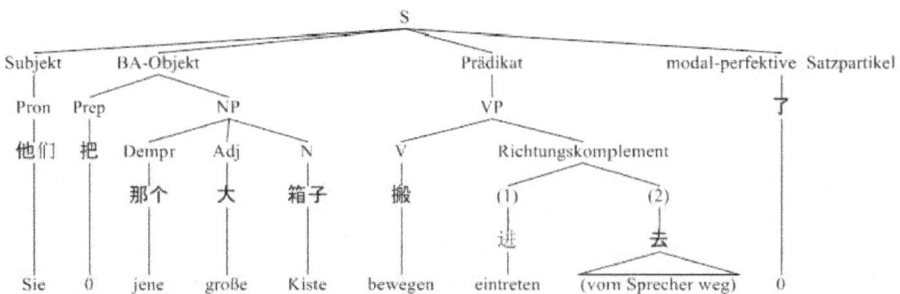

Der syntaktische Baum in dem Beispiel oben zeigt die Struktur der zugrundeliegenden chinesischen Satzeinheit; die deutschen Glossen ganz unten erläutern die Bedeutung der einzelnen Teile.

3. Tabellen wie in dem folgenden Beispiel unten zeigen das Inventar aller im Chinesischen möglichen Kombinationen von Richtungsverben an:

Bewegungsverben	上 *Nach oben gehn*	下 *Nach unten gehen*	进 *eintreten*	出 *Nach draußen gehen*	回 *Zurückkehren*	过 *Vorbeigehen, überqueren*	起 *Sich aufrichten*	到 *Ankommen*
Komplement来 *(zum Sprecher hin)*	上来	下来	进来	出来	回去	过来	起来	到来
Komplement去 *(vom Sprecher weg)*	上去	下去	进去	出去	回来	过去	起去⁹	到去

4. Auf folgende in der Linguistik üblichen Notationen sollte man besonders achten:

a. In dem nebenstehenden Notationsbeispiel bedeutet der obere Notationseintrag beispielsweise, dass es einen Aktanten 1 in der semantischen Rolle von Handlungsträger gibt - zum Beispiel in einem Satz wie diesem:

A1/(+HANDLUNGSTRÄGER)
Bezeichnung eines Aktanten in seiner semantischen Rolle.

Subj + Präd = V + Obj...
Satzstrukturmuster mit Subjekt, V als Prädikat und Objekt; hinter dem Objekt können weitere beliebige Konstituenten stehen.

(1) *Hans schlägt den Hund* [*Hans* ist hier der Träger der Handlung *schlagen*, der der Valenztheorie entnommene Begriff *Aktant 1* bezeichnet in der Regel das Satzsubjekt in einem Satz wie diesem].

b. Ein weiteres Beispiel für eine ebenfalls in der Linguistik übliche Satzmusternotation wäre etwa die Folgende:

In der Notation oben besagt (A) beispielsweise, dass *morgen* in einem Satz wie

(A) A kann, muss aber nicht verwendet werden, ist optional/fakultativ.
 A/B A kann wahlweise auch an Stelle von B oder umgekehrt verwendet werden.
 * Ein Satz mit * davor ist ein grammatisch falscher und nicht sinnvoller Satz.

(2) *Ich fahre (morgen) nach Hamburg*

entweder stehen und verwendet werden kann oder auch nicht; in beiden Fällen würde es sich immer noch um einen sinnvollen und wohlgeformten Satz des Deutschen handeln. Die Verwendung von *morgen* in einem solchen Satz wäre also optional, wofür man in der Linguistik dann den Fachausdruck *fakultativ* verwendet.

Allerdings wäre die Zeitdauerangabe *drei Jahre* in dem folgenden Satzbeispiel zwingend erforderlich, damit er ein sinnvoller und wohlgeformter Satz des Deutschen wäre:

(3) *Ihre Friseur-Ausbildung dauerte drei Jahre.* [*drei Jahre* wäre hier zwingend erforderlich, damit der Satz vollständig und sinnvoll ist. In der Linguistik würde man dann in der Fachsprache sagen, dass die Verwendung von einer Zeitdauerangabe wie *drei Jahre* in einem solchen Satz *obligatorisch* ist].

Denn ohne eine solche Zeitdauerangabe wäre dieser Satz „falsch" bzw. unvollständig:

(4) * *Die Friseur-Ausbildung dauerte.* [Wenn man andeuten will, dass ein Satz ungrammatisch bzw. nicht wohlgeformt ist wie im Falle dieses Satzbeispiels, kennzeichnet man diesen mit einem Asterisk am Satzanfang].

5. In dieser Grammatik arbeiten wir im Prinzip mit zwei verschiedenen Arten von den bereits erwähnten syntaktischen Strukturbäumen:

a. Solche, *die die Valenz (Wertigkeit) von z. B. Verben* betreffen, wo die Bedeutung der Verben für die Anzahl der notwendigen Ergänzungen oder *Aktanten* eines Satzes (wie z. B. Subjekt, Objekt o. A.) ausschlaggebend ist. Vgl. dazu die Beispiele unten:

```
        买 (Prädikat)
       /           \
      我            中国书
   (Subjekt)       (Objekt)
      A1              A2
```

Hier erfordert die Verbvalenz von 买 *kaufen* die beiden Ergänzungen (Aktanten) 我 *ich* und 中国书 *chinesische/s Buch/Bücher.* Dies er Sachverhalt wird in dem nebenstehenden syntaktischen Strukturbaum ausgedrückt.

```
        给
      / | \
     他 书 我们
   (A1)(A2)(A3)
```

```
        geben
      /   |   \
     er  ein  uns
        Buch
   (A1) (A2) (A3)
```

In diesem Beispiel werden die Valenzverhältnisse für das dreiwertige Verb 给 *geben* im Deutschen und Chinesischen beschrieben, wobei aus den Beispielen leicht ersichtlich ist, dass es sich in diesem Falle in beiden Sprachen, dem Chinesischen wie dem Deutschen, um ein dreiwertiges Verb handelt, das auf Grund seiner Wortbedeutung mindestens drei Ergänzungen (Aktanten) im Satz erfordert, damit dieser jeweils im Deutschen als auch im Chinesischen sinnvoll und verständlich ist.

b. Solche, die die generelle Satzstruktur betreffen und nichts über die Valenzverhältnisse in dem visualisierten Satz aussagen wie in dem folgenden syntaktischen Strukturbaum-Beispiel:

```
(1)  我    是   从德国  来 的, 不是  从法国   来 的。
    Pron   |     |     V  |   |     |      V
           |     |     |  |   |     |      |
           ---------------   --------------
    Subj       Präd              Präd
    S₁                           S₂
    --------------------------------
                  S'
```

Ich komme aus Deutschland, nicht aus Frankreich.

Deskriptive Grundlagen

Jede grammatische Beschreibung einer Sprache benötigt einen festen theoretischen Beschreibungsrahmen, innerhalb dessen die beschriebenen grammatischen Einheiten und ihre jeweiligen Regeln beschrieben werden. Für das Chinesische mit seinen vom Deutschen so z. T. extrem verschiedenen Besonderheiten haben wir, wie man unten sehen wird, einen eklektischen Beschreibungsrahmen gewählt, der verschiedene theoretische Ansätze eher traditioneller, aber auch neuerer Art in sich vereint. In den folgenden Abschnitten werden weitere Einzelheiten dazu im Vorgriff auf die einzelnen Schwerpunktkapitel der chinesischen Grammatikbeschreibung hier dargestellt, um das Verständnis der Ausführungen in den folgenden Kapiteln zur chinesischen Grammatik zu erleichtern.

1. Der Satz als Beschreibungseinheit

In der folgenden Beschreibung werden folgende grammatiktheoretische Konzepte zugrunde gelegt:

a) *Deskriptiv* wird unterschieden zwischen Sätzen mit verbalem und adjektivischem Satzprädikat. Beide Wortklassen - Adjektive als auch Verben - rechnen im Chinesischen zur Klasse der Prädikative (wohingegen im Deutschen Adjektive zur Gruppe der Nominale wegen ihrer Deklinierbarkeit gehören). In späteren Teilen dieses Buches wird sich noch konkret zeigen, dass für diese Unterscheidung auch jeweils strukturelle Gegebenheiten relevant sind (z.B. der Ausdruck von Aspekt mit den meisten verbalen Satzprädikaten, der bei Sätzen mit Adjektivprädikaten in der Regel nicht möglich ist).

b) *Prädikatsauffassung*: In der chinesischen Grammatikschreibung wird ein aus der traditionellen philosophischen Logik stammender Prädikatsbegriff zugrunde gelegt, der zwischen Subjekt einerseits unterscheidet und alle anderen Satzteile als *Prädikat* zusammenfasst:

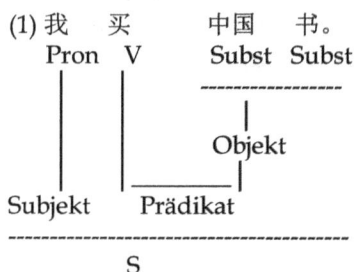

```
(1) 我    买      中国   书。
   Pron   V      Subst  Subst
    |     |      ------------------
    |     |             |
    |     |           Objekt
    |     |_____|
 Subjekt   Prädikat
--------------------------------------
                 S
```
Ich kaufe ein chinesisches Buch

Charakteristisch für diese Auffassung ist, dass immer von einer Zweiteilung des Satzes in Subjekt und Prädikat ausgegangen wird, wobei das Prädikat etwas über das Subjekt aussagt. Diese Auffassung von Subjekt und Prädikat entspricht weitgehend der Unterscheidung von THEMA und RHEMA (dazu in diesem Kapitel später mehr). Aus vielerlei Gründen ist es aber zweckmäßiger, einen grammatischen Prädikatsbegriff zugrunde zu legen, der lediglich jenen Satzteilbereich umfasst, der auch tatsächlich von prädikativen Wortklassenelementen besetzt wird: Bezogen auf unser obiges Satzbeispiel legen wir demgegenüber folgende Prädikatsauffassung zugrunde:

```
           我  买    中国 书。
          Pron  V   Subst Subst
           |   |    ----------------
          Subj Präd      Obj
       ----------------------------------------
                     S
```

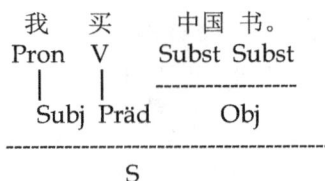

Die gängige chinesische Grammatikschreibung legt den zuerst oben genannten logischen Prädikatsbegriff zugrunde, während wir hier den zuletzt oben genannten grammatischen Prädikatsbegriff zugrunde legen: Das ermöglicht uns eine valenzgrammatische Darstellung da, wo erforderlich, und eine konsequente Unterscheidung von Wortklassen- und Satzgliedbegriffen (s. u.).

c) *Wortklasse" und "Satzglieder*: Wortklassen wie Substantive, Verben und Adjektive können in Sätzen in unterschiedlicher Funktion vorkommen:

(2) 这本书很好。   *Dieses Buch ist gut.*
(好 ist hier Satzprädikat).

(3) 这本好书我要买。   *Dieses gute Buch möchte ich kaufen.*
(好 ist hier kein Satzprädikat, sondern Attribut zu 书).

Substantive, Adjektive, usw. können also im Satz durchaus verschiedene grammatische Rollen spielen (*syntaktische Rollen* innehaben). Wortklassennamen wie *Substantiv*, usw., sagen also noch nicht über die jeweilige grammatische Rolle des betreffenden Wortes in einem Satz etwas aus.

Um die jeweilige grammatische Rolle eines Wortes in einem Satz genauer bezeichnen zu können, verwenden wir *Satzgliednamen* wie *Subjekt, Objekt, Prädikat*, usw. Wir gehen dabei von der Auffassung aus, dass das Satzprädikat die wichtigste Rolle im Satz spielt und auf Grund seiner jeweiligen Wortbedeutung im Satz über die Art und Anzahl der übrigen Satzglieder entscheidet. Wir nennen dies die *zentrale Rolle des Satzprädikats*. Zwischen Satzprädikat und den davon abhängigen sonstigen Satzgliedern im Satz bestehen grammatische Relationen, die wir als *Satzgliedrelationen* bezeichnen. Für die Satzglieder in dem hier behandelten Beispielsatz - Subjekt, Prädikat, Objekt - liegen z. B. folgende Satzgliedrelationen vor:

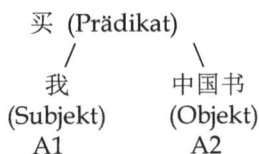

```
              买 (Prädikat)
             /          \
           我           中国书
        (Subjekt)       (Objekt)
           A1             A2
```

买 in seiner Wortbedeutung *kaufen* erfordert mindestens eine Person, die etwas kauft (A1 als Aktant 1 oder 1. Ergänzung) und eine Sache, die gekauft wird (A2 als Aktant 2 oder 2. Ergänzung). Diese Ergänzungen müssen im Satz mit 买 minimal vorhanden sein, damit der Satz grammatisch, aber auch bedeutungsmäßig vollständig ist.

Für 我 und 中国书 sprechen wir daher von *valenzbedingten Satzgliedern* im Unterschied zu solchen, die zwar im Satz vorkommen können, aber sich nicht aus der

Wortbedeutung von 买 herleiten lassen wie etwa 今天 in

(4) 今天我买中国书。   *Heute kaufe ich ein Buch.*

Solche Satzglieder nennen wir *fakultativ*.

d) Damit kommen wir zu einigen zentralen Begriffen der Valenzgrammatik: Es gibt also den Satznukleus wie 买, der über Art und Anzahl der valenzbedingten Satzglieder in einem Satz entscheidet. Damit ist immer ein *quantitativer* und ein *qualitativer Aspekt* der Valenz verbunden:

(a) 买 ist zweiwertig (hat eine Valenz von n=2, da es zwei Satzglieder minimal erfordert, damit ein wohlgeformter Satz entsteht (quantitativer Aspekt)).

(b) Der qualitative Aspekt bezieht sich auf die Art der Satzglieder, die in gewisser Weise ebenfalls durch die Wortbedeutung von 买 vorgegeben sind, denn nicht jedes beliebige Satzglied kann hier stehen: Für das Subjekt, das den Kaufenden bezeichnet, ist in der Regel ein Substantiv erforderlich, das eine menschliche Person bezeichnet, während für das Objekt ein Substantiv vorausgesetzt wird, das eine Sache (im weitesten Sinne) bezeichnet, die gekauft wird. Das Subjekt würde also das Wortbedeutungsmerkmal *menschlich* minimal mit beinhalten müssen, das Objekt hingegen nicht. Diese Merkmale ergeben sich aus der semantischen Rolle, die Subjekt und Objekt in einem Satz mit 买 spielen: Das Subjekt stellt einen Handlungsträger dar, das Objekt eine Sache, die als Handlungsbetroffenes zwischen Verkäufer und Käufer durch Übergabe in den Besitz der jeweils anderen Person wechselt.

Wir unterscheiden also terminologisch zwischen:

e) *Einfache und komplexe Satzglieder:* Satzglieder können aus einem Wort, nämlich

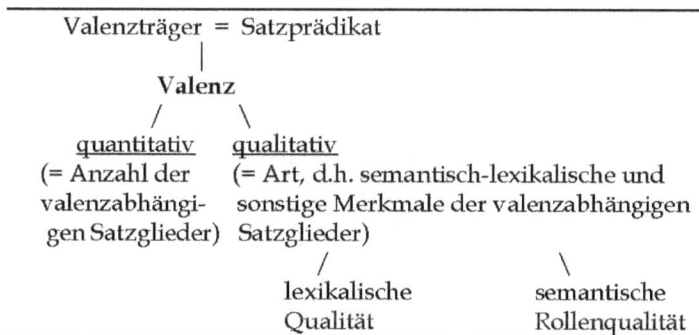

```
        Valenzträger  =  Satzprädikat
                     |
                  Valenz
                 /        \
        quantitativ    qualitativ
        (= Anzahl der   (= Art, d.h. semantisch-lexikalische und
        valenzabhängi-  sonstige Merkmale der valenzabhängigen
        gen Satzglieder) Satzglieder)
                          /                    \
                   lexikalische          semantische
                   Qualität              Rollenqualität
```

sich selbst, oder aus mehreren Teilen bestehen.

Ein Satzbeispiel mit einfachen Satzgliedern:

```
(5)   我    买    书。
      Pron  V   Subst  (1)
      Subj  Präd Obj   (2)
      --------------------------------
              S         (3)
```

Ich kaufe ein Buch.

Und hier ein anderes Satzbeispiel mit komplexen Satzgliedern:

```
(6)  我   朋友   要 买   好 书。
     Pron Subst  MV V  Adj Subst  (1)
     ‾‾‾‾‾‾‾‾‾‾  ‾‾‾‾  ‾‾‾‾‾‾‾‾    (2a)
        Subj      Präd     Obj     (2b)
     ----------------------------------
                   S                (3)
```

Mein Freund möchte ein gutes Buch kaufen.

Generell unterscheiden wir in dieser graphischen Repräsentation der jeweiligen Satzstruktur drei Ebenen: (1) die Wortklassenebene, (2) die Satzgliedebene und (3) die Satzebene selbst als oberste Beschreibungseinheit des entsprechenden Satzes selbst. In dem Satz 我朋友要买好书 müssen wir hingegen eine weitere Unterscheidung einführen, nämlich die *zwischen Teilen eines Satzgliedes* (z.B. 我, 朋友 des Satzgliedes 我朋友; 要, 买 des Satzgliedes 要买 und 好, 书 des Satzgliedes 好书). Die Relationen zwischen 要 und 买 z. B. sind solche unterhalb der Satzgliedebene, die man auch als *Satzgliedteilrelationen* bezeichnen kann, während Relationen wie die zwischen 我朋友, 要买 und 好书 solche Relationen oberhalb der Satzgliedebene sind, also Relationen zwischen genuinen Satzgliedern.

Für das prädikative Satzglied als Träger der Valenz in einem solchen Satz müssen wir den tatsächlichen Valenzträger von einem solchen, der es nicht ist, unterscheiden:

In 要买 kann dies nur 买 sein, da 要 nichts über die qualitative Art der valenzbedingten Satzglieder aussagt. 要 wäre somit zwar beschreibungstechnisch Teil des valenzbedingenden Satzprädikats, aber selbst nicht valenzbedingend. Somit wäre es der *nichtvalenzrelevante Teil* des komplexen Satzprädikats 要买.

f) *Skopus der Negation* (Satzbereich der Negation): Das ist jener Bereich eines Satzes, für den die Negation bedeutungsmäßig gilt:

(1) Im Normalfall ist dies die Satznegation, die besagt, dass ein Sachverhalt nicht stattfindet oder gegeben ist:

    (7) 我不累。   *Ich bin nicht müde.*
    (8) 我不买书。   *Ich kaufe kein Buch (=nicht ein Buch).*

Formalisiert ließe sich das so darstellen:

    - 累(我)   *-müde (ich).*
    - 买(我，书)   *-kaufen (ich, Buch).*

(- ist hier das formale Negationszeichen anstelle von 不 bzw. *nicht* und besagt nichts anderes als: „Es ist nicht wahr /trifft nicht zu, dass es einen Sachverhalt *ich bin müde* bzw. *ich kaufe ein Buch* gibt").

(2) Davon zu unterscheiden ist jedoch ein Negationsbereich unterhalb der Satzglied-

ebene, der nur für bestimmte quantifizierbare Satzglieder zutrifft. Dieser Fall liegt bei bestimmten Satzstrukturen mit 都 vor.

Schauen wir uns diese drei Fälle einmal kurz an:

a) (9) 我们都买报。   *Wir alle (=alle von uns) kaufen eine Zeitung.*
    formalisiert:
    买 (我们都，报)   *kaufen (wir alle, eine Zeitung).*
    Es trifft zu, dass wir (und zwar alle von uns) eine Zeitung kaufen.

b) (10) 我们不都买报。   *Nicht alle (=nur einige von uns) kaufen eine Zeitung.*
    formalisiert:
    买 (我们不都，报)   *kaufen (wir nicht alle, Zeitung)*
    Es trifft zu, dass wir (allerdings nur einige und nicht alle von uns) eine Zeitung *kaufen.*

c) (11) 我们都不买报。   *Wir alle (=keiner von uns) kauft eine Zeitung.*
    formalisiert:
    不买 (我们都，报)   *nicht kaufen (wir alle, Zeitung)*
    Es trifft nicht zu, dass wir (=und zwar niemand von uns) eine Zeitung kauft.

Also nur in c) läge Satznegation vor.

Mit der Einführung des Begriffs *Negationsskopus* lässt sich hier also eine wichtige Stellungsregel von 都 in Bezug auf den jeweiligen Bedeutungskontext verdeutlichen.

2. Dreiwertige Verben

Ausgehend von der Wortbedeutung eines Verbs ergeben sich bestimmte Satzmuster, da das Verb das strukturell-semantische (semantisch = bedeutungsmäßige) Zentrum des Satzes ist. Die Wortbedeutung des Verbs hat also Auswirkungen auf die Satzstruktur und die semantische Beschaffenheit der übrigen Satzglieder. Ein dreiwertiges Verb z.B. bedingt drei Satzglieder in dem Satz, in dem es vorkommt; sonst wäre der Satz sinnlos und unvollständig: Im Chinesischen und Deutschen ist dies z.B. das Verb 给/geben:

```
                        S
        --------------------------------------------
        Subj  Präd  Obj2  Obj1
        Pron   V    Pron  Subst
(1)     他     给    我们   书。
        1      2     3     4
```

```
                        S
        --------------------------------------------
        Subj  Präd  Obj2  Obj1
         |     |     |    NGr
        Pron   V    Pron  Art  Subst
        Er    gibt  uns   ein  Buch.
        1      2     3     4    5
```

Die Dreiwertigkeit von 给/*geben* besteht darin, dass in einem Satz mit diesem Verb mindestens angegeben werden muss: a) wer der Gebende ist (Subjekt), b) das, was gegeben wird und c) derjenige, dem etwas gegeben wird (direktes und indirektes Objekt). Das ist *ein semantisches Abhängigkeitsverhältnis* von 给 / *geben*:

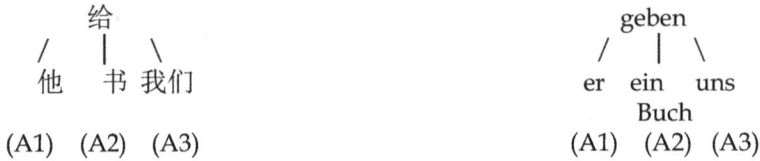

```
        给                                  geben
     /  |  \                              /   |   \
    他  书 我们                          er  ein  uns
                                             Buch
  (A1) (A2) (A3)                        (A1)  (A2)  (A3)
```

Subjekt, direktes und indirektes Objekt bezeichnet man somit auch als Ergänzungen und Aktanten; das Subjekt als Handlungsträger ist die 1. Ergänzung ((A)ktant1), *ein Buch* als indirektes Objekt und als Handlungsbetroffenes ist die 2. Ergänzung ((A)ktant2) und *uns* als indirektes Objekt und Handlungsempfänger die 3. Ergänzung ((A)ktant3). Zwar geht im Deutschen und Chinesischen das indirekte Objekt (A3) dem direkten Objekt (A2) voraus, doch ist das direkte Objekt A2 semantisch enger an das Satzprädikat gebunden als das indirekte Objekt. Auf Bedeutungsebene bezeichnen wir ungeachtet der Wortstellung im Satz das indirekte Objekt als 2. und das direkte Objekt als 3. Ergänzung. In einigen chinesischen Dialekten - z. B. dem Kantondialekt, den Wu-Dialekten in Südostchina u.a. - steht auch das direkte Objekt am Satzende, so dass Struktur und Bedeutungshierarchie hier zufällig übereinstimmen.

3. Thema und Rhema

Auf einer den Satzgliedern gegenüber höher stehenden Beschreibungsebene der Satzstruktur sind die Einheiten THEMA und RHEMA angesiedelt. Das Rhema stellt dabei den Aussageinhalt über ein Thema dar. Das Thema ist dabei das bereits den Kommunikationspartnern Bekannte der Mitteilung, das Rhema das Neue, in der Regel noch Unbekannte:

```
                         S
        --------------------------------------
        THEMA          RHEMA
        Subj           Präd  Obj1  Obj2
   (1)  我             给    他    书。
        Ich            gebe  ihm   (ein) Buch
```

Normalerweise sind in den meisten Satzgrundstrukturen Subjekt und Thema deckungsgleich, d.h., Subjekt und Thema werden z.B. in diesem Satz durch 我 repräsentiert. Das ist aber nicht immer der Fall, z. B. wenn aus Emphasegründen ein Objekt (manchmal auch bestimmte Satzadverbien) an den Satzanfang geschoben wird. THEMA können also unter bestimmten Voraussetzungen auch andere Satzglieder als nur das Subjekt sein.

In den nachfolgenden Satzbeispielen z.B. finden sich an den Satzanfang gestellte Objekte, die vom Sprecher besonders hervorgehoben werden. Diese sind *aus Emphasegründen thematisierte Objekte*:

(2) 我看中国书，中国报等。　　　　　*Ich lese chinesische Bücher, chinesische Zeitungen, usw.*

Hier ist 中国书, 中国报 das direkte Objekt in neutraler, d.h., *normaler* Satzstellung; im nächsten Satzbeispiel ist das gleiche direkte Objekt aus Emphasegründen an den Satzanfang geschoben worden:

(3) 中国书、中国报，我都看。   *Chinesische Bücher, chinesische Zeitungen - alles das lese ich.*

Auch die Begriffe von THEMA und RHEMA sind in Zusammenhang mit später noch zu behandelnden Satzstrukturen wichtig.

THEMA/RHEMA als Beschreibungseinheiten in der chinesischen Grammatik:
Allgemein gesagt, sind die Begriffe THEMA und RHEMA deckungsgleich mit dem logischen Prädikatsbegriff (vgl. oben unter *Prädikatsauffassung*). Da wir in diesem Buch jedoch den grammatischen Prädikatsbegriff zugrunde legen (vgl. a.a.O.), spielen die Begriffe THEMA und RHEMA beschreibungstechnisch hier eine etwas andere Rolle: In unserem Schema der Satzanalyse (1=Wortklassenebene, 2=Satzgliebene, 3=Gesamtsatzebene) stellen sie eine Beschreibungsebene oberhalb der Satzgliedebene, aber noch unterhalb der Gesamtsatzebene, dar:

```
                        S                    (4)
          -----------------------------
          THEMA          RHEMA        (3)
           Subj         Präd Obj   Obj  (2)
           Pron          V   Pron  Subst (1)
      (4)   我            给    你    钱。
           Ich          gebe  dir  Geld.
```

RHEMA/THEMA sagen etwas über den *Mitteilungswert* des entsprechenden Satzes aus, hier: Über 我 wird die Information 给你钱 mitgeteilt. 给你钱 ist dabei der informativ gewichtigere Teil. Hier wird also die Beschreibungsebene unseres Satzanalyseschemas um eine Einheit erweitert (was wir am Anfang unterlassen haben, da wir progressiv vorgehen wollen und den Leser am Anfang nicht mit zuviel technischen Details überladen wollen).

Warum ist diese Unterscheidung aber relevant?

Vgl. dazu folgende Satzbeispiele:

```
                        S                                 (4)
          ------------------------------------
          THEMA                  RHEMA                 (3)
           Subj                  Präd    Obj            (2)
           Pron                  MV  V  Subst Subst Subst (1)
      (5)   我                    会  说  法国话, 英国话, 中国话。
```

Ich kann Französisch, Englisch und Chinesisch sprechen.

Andererseits kann abweichend von diesem Grundsatzmuster 法国话、英国话、中国话 am Satzanfang in Themaposition stehen, wobei es dann immer aus valenzgrammatischer Sicht Objekt ist:

<pre>
                                    S

            THEMA   RHEMA
             Obj   Subj   Adv   Präd
       Subst Subst Subst   Pron   Adv MV   V
(6)   法国话、英国话、中国话   我   都   会   说。
</pre>

Französisch, Englisch, Chinesisch – das alles kann ich sprechen.

Aus der Sicht der *funktionalen Satzperspektive* ist im Gegensatz zum vorher angeführten Satzbeispiel ist hier 我都会说 der informationsträchtigere Teil. 法国话、英国话、中国话 ist hier vom Mitteilungswert her das, wofür 我都会说 gilt. Objekte können demnach nicht nur im Rhema-, sondern auch im Themateil eines Satzes vorkommen und Subjekte nicht nur im Themateil, sondern auch im Rhemateil eines Satzes. Da es sich hier um Gegebenheiten der Satzstruktur handelt, muss dem auch deskriptiv und damit terminologisch Rechnung getragen werden. Daher verwenden wir hier die Begriffe THEMA/RHEMA als wichtige Beschreibungsebenen der chinesischen Grammatik. Auf einige weitere Sonderfälle, wo THEMA/RHEMA in der chinesischen Satzstruktur eine wichtige Rolle spielen, werden wir in den Anmerkungen zu späteren Stoffeinheiten zurückkommen. Bezogen auf unser o. a. Beispiel sprechen wir hier von *thematisierten Objekten*, die vom Sprecher hier dann besonders hervorgehoben werden.

4. Logische Relationen

Die hier behandelten Zuordnungsbeziehungen mit 是 im Rahmen von Element-, Enthaltenseins- und Identitätsbeziehungen zwischen einem referentiellen Ausdruck x und einem referentiellen Ausdruck y stellen im Chinesischen trotz gleicher Oberflächenstruktur (N_1 + 是 + N_2) jeweils Satzmuster mit entsprechend unterschiedlicher Satzbedeutung dar. Im Chinesischen als artikelloser Sprache wird die Referenz auf Mengen- im Unterschied zu Individualbegriffen in solchen Fällen nur über die (semantische) Satzbedeutungsebene und damit über kontextsensitive Bezüge deutlich. Die Darstellung der jeweiligen Satzbedeutungsverhältnisse im Lehrbuch folgt damit im Wesentlichen der Darstellung in SCHMIDT, W.G.A. 1986b.

Mit Kopulaverben werden Zuordnungsbeziehungen zwischen einem Subjekt und einer Zweitergänzung ausgedrückt:

a) Zuordnung als Elementbeziehung

(1) 美生是中国人。   *Meisheng ist Chinesin.*

Anders ausgedrückt: *Meisheng* ist ein Element der Menge aller Chinesen. Die Zweitergänzung hat hier sogenannte generische Referenz, indem implizit immer *alle x (x = Chinesen)* gemeint ist; *Meisheng* hingegen ist ein Individualbegriff, der nur für eine Person gilt.

b) Zuordnung als Enthaltenseinsbeziehung

(2) 中国人是亚洲人。   *Chinesen sind Asiaten*
(d.h., Die Menge aller Chinesen ist in der Menge aller Asiaten enthalten).

Hier haben Subjekt als auch Ergänzung beide generische Referenz, allerdings mit dem Unterschied, dass die Menge aller Asiaten größer ist als die Menge aller Chinesen (denn: nicht alle Asiaten sind Chinesen).

c) Zuordnung als Identitätsbeziehung

(3) 美生是我好朋友。　　　　　　*Meisheng ist meine gute Freundin.*
(*Meisheng* als Individuum ist die Freundin des Individuums *ich*).

Hier haben beide - Subjekt und Zweitergänzung - Individualreferenz.

Im Deutschen wird generische Referenz/Individualreferenz z. T. durch die Artikel markiert, was im Chinesischen als artikelloser Sprache nicht möglich ist.

> Bei einer Übersetzung derartiger Sätze aus dem Chinesischen ins Deutsche muss man daher die oben angeführten Zusammenhänge beachten und nach dem tatsächlich Gemeinten (insbesondere ob für Subjekt/Zweitergänzung Individual- oder generische Referenz vorliegt) beachten.

Es gibt aber auch Kopulaverben wie 姓、叫, bei denen auf Grund von deren Wortbedeutung eigentlich nur Individualreferenz naheliegen kann, da sie sich immer auf Namen von Individualpersonen beziehen. 姓 wird für Familiennamen verwendet, 叫 für Vornamen, und 姓, wenn Familiennamen + Vornamen als Zweitergänzung folgen:

(4) 我姓王。　　　　　　　　　　*Ich heiße <u>Wang</u>.* (Familiennamen)
(5) 她叫美生。　　　　　　　　　*Sie heißt <u>Meisheng</u>.* (Vornamen)
(6) 她姓王美生。　　　　　　　　*Sie heißt <u>Wang Meisheng</u>.*　(Verwendung von Familien- und Vornamen)
(7) 我这个朋友姓李。　　　　　　*Dieser (mein) Freund heißt Li.*

> Hier handelt es sich um eine nähere Bestimmung des substantivischen Subjekts 朋友. Im Deutschen würde sie *dieser mein Freund/diese meine Freundin* o. ä. wörtlich lauten, weshalb man derartige Wendungen in der Regel mit *mein/meine Freund/ Freundin* wiedergibt.

5. Lexikalisch leere Objekte im Chinesischen
Wenn man in einem Satz wie

(1) 他看书。　　　　　　　　　　*Er liest*

den Charakter einer Handlung an sich und nicht einen konkreten Handlungsvollzug zu einem bestimmten Zeitpunkt in der chinesischen Umgangssprache ausdrücken möchte, verwendet man in der Regel sogenannte *lexikalisch leere Objekte.* Solche Objekte sind einfach als Platzhalter ohne konkrete Wortbedeutung zu verstehen und werden in solchen Kommunikationszusammenhängen auch nicht ins Deutsche übersetzt. Der obige Satz wird also nicht mit *Er liest ein Buch,* sondern ganz einfach mit *Er liest* übersetzt. Im Deutschen (und anderen indoeuropäischen Sprachen) entfällt in diesem Fall ganz einfach das Objekt (*Er liest* (implizit irgend etwas Lesbares)). Als Platzhalterobjekte eignen sich aber im Chinesischen nicht beliebige Objekte, wenn bei zweiwertigen Handlungsverben lediglich der Charakter einer Handlung hervorgehoben werden soll:

```
                        S
          ---------------------------
          Subj      Präd      Obj
          Pron       V        Subst
     (2)   他        吃       水果。
           1         2         3
       Subj = A1/(+HANDLUNGSTRÄGER)
       Obj  = A2/(+HANDLUNGSBETROFFENES)
```

Er isst Obst.

In diesem Satz wird ein konkreter Handlungsvollzug zu einem bestimmten beliebigen Zeitpunkt ausgedrückt, das Objekt gibt eine konkrete Information preis (nämlich dass *Obst* im Gegensatz zu anderen essbaren Gegenständen gegessen wird).

In dem folgenden Satz gibt es in der Satzstruktur nur eine Ergänzung, nämlich das Subjekt:

```
                        S
          ------------------------
          Subj             Präd
          Pron             V   Subst
     (3)   他              吃   饭。
           1               2    3
                       Er   isst
                        1    2
            Subj = A1/(+HANDLUNGSTRÄGER)
```

Strukturell ist das Objekt 饭 zwar enthalten; da es aber *Essen, Mahlzeit* bedeutet (der Satz ließe sich etwas geistlos mit *Er isst Essen* übersetzen), ist der Informationswert in Bezug auf das Objekt nur sehr gering (denn wenn jemand tatsächlich isst, wird er in der Regel ohnehin nur Essbares dazu verwenden). Solche Objekte haben dann auch keinen Satzgliedstatus, sondern sind Satzgliedteile des Prädikats. Strukturell sind solche Strukturen wie 吃饭 auch nicht durch den Einschub anderer grammatischer Partikel oder sonstige Worte trennbar. Bei Handlungsverben, deren Handlungscharakter im Gegensatz zum konkreten Handlungsvollzug in einem bestimmten Einzelfall ausgedrückt werden soll, eignen sich nur ganz bestimmte Objekte mit relativ geringem Informationswert als Platzhalterobjekte. Welche Objekte das sein können, hängt immer von der Wortbedeutung des Verbs mit ab:

写字   *schreiben* (schreiben -Zeichen)
做事   *machen*   (machen - Sache)
唱歌儿 *singen*   (singen -Lied)

In diesen Beispielen zeigt sich in Abhängigkeit von der jeweiligen Wortbedeutung von 写、做、唱 als sogenannten *Quasiobjekten* mit relativ geringem Informationsinhalt deswegen, weil diese als Handlungsbetroffene im Handlungsvollzug ohnehin involviert wären (wenn man *singt*, singt man immer ein Lied; wenn man schreibt, wird man in der Regel immer Zeichen/Buchstaben schreiben, usw.).

Im Deutschen wird der Handlungscharakter einer Handlung im Gegensatz zu einem konkreten Geschehen bei zweiwertigen Verben wie *sehen, lesen*, usw., einfach durch Wegfall der Zweitergänzung Objekt signalisiert:

> (4) Ich lese.
> (5) Ich lese dieses Buch.

Im Chinesischen ist zumindest bei einsilbigen Verben dieser Art im Gegensatz zum Deutschen allerdings die Verwendung von sogenannten Quasiobjekten erforderlich (Satzbeispiele dazu vgl. oben unter oben).

> Quasiobjekte werden in der Regel bei der Wiedergabe ins Deutsche nicht mit übersetzt.

6. Emphatische Rahmenkonstruktion

Die emphatische Rahmenkonstruktion mit 是。。的 wurde als solche erstmals in SCHMIDT, Bochum 1990 derart deskriptiv bezeichnet. Deskriptiv ist nicht ganz klar, ob hier 是。。的 als eine diskontinuierliche Satzgliedkonstituente von der Art aufgefasst werden sollte wie in

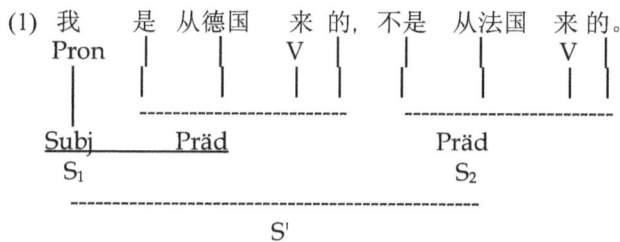

> (1) 我　　是 从德国　来 的, 不是　从法国　来 的。
> Pron　　　　　　　V　　　　　　　　　V
> Subj　　Präd　　　　　　Präd
> S₁　　　　　　　　　S₂
> S'

Ich komme aus Deutschland, nicht aus Frankreich.

7. Komplexe Satzstrukturen

Bisher hatten wir für die Satzanalyse 4 Ebenen (Wortklassenstatus, Satzgliedstatus (komplex/nicht-komplex), Thema/Rhema-Teile eines Satzes und den Gesamtsatz selbst) als Beschreibungseinheiten unterschieden. Diese 4 Beschreibungsebenen können, wie wir vorstehend gesehen haben, nur für *einfache, nicht aus mehreren Teilsätzen* zusammengesetzte Gesamtsätze gelten.

Bei *komplexen Gesamtsätzen* kommt eine weitere Beschreibungseinheit, nämlich die der *Teilsätze eines Gesamtsatzes*, hinzu. Hierbei ist wichtig zu vermerken, dass in solchen Fällen, bei denen es sich nicht um valenzbedingte Nebensätze handelt, THEMA und RHEMA jeweils Beschreibungseinheiten auf der Ebene der jeweiligen Teilsätze sind. Das Gleiche gilt für in einem Gesamtsatz zusammengesetzte Hauptsätze.

Solche Teilsätze werden mit *S + Ziffer im Subskript* unterschieden, S' ist dann der Gesamtsatz.

Beispiele:

(1)
我	在	学校	学	中文,	不	学	英文。
Pron	Präp	Subst	V	Subst	Adv	V	Subst

Subj ─── AdvGr ─── Präd ─── Obj ─── Präd ─── Obj

THEMA ─── RHEMA ─── RHEMA

S₁ ─── S₂

S'

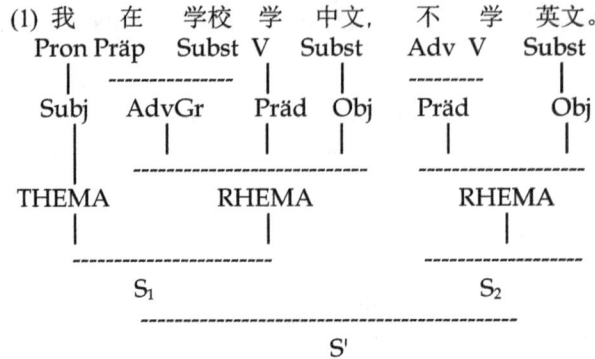

Auf der Schule lerne ich Chinesisch, nicht Englisch

Dies ist das Beispiel von zwei zusammengesetzten Hauptsätzen. Das Gleiche gilt auch für nicht-valenzbedingte Nebensätze:

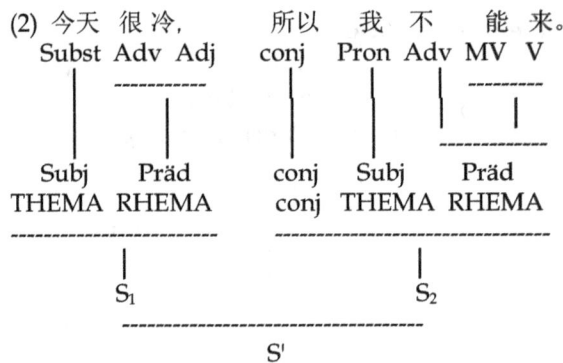

(2)
今天	很	冷,	所以	我	不	能	来。
Subst	Adv	Adj	conj	Pron	Adv	MV	V

Subj ─── Präd ─── conj ─── Subj ─── Präd

THEMA ─── RHEMA ─── conj ─── THEMA ─── RHEMA

S₁ ─── S₂

S'

Heute ist es kalt, ich kann daher nicht kommen.

Dabei ist unerheblich, dass nicht-valenzbedingte Nebensätze auch satzeinleitend, also d. h., am Anfang eines Gesamtsatzes S', stehen können.

Valenzbedingte Nebensätze hingegen sind solche, in denen das in der Regel zweiwertige Satzprädikat als Valenzträger eine Zweitergänzung Objekt in Form eines Nebensatzes erfordert:

(3)
```
        他    说    他   不    舒服。
       Pron   V   Pron Adv   Adj
                          |   ----------------
                         Subj      Präd
                        ( THEMA  RHEMA)
                       --------------------------
        |     |              |
       Subj  Präd          A2 (Obj)
        |     |              |
      THEMA  RHEMA
        |     |
       ----------------
              S
```

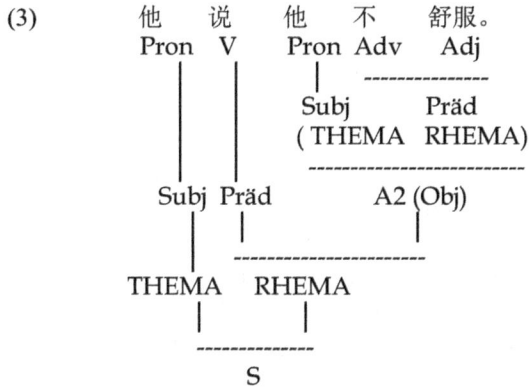

Er sagt, er fühle sich nicht wohl.

Bei Sätzen mit eingebetteten valenzbedingten Nebensätzen gibt es auf Gesamtsatzebene - zumindest aus satzsemantischer Sicht - keine zwei Teilsätze S_1 und S_2; der
Gesamtsatz ist auch kein S', der aus mehreren nebengeordneten Teilsätzen bestün-
de. Auf Gesamtsatzebene ist ebenfalls nur jeweils einmal THEMA und RHEMA
sichtbar; allenfalls innerhalb des Objektsatzes ließe sich noch ein eingebettetes THE-
MA/RHEMA vermuten. Für die Gesamtsatzebene ist dieses jedoch beschreibungstechnisch nicht weiter relevant. Im Chinesischen gibt es weiterhin einen strukturellen Unterschied zwischen valenzbedingten Nebensätzen und solchen, die es nicht
sind:
Nicht-valenzbedingte Nebensätze stehen oft am Satzanfang eines Gesamtsatzes S';
bei valenzbedingten Nebensätzen ist dies nicht der Fall, weil diese Objektfunktion
haben und daher immer nach dem Satzprädikat stehen müssen.

---

8. Deskriptive Hinweise zu Bedingungssätzen im Chinesischen

Hier werden zwei Arten von *Bedingungssätzen* vorgestellt:

a) mit 要是, das dabei entweder am Satzanfang oder auch nach dem Subjekt vor
dem Prädikat stehen kann (vgl. Satzmuster).

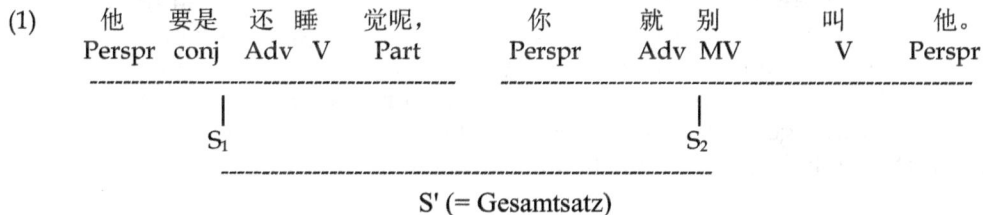

(1)
```
     他    要是   还   睡    觉呢,        你       就   别     叫      他。
   Perspr  conj  Adv   V   Part       Perspr    Adv  MV     V     Perspr
  --------------------------------------      ---------------------------------------
              |                                         |
             S₁                                        S₂
  ------------------------------------------------------------------------
                       S' (= Gesamtsatz)
```

Weck ihn nicht auf, wenn er noch schläft.

S_1 ist in der Regel der am Satzanfang stehende Nebensatz, S_2 der Hauptsatz in S'.

b) mit 一。。。就。。。 = *und zwar sobald wie......*, z.B.:

(2) 天一亮了。我们上起来。   *Sobald es hell wird, stehen wir auf.*
(3) 我们一看见小孩儿就喜欢。   *Sobald wir das kleine Kind sahen, schlossen wir es in unser Herz.*

Im Chinesischen werden Bedingungssätze durch Teilsätze eines Gesamtsatzes ausgedrückt: Der Satz mit der Bedingung steht - im Gegensatz zum Deutschen - am Satzanfang, der Satz mit der Bedingungsfolge an letzter Stelle des Gesamtsatzes S'. Der Bedingungssatz enthält Formative wie 要是, 一, die vor dem Teilsatzprädikat stehen; im zweiten Teilsatz wird das Adverb 就 verwendet - eine im Deutschen nicht gerade übliche Markierung von Bedingungssätzen.

Bedingungssätze im Chinesischen und Deutschen sind strukturell Gesamtsätze, die aus einem Hauptsatz und einem Nebensatz bestehen.

Der Teilsatz, der die Bedingung enthält, wäre der nicht-valenzbedingte Nebensatz, der satzeinleitend steht, während der Satz, der die Bedingungsfolge angibt, den zweiten Teilsatz ausmacht:

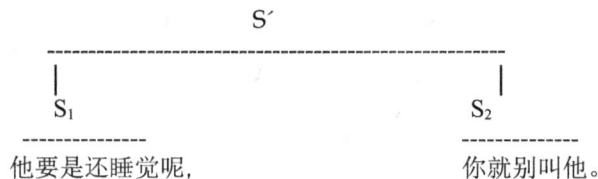

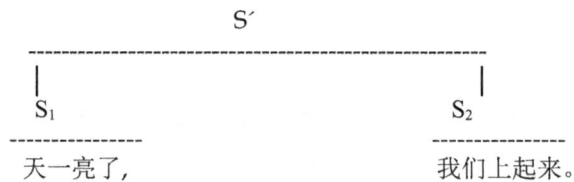

```
                        S´
        ------------------------------------------
           |                          |
          S₁                         S₂
        -------------------        --------------
        他要是还睡觉呢,              你就别叫他。


                        S´
        ------------------------------------------
           |                          |
          S₁                         S₂
        ----------------           ----------------
        天一亮了,                   我们上起来。
```

9. Die Valenz von relativen Adjektiven in Sätzen des Vergleichs

Vergleichssätze dieser Art haben eine Valenz von n = 2 in Bezug auf die relativen Adjektive, die hier semantische Prädikate und Valenzträger des Satzes sind. Die oben erwähnten semantischen Vergleichsgrößen A, B und D entsprechen Satzgliedern mit referentiellen Ausdrücken entweder als Erst- oder Zweitaktanten, C entspricht dem jeweiligen semantischen Satzprädikat und Valenzträger des Satzes. A, B, C und D sind dabei jeweils Satzgliedkonstituenten.

Hier ein Satzbeispiel zur Verdeutlichung:

(1) 老李比我胖。   *Lao Li ist dicker als ich.*

Die strukturellen und semantischen Abhängigkeitsverhältnisse können wie folgt dargestellt werden:

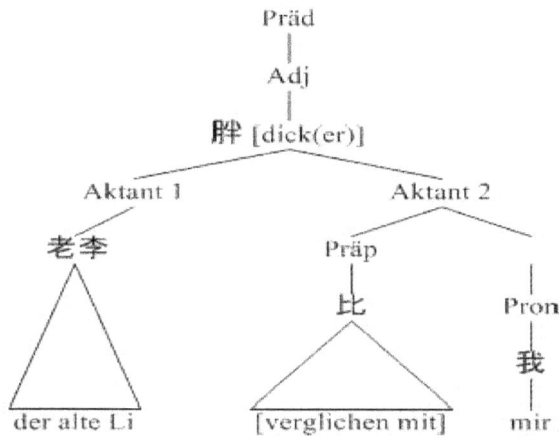

```
                          Präd
                           |
                          Adj
                           |
                       胖 [dick(er)]
              _____|_____
             |                             |
         Aktant 1                      Aktant 2
            |                      _____|_____
          老李                   |                 |
           △                   Präp              Pron
                                |                 |
                               比                 我
                               △                  |
        der alte Li      [verglichen mit]        mir
```

10. Einteilung von Fragesätzen

Strukturell, aber auch von ihrer jeweiligen spezifischen Satzbedeutung, her lassen sich im Chinesischen die unten angeführten Arten von Fragesätzen unterscheiden. Diese werden hier wie unten weiter ausgeführt, terminologisch entsprechend unterschieden.

a) Inhaltsfragesätze

In Inhaltsfragesätzen wird auf inhaltliche Fragen wie *wann?*, *wo?*, *was?*, usw. geantwortet:

(1) 他是谁?	*Wer ist er?*
(2) 他是王博士。	*Er ist Dr. Wang.*

Die Wortstellung bleibt in beiden Sätzen in Bezug auf die Stellung des Fragepronomens und die entsprechende Angabe in der Antwort grundsätzlich immer gleich.

b) Entscheidungsfragesätze

Entscheidungsfragesätze sind Fragesätze, auf die man sinngemäß immer nur mit *Ja* oder *Nein* antworten kann.

(3) A:	他是中国人吗?	*Ist er Chinese?*
B:	是。	*Ja.*
	不是。	*Nein.*

(4) A:	这本书贵不贵?	*Ist dieses Buch teuer?*
B:	贵。	*Ja.*
	不贵。	*Nein.*

Entscheidungsfragesätze, bei denen man sich für eine der beiden möglichen Antworten *Ja* oder *Nein* entscheiden muss, haben im Chinesischen besondere Satzmuster, die von denen der Inhaltsfragesätze z.B. abweichen:

a) Die Fragesatzpartikel 吗 am Satzende macht den ursprünglichen Aussagesatz zu einem Entscheidungsfragesatz (vgl. Beispielsatz (3)).

b) Mit zwischen zwei Verben oder prädikativen Adjektiven eingeschobenen 不 bildet das Satzmuster <u>Verbprädikat. Adj - 不 - Verbprädik. Adj</u> ebenfalls einen Entscheidungsfragesatz, wobei dieses Satzmuster ebenfalls im Falle von den zuerst erwähnten Inhaltsfragesätzen nicht verwendet werden kann (vgl. Beispielsatz (4)).

c) Alternativfragesätze
Sie unterscheiden sich von den bereits oben erwähnten Entscheidungsfragesätzen einerseits und Inhaltsfragesätzen andererseits dadurch, dass a) hier nicht nach affirmativen oder negativen Sachverhalten gefragt wird und b) auch nicht nach bestimmten Orten, Zeitpunkten, Personen, usw., sondern c) vielmehr nach einem möglichen Sachverhalt A oder nach einem ebenso möglichen Sachverhalt B:

(5) 这两个汽车，是这个快，是那个快? *Welches von diesen beiden Autos ist schneller - ist es dieses (Sachverhalt A) oder jenes (Sachverhalt B)?*
(6) 我们 坐汽车还是走这去? *Fahren wir mit dem Auto (A) oder gehen wir zu Fuß (B)?*

Sachverhalte sind ja per definitionem Aussagen P über A, d.h., eine Prädikation P sagt etwas über A aus - also eigentlich eine Thema-Rhema-Beziehung. Alternativfragesätze beinhalten demzufolge die Frage, ob eine Aussage A zutrifft oder eine Aussage B. Aussagen A und B können sich auf mindestens dreierlei Weise voneinander unterscheiden:
1) das Thema in A ist anders als in B, das Rhema bleibt in A und B gleich, z.B.:
 (7) 或是你去 或是我去，都可以。 *Ob du gehst oder ich, bleibt sich gleich.*
2) Thema ist in A und B gleich, nur das Rhema ist anders:
 (8) 或是我走路或是我坐汽车去，我还不知道。 *Ob ich zu Fuß gehe oder mit dem Auto fahre, weiß ich noch nicht.*
3) Thema und Rhema differieren in beiden Aussagen A und B:
(9)或是你来或是他走，都行。 *Ob du kommst oder ob er geht - es ist alles möglich.*

Die Bildung von Alternativfragesätzen geschieht dadurch, indem die zwei Teilsätze S_1 und S_2 von S', die die alternativ möglichen Sachverhaltsaussagen A und B beinhalten, durch 是, 还是 miteinander verbunden werden; in der entsprechenden Antwort auf einen solchen Fragesatz kann 或是 vorkommen :

(10) 是你去，世我去? *Gehst du oder ich?*
(11) 还是你去是我去? dto.
(12) 或是你去或是我去， 都可以。 *Ob du gehst oder ich gehe - es ist beides möglich.*

Inklusive und exklusive Antworten auf Alternativfragesätze
(12a) 他又不高又不胖。 *Er ist weder groß noch fett.*

Man stelle sich folgende Frage vor, die Sprecher A stellt:

(13) A: 张先生还是高还是胖? *Herr Zhang groß (A) oder fett (B) ?*

Es könnte nun entweder A (=1) oder B (=2) oder aber auch beides (=3) zutreffen:

1. 他很高。 *Er ist groß* (von Gestalt).
2. 他很胖。 *Er ist fett* (Leibesfülle).
3. 他又高又胖。 *Er ist sowohl groß als auch fett.*

16

Derartige Antworten wie im dritten Fall nennt man *inklusiv*. Sie schließen das mögliche Zutreffen der Aussage A als auch das mögliche Zutreffen der Aussage B bejahend ein.

Werden die Satzprädikate solcher Aussagen wie in (3) im Rahmen der Satznegation verneint, heißt das, dass weder Aussage A noch B zutreffen. Man nennt sie daher dann auch *exklusiv*:

(14) 他又不高又不胖。　　　　　　　*Er ist weder groß noch fett.*

11. Semantische Rollen

Sätze von der Art

(1) 糖叫孩子(给) 吃了。　　　　　*Der Zucker wurde von dem kleinen Kind aufgegessen*

machen deutlich, dass man im Chinesischen auch hinsichtlich der semantischen Rollen von Satzergänzungen unterscheiden muss, denn sonst könnte man nicht begründen, warum in dem obigen Beispielsatz 糖 zwar formal Subjekt, aber kein Agierender, also Handlungsträger, ist.

Semantische Rolle ist ein Terminus für die bedeutungsmäßige Rolle, die eine Satzergänzung in einem Satz in Bezug auf andere Satzergänzungen und im Verhältnis zur Wortbedeutung des Prädikats spielt.

So sind z.B. Bezeichnungen wie

(+HANDLUNGSTRÄGER),
(+HANDLUNGSEMPFÄNGER),
(+ HANDLUNGSBETROFFENES), usw.,

solche *semantischen Rollenbezeichnungen*. Das Chinesische kennt keine grammatischen Fälle und auch keine Form des passiven Verbs, so dass formal Passivsätze wie Aktivsätze aussehen. Nur über die Satzbedeutung könnte man eine passiv gemeinte Aussage ermitteln, wenn sie denn vorliegen sollte. Dazu gehört auch ein allgemeines Umweltwissen, um z.B. auszuschließen, dass ein Satz wie oben nicht etwa *Der Zucker ruft das Kind, um gegessen zu werden* o. ä. verstanden wird (Zucker ist nicht belebt und kann daher in der Regel keine Handlungen ausführen).

In Passivsätzen ist die Rolle des mittelbaren Handlungsträgers geradezu typisch. Es handelt sich dabei um solche Ausdrücke, von denen ausgesagt wird, dass entweder jemand anders sie zu einem bestimmten Tun veranlasst (kausativ), oder von denen gesagt wird, dass auf ein Objekt durch sie eingewirkt wird.

Das sind z. B. Sätze wie:

(2) 母亲让小孩子出去玩儿。　　　　*Die Mutter lässt das kleine Kind zum Spielen hinaus(gehen).*
(3) 母亲叫小孩子进来。　　　　　　*Die Mutter ruft das Kind herein(zukommen).*

Hier veranlasst x ein y, etwas zu tun. Valenzträger solcher Sätze sind solche Kausativverben wie 让, 叫, die auch in Passivsätzen (s. o.) eine Rolle spielen können. Insgesamt erweitert sich die Valenz des anderen Hauptverbs um eine Einheit:

(4) 父亲叫母亲看报。 *Vater lässt Mutter die Zeitung lesen.*

(看 ist normalerweise zweiwertig, indem ein x ein y liest. Hier aber ist es x = der Vater, der y (=Mutter) veranlasst, z (= Zeitung) zu lesen. Solche Sätze spielen in dieser Einheit jedoch keine Rolle).

Passivsätzen liegen in der Regel die entsprechenden Aktivsätze zugrunde: In

(5)母亲打了小孩子了。 *Die Mutter hat das kleine Kind geschlagen* (Aktivsatz)

wird im Prinzip dieselbe Sachverhaltsaussage gemacht wie in

(6) 小孩子被母亲打了。 *Das kleine Kind wurde von der Mutter geschlagen* (Passivsatz):

x 打了 y *x hat y geschlagen*

Der Unterschied zwischen beiden Sätzen ist: Aus Sprecherperspektive steht in (5) der Mitteilungswert, dass es x ist, der y schlägt, im Vordergrund; während in (6) es vom Mitteilungswert her wichtiger ist, hervorzuheben, dass es y ist, der von x geschlagen wird/wurde. (6) ist also der *passivische Informationswert* von (5) und (5) der *aktivische Informationswert* von (6).

Diesen Sachverhalt können wir uns noch einmal in der folgenden syntaktischen Baumstruktur verdeutlichen:

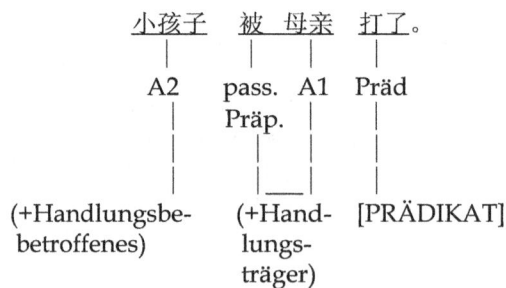

12. Zur Unterscheidung von Tempus und Aspekt
Tempus und Aspekt sind zwei in der allgemeinen Grammatikschreibung bekannte und etablierte Fachtermini: *Tempus* bezieht sich auf die in den meisten indoeuropäischen Sprachen grammatisch angezeigten Zeitstufen beim Verb (*er geht - ging - ist gegangen - wird gehen*, usw.), während *Aspekt* den für auch für deutsche Muttersprachler nicht immer leicht nachzuvollziehenden Unterschied zwischen vor allem vollendeter/abgeschlossener (perfektiv) und nicht abgeschlossener Handlung (imperfektiv) bezeichnet.

Nachfolgend ist immer dafür von *Handlungs/Ereignis/Vorgangsvollzug* bei perfektivem Aspekt) die Rede.

Tempus und *Aspekt* muss man also strikt auseinanderhalten; das Chinesische hat also nicht die grammatische Kategorie des Tempus, sondern die des Aspekts (neben dem perfektiven Aspekt werden noch andere Aspektarten unterschieden, auf die später noch einzugehen sein wird).

Bei den grammatischen Zeitstufen kann man zwischen Handlungs- (=HZ) und Sprecherzeitpunkt (=SZ) unterscheiden:

- HZ liegt vor SZ:
(1) 他去/他去了。   *Er ging/ ist gegangen.*
(Präteritum/ ggf. Perfekt).

- HZ liegt nach SZ:
(2) 他要去/ 他要去了。   *er wird gehen /gegangen sein.*
(im Deutschen: Futur I bzw. Futur II).

- HZ gleich SZ:
(3) 他去/他去着呢。   *Er geht/Er geht gerade.*
(Präsens bzw. Präsens und Progressiv).

Dies ist nur eine sehr grobe Charakterisierung der grammatischen Zeitstufen, wichtig ist aber das Prinzip: Im Deutschen fällt das, was man in anderen Sprachen, bezogen auf deren grammatische Struktur, hinsichtlich Tempus und Aspekt strikt auseinander halten muss, in der Verbkonjugation zusammen. Das Chinesische kennt nur den Aspekt als grammatische Kategorie; die grammatischen Zeitstufen werden im Chinesischen entweder gar nicht bezeichnet und müssen implizit „erschlossen" werden oder aber werden nur durch entsprechende Adverbien der Zeit wie 已经 *(schon)*, 现在 *(jetzt)*, 明天 *(morgen)*, usw. bezeichnet.

Wichtigstes Unterscheidungsmerkmal zwischen Tempus und Aspekt ist wohl dies, dass eine bestimmte Aspektkategorie, z.B. Perfekt, in allen o. a. Zeitstufen vorkommen kann. Perfektiver Aspekt kann also im Präsens, Futur und im Präteritum vorkommen:

(4) 现在那本书我看完了。   *Jetzt habe ich dieses Buch zu Ende durchgelesen.*

HINWEIS:
Impliziert abgeschlossener Handlungsvollzug im Präsens (perfektiver Aspekt in der Gegenwart).

(5) 明天那本书书我看完了。   *Morgen werde ich dieses Buch zu Ende durchgelesen haben.*

HINWEIS:
Impliziert abgeschlossener Handlungsvollzug im Futur (perfektiver Aspekt in der Zukunft).

(6) 昨天那本书书看完了。   *Gestern las/habe ich dieses Buch zu Ende durch/gelesen.*

HINWEIS:
Impliziert abgeschlossener Handlungsvollzug im Präteritum (perfektiver Aspekt in der Vergangenheit).

Mit dieser *impliziten Einbettung* des perfektiven Aspekts in die drei grammatischen Zeitstufen Präsens, Futur, Präteritum ist auch immer der Ausdruck einer inzwischen bereits eingetretenen Zustandsveränderung (hier genauer als *Sachverhaltsänderung* zu verstehen) implizit verbunden.

<u>HINWEIS:</u>
Eine Zustandsveränderung kann generell entweder
- bereits eingetreten und damit abgeschlossen sein, z.B. :
    (7) 现在我病了。   *Jetzt bin ich krank geworden.*
- oder sich noch im Vollzug von einem alten in einen neuen Zustand befinden:
    (8) 恐怕我病了。   *Ich fürchte, dass ich krank werde.*

Dies sind aber kontextbedingte Feinheiten, die nur von Fall zu Fall klar unterschieden werden können.

Diesem Grundschema liegt zumindest implizit eine gedankliche Vorstellung von der *Dynamik und Relativität der Zeit* an sich zugrunde:

Die drei relativen Größen der Zeit sind dabei das, was wir als *Gegenwart, Zukunft* und *Vergangenheit* bezeichnen. Die Gegenwartsgröße ist dabei die entscheidende *relative Bezugsgröße* für das, was wir als Vergangenheit oder Zukunft empfinden. Es sind Momente eines Augenblicks, deren Verhältnis zueinander man sich am besten an Hand des folgenden Schemas einmal etwas genauer verdeutlichen kann:

Die Gegenwart ist also nie konstant, sondern verändert sich nach hinten (Vergangenheit) und nach vorne (Zukunft). Handlungen, Vorgänge, Ereignisse können aus dieser Wahrnehmungsperspektive heraus entweder in der alten Gegenwart (Vergangenheit) abgeschlossen sein oder nicht: Ist dies der Fall, haben sie ein Resultat mit potentiellen Auswirkungen auf die jeweilige Wahrnehmungsperspektive der Gegenwart. Dies kann *faktischer, tatsächlicher Perfektiv* genannt werden.

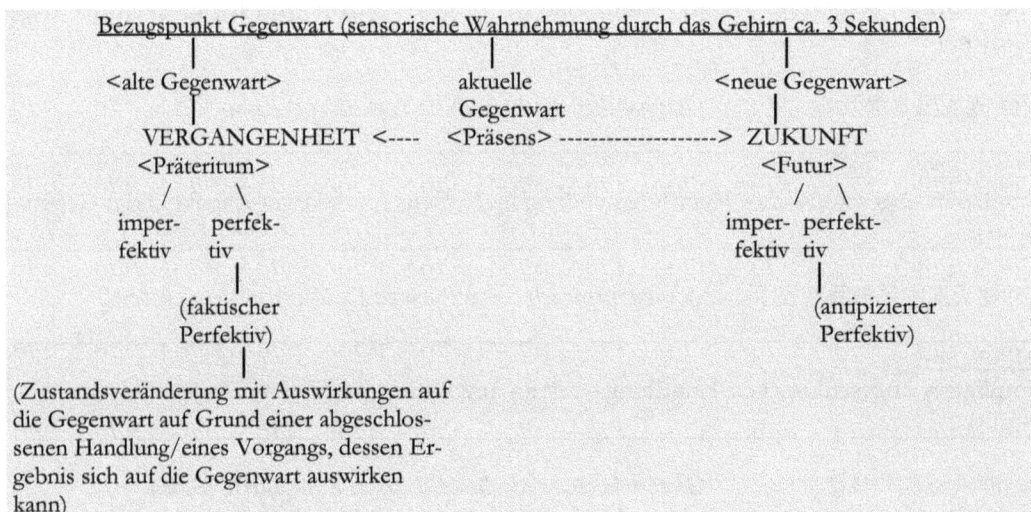

```
     Bezugspunkt Gegenwart (sensorische Wahrnehmung durch das Gehirn ca. 3 Sekunden)
         |                              |                                |
    <alte Gegenwart>              aktuelle                        <neue Gegenwart>
         |                        Gegenwart                             |
      VERGANGENHEIT <----      <Präsens> -------------------->  ZUKUNFT
       <Präteritum>                                              <Futur>
       /      \                                                  /     \
   imper-   perfek-                                          imper-  perfekt-
   fektiv    tiv                                             fektiv   tiv
              |                                                        |
          (faktischer                                            (antipizierter
          Perfektiv)                                              Perfektiv)
              |
(Zustandsveränderung mit Auswirkungen auf
die Gegenwart auf Grund einer abgeschlos-
senen Handlung/eines Vorgangs, dessen Er-
gebnis sich auf die Gegenwart auswirken
kann)
```

Die Zukunft einer neuen Gegenwart ist aus der jeweiligen Wahrnehmungsperspektive der Jetzt-Gegenwart heraus etwas, das potentiell noch eintreten wird in dem Moment, wo das jeweilige Jetzt zur alten Gegenwart der Vergangenheit geworden ist und Platz macht für das Zukünftige der neuen Gegenwart. Denn Zustände, Ereignisse, Handlungen und Vorgänge, die aus der Jetzt-Perspektive der Gegenwart noch nicht vollendet bzw. abgeschlossen sind, können eben dies später in der Zukunft sein. Dies ist dann das, was man als den *erwarteten, antipizierten Perfektiv* bezeichnen könnte.

Interessanterweise lässt sich dieses Grundschema vom physikalisch-philosophischen Zeitbegriff in gewisser Weise auf den linguistischen Bereich vor allem jener Sprachen übertragen, die den grammatischen Tempus durch Formveränderungen am Prädikat auch markieren, obwohl diese grammatischen Tempuskategorien natürlich nicht mit den physikalisch-philosophischen Zeitstufenvorstellungen absolut gleichzusetzen sind.

13. Definite und indefinite Referenz

Im Deutschen und den vielen anderen indoeuropäischen Sprachen wird definite (bestimmte) und indefinite (unbestimmte) Referenz u.a. durch den bestimmten und unbestimmten Artikel bei Substantiven markiert. In den meisten Fällen ist dies ist sozusagen *zwingend*, oder wie die Linguisten sagen würden: *obligatorisch*.

> *Indefinite Referenz* liegt in der Regel dann vor, wenn der Sprecher/Schreiber zum ersten Male eine durch ein Substantiv bezeichnete Person oder Sache erwähnt, die noch nicht genauer identifiziert ist und somit ein beliebiges x unter vielen anderen x sein kann.
> *Definite Referenz* liegt in der Regel bereits dann vor, wenn der Sprecher/Schreiber eine durch ein Substantiv bezeichnete Person oder Sache erwähnt hat und diese damit schon genauer identifiziert ist und somit eben als ein besonderes x unter vielen anderen x gilt.
> *Für den Kommunikationsprozess kann man davon ausgehen, dass der Natur eines solchen Kommunikationsprozesses nach eine Person oder Sache zunächst immer indefinit, also unbestimmt, ist, und erst später im Verlaufe des Kommunikationsprozesses definit, also bestimmt wird, wenn die Person oder Sache dann bereits genauer identifiziert ist. Denn aus Hörer/Leserperspektive muss eine Person oder Sache bereits bekannt sein, um sie identifizieren und damit „definit (bestimmt)" werden zu lassen können.*

Im Deutschen und anderen Sprachen wird definite und indefinite Referenz durch die jeweiligen Formen des bestimmten bzw. unbestimmten Artikels bezeichnet. Haben nun artikellose Sprachen wie das Chinesische keine definite bzw. indefinite Referenz?

Die Antwort ist *Nein*. Definite und indefinite Referenz hängen nämlich immer vom jeweiligen Kommunikationszusammenhang des gesprochenen oder geschriebenen Textes ab und sind damit *textkonstitutiv* und *kontextsensitiv*.

Für deutsche und chinesische Muttersprachler, die einen chinesischen Satz ins Deutsche übersetzen, stellt sich damit die Frage, wo sie jeweils im Deutschen den bestimmten oder unbestimmten Artikel verwenden müssten. Die Antwort dazu kann sich daher nur aus der Perspektive des näheren Kontextumfeldes des chinesischen Ausgangstextes herleiten.

Zur Bestimmung, ob für Substantive eines bestimmten chinesischen Satzes entweder definite oder indefinite Referenz vorliegt und damit der bestimmte oder unbestimmte Artikel bei der Übersetzung ins Deutsche verwendet werden muss, sollen folgende Regeln eingeführt werden:

① Wenn man im Chinesischen vom größeren Satzzusammenhang her bei substantivischen Ausdrücken sinngemäß ein Demonstrativpronomen wie *dieses* oder *jenes* verwenden kann, ist die zugrunde liegende Referenz *bestimmt (definit)*. Im Deutschen müsste dann der bestimmte Artikel in jedem Fall verwendet werden.

汉语句子里, 名词以前 可以用"这"或"那" 这个指示代词, 在德语里就用"der, die, das"。

② Wenn man im Chinesischen vom größeren Satzzusammenhang her bei substantivischen Ausdrücken sinngemäß kein Demonstrativpronomen wie *dieses* oder *jenes* verwenden kann, ist die zugrunde liegende Referenz *unbestimmt(indefinit)*. Im Deutschen müsste dann der unbestimmte Artikel in jedem Fall verwendet werden.

汉语句子里, 名词以前不可以用"这"或"那" 这个指示代词, 德语里就用"ein, eine"。

Dies soll nun an Hand des folgenden Textbeispiels[1] verdeutlicht werden:

今天不能买
　今天, 彼得和山本去商店买东西。彼得要买一个录音机。
　　　　　　　这个商店很大, 录音机很多: 有大的, 有小的, 有贵的, 也有便宜的。山本对彼得说:
　"你看这个商店有很多录音机, 你喜欢哪种? 那个大的怎么样? 一个五二十三块; 这个小的, 又便宜又好, 一个三百八十六块。你买大的还是小的?"
彼得对山本说: "这些录音机都很好, 可是我今天不能买。"
山本问彼得: "为什么?"
彼得说: "我就有七十块钱。"

Im Anschluss an den obigen chinesischen Text geben wir nun die entsprechende deutsche Übersetzung und fügen hier einige Angaben zum erstmaligen Vorkommen bestimmter substantivischer Ausdrücke in indefiniter Referenz, also mit unbestimmtem Artikel, bei. Wenn die gleichen substantivischen Ausdrücke dann noch einmal wiederholt werden, fügen wir für diese ebenfalls die Angaben zu deren erst- bzw. wiederholten Vorkommen mit definiter Referenz und damit der Verwendung des bestimmten Artikels bei.

---

[1]Dieser Text wurde entnommen aus: 《实用汉语》第一册 (《Practical Chinese Language 》,Volume 1 (o.O., o. J.) und im Internet unter http://faculty.virginia.edu/cll/chinese_reading/Beginning/can_not_buy.html veröffentlicht.

Ich kann heute nicht einkaufen

Heute gehen Peter und Shanben in <u>ein Kaufhaus</u> (1) zum Einkaufen. Peter möchte <u>ein Tonbandgerät</u> (1) kaufen.

<u><u>Das Kaufhaus</u></u> (2) ist sehr groß, und es gibt viele Tonbandgeräte: große, kleine, teure, und auch billige.

Shanben sagt zu Peter: „Du siehst, <u><u>dieses Kaufhaus</u></u> (2a) hat viele Tonbandgeräte, was für eins möchtest du (denn)? So <u>ein Großes</u> (1a) wie <u><u>das da</u></u> (2a)? Eins davon kostet 532 Yuan; und <u><u>das kleine hier</u></u> (2b) ist billig und gut und kostet 386 Yuan. Kaufst du (nun) ein großes oder ein kleines?"

Peter sagt zu Shanben: „<u><u>Diese Tonbandgeräte</u></u> (2c) sind alle gut, aber ich kann heute nicht kaufen. "

Shanben fragt Peter: „Warum?"

Peter sagt: „Ich habe bloß 70 Yuan."

[In der deutschen Übersetzung des chinesischen Textes sind *Kaufhaus* und *Tonbandgerät* jeweils einmal unterstrichen, wenn es sich um indefinite Referenz handelt; sie sind doppelt unterstrichen, wenn es sich um definite Referenz handelt. Die Klammerausdrücke mit den numerischen Zusätzen (1 = indefinite Referenz, 2 = definite Referenz, 1/2a, b, c = Häufigkeit des Vorkommens von indefiniter bzw. definiter Referenz von *Kaufhaus* und *Tonbandgerät* im Beispieltext.]

Man kann nun sehr leicht an Hand des obigen Textbeispiels feststellen, dass z.B. 商店 in Satz (1) und 录音机 in Satz (2) des obigen chinesischen Beispieltextes in Kontexten verwendet werden, wo auch im Chinesischen die Verwendung von Demonstrativpronomen wie 这 oder 那 unmöglich wären und vom Kontext her ausgeschlossen sind. Würde man hier solche Demonstrativpronomen nämlich verwenden, wäre der Satz auch aus der Sicht des chinesischen Muttersprachlers sicher nicht unbedingt grammatisch wohlgeformt und sinnvoll. Das ergibt sich aber aus dem intuitiven Sprachgefühl in Zusammenhang mit dem kommunikativen Kontext.

Wenn man also Sätze eines Textes aus dem Chinesischen ins Deutsche übersetzt, muss man sich im Zweifelsfall immer vom Sprachgefühl in Zusammenhang mit einem solchem kommunikativen Kontext fragen, ob *dieser* oder *jenes* einsetzbar ist oder nicht und man daher einen substantivischen Ausdruck mit definiter Referenz durch Verwendung des bestimmten Artikels angibt oder nicht.

Bei meiner früheren Tätigkeit als Englisch-Dozent und –lehrer in Polen[2] und in China habe ich diese Regel immer wieder eingeführt: an Hand von konkreten Beispielen konkret demonstriert und dann die Studenten und Schüler an Hand ihrer Muttersprache testen lassen, ob vom gegebenen kommunikativen Zusammenhang her *dieser* oder *jenes* vor einem substantivischen Ausdruck einsetzbar war oder nicht. Das Feedback der Schüler und Studenten hat in der überwiegenden Zahl der Fälle zum jeweils richtigen Ergebnis in der korrekten Wahl des unbestimmten bzw. bestimmten Artikels geführt. Diese Regel ist zwar eher eine linguistisch-kontrastive und hat vordergründig nicht viel mit sprachpraktisch bezogenem Fremdsprachenunterricht zu tun. Sie hat sich aber als *praktikable* und *leicht nachvollziehbare* Regel erwiesen, die den Studenten und Schülern bei ihrer Lernarbeit ungemein geholfen hat. Leider wird diese Regel in den herkömmlichen Grammatiken des Deutschen und Chinesischen nicht erwähnt.

---

[2] Polnisch ist ebenfalls eine artikellose Sprache und hier stellen sich für Fremdsprachenlerner des Englischen bzw. des Deutschen oft die gleichen Probleme wie im Falle chinesischer Muttersprachler.

In diesem Zusammenhang ist – sozusagen zur theoretischen Untermauerung – auch vielleicht der sprachgeschichtliche Aspekt der Artikelentwicklung im Deutschen und anderen mit ihm verwandten Sprachen von Belang: Im Lateinischen wie im frühen Germanischen gab es weder einen unbestimmten noch einen bestimmten Artikel, um definite und indefinite Referenz explizit zu markieren, obwohl solche Referenzbezüge auch in diesen früheren Sprachstadien in der Kommunikation sicher eine Rolle gespielt haben müssen. Zwar haben nicht alle Sprachen in ihrer grammatischen Struktur den bestimmten und unbestimmten Artikel, wohl aber Demonstrativpronomen wie *dieser* oder *jenes*.

Im Deutschen wie z. B. auch dem Französischen, Italienischen, Spanischen und Englischen hat sich der bestimmte Artikel sprachgeschichtlich insbesondere vom Demonstrativpronomen *dieses* her entwickelt, während der unbestimmte Artikel sich von der Form des Zahlwortes für „eins" in diesen Sprachen sprachgeschichtlich herleitet.

Demonstrativpronomen sowie Eigennamen z.B. implizieren schon auf Grund ihrer Wortbedeutung definite Referenz und drücken damit wie der bestimmte Artikel diese Art von Referenz aus. Im Falle des unbestimmten Artikels „ein" kann man an *irgendein x* denken, ohne dass man explizit auf den Zahlwert „1" selber abstellt.

Wortklassen

Einführende Vorbemerkungen

Die Einteilung der Wortklassen wie *Substantiv, Adjektiv, Verb* usw. im Chinesischen folgt weitestgehend der heute in der Sprachwissenschaft allgemein üblichen. Allerdings muss man sich dabei im Klaren sein, dass es im Chinesischen längst nicht wie im Deutschen oder anderen mit ihm verwandten Sprachen so eindeutige strukturelle Klassifikationsmerkmale gibt. Denn im Chinesischen gibt es weder eine eindeutige Deklination nominaler noch eine Konjugation verbaler Wortklassen. Hinzu kommt, dass Worte bestimmter Wortklassen im Chinesischen flexibel zwischen Wortklassen „wechseln" können, indem z. B. bestimmte Verben auch als Präpositionen vorkommen u. a. m.

Die heute übliche Einteilung von Wortklassen in der chinesischen Grammatikschreibung beruht auf westlichen Traditionen, die ihrerseits wiederum in der traditionellen Grammatikschreibung des Westens an Hand vor allem des Altgriechischen und Lateinischen ihr orientierendes Vorbild haben. Die erste Grammatik für das Chinesische mit einer an westlichen Normen orientierten Grammatikschreibung war die von Ma (馬氏文通 *Mashi Wentong*), die gegen Ende des 19. Jh. erstmals erschien.

Das Chinesische ist nun einmal in seiner Struktur so abweichend von der westlicher Sprachen, dass ein beschreibender Grammatikrahmen, wie er an Hand westlicher Sprachen entwickelt wurde, nicht so ohne Weiteres auf die strukturellen Besonderheiten des Chinesischen und mit ihm verwandter Sprachen übertragbar ist. So gibt es im Chinesischen Wortklassen wie z. B. die Zähleinheitsworte (ZEW), die so in den westlichen Sprachen nicht bekannt sind. Erst ab Ende des 19. Jh. in der vorrevolutionären Phase der ausgehenden Zeit des alten China und bis in die 40er Jahre des 20. Jh. hinein hat es einiger Generationen von westlich ausgebildeten chinesischen Sprachwissenschaftlern bedurft, die die Pionierarbeit einer grammatischen Beschreibung des modernen Chinesisch (und hier vor allem der (gesprochenen) Umgangssprache) auf sich nahmen, um zu dem Stand der grammatischen Beschreibung des modernen Chinesisch zu kommen, der heute allgemein gilt.

In diesem Kapitel kann und soll es nun nicht darum gehen, hier eine vollständige und umfassende grammatische Beschreibung der Wortklassen zu bieten. Vielmehr werden wir uns auf die Beschreibung derjenigen strukturellen Eigenschaften der jeweiligen Wortklassen beschränken müssen, die am wichtigsten für westliche Lerner des Chinesischen und damit beim Spracherwerb des Chinesischen als Fremdsprache für diese Zielgruppe am wesentlichsten sind.

1. Nominale Wortklassen

Wie bereits angedeutet, gibt es im Chinesischen eine Reihe von nominalen Wortklassen, die so nur für das Chinesische beschrieben werden können, aber nicht für das Deutsche und andere mit ihm verwandte westliche Sprachen.

1.1 Besonderheiten von Substantiven im Chinesischen

„Referentielle Ausdrücke" sind u. a. auch Substantive, die auf Sache oder Person bezeichnen und dann darauf „referieren". Andere Beispiele für referentielle Ausdrücke sind z.B. auch Personalpronomen.

1.1.1 Bestimmtsausdruck von Substantiven mit 把

Im Chinesischen gilt folgende Faustregel:

Referentielle Ausdrücke, die vor dem Satzprädikat stehen, haben Bestimmtheitswert und werden im Deutschen mit dem bestimmten Artikel übersetzt. Analog gilt: Solche, die nach dem Satzprädikat stehen, haben in der Regel Unbestimmheitswert und werden ins Deutsche mit dem unbestimmten Artikel übersetzt, wenn nicht eine der folgenden Bedingungen auf Objekt- als auch sonstige Zweitergänzungen zutrifft:
1. Das Objekt ist nicht thematisiert und steht somit nicht am Satzanfang.
2. Das Objekt ist nicht durch entsprechende attributive Zusätze wie Demonstra- tivpronomen/Zahlwort + ZEW erweitert und signalisiert dadurch schon Bestimmtheitswert.

Eine dritte Möglichkeit, den Bestimmtheitswert von Objekten im Chinesischen explizit auszudrücken, ist die Verbindung der Objektergänzung mit der Präposition 把 zu einem Satzgliedteil, die dann unmittelbar vor das Satzprädikat gestellt wird:

(1) 我看了这本书。 -----→ 我把这本书看完了。 *Ich habe dieses Buch (aus)gelesen.*

Voraussetzung für die Anwendung dieser Konstruktion im Satzgefüge ist:

a) der Prädikatsteil des Satzes (in der Regel das verbale Satzprädikat) muss durch entsprechende Verbalsuffixzusätze (z.B. die in der letzten Einheit schon behandelten Verbalsuffixe + evtl. sonstiger Zusätze) oder durch andere Satzglieder erweitert sein.
b) Es kann nur das Objekt einer Zweitergänzung, also in der Regel das sogenannte direkte Objekt, mit 把 dem Satzprädikat präponiert werden.

1.1.2 Beifügungen vor dem Substantiv

Hier werden Substantivgruppen (Nominmalgruppen) als Satzglieder vorgestellt, die durch Zahlworte (Num) oder Demonstrativpronomen (Demonstrpr) näher bestimmt werden. Numerale als auch Demonstrativpronomen können im Chinesischen nicht direkt mit dem dadurch näher bestimmten Substantiv verbunden werden; vielmehr ist der Zwischeneinschub eines sogenannten Zähleinheitswortes (ZEW, chines.: 量词) erforderlich:

```
                              NGr
        ------------------------------------------------------
        |                                                    |
       Mod                              Subst (als Kernwort des Satzglieds)
  ---------------------------
  |                |                              |
  两               个                             人
  这               本                             书
  Demonstrpr/Numeral   ZEW                        Subst
```

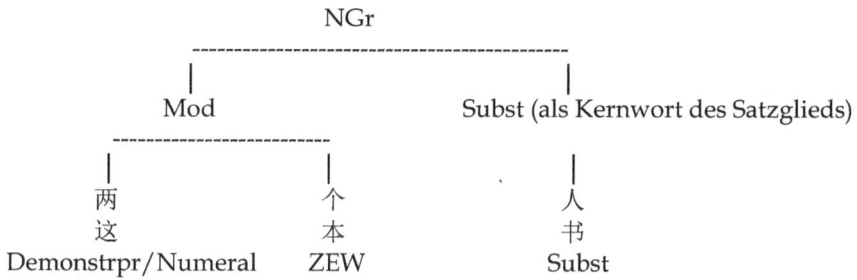

Es handelt sich hier also um eine Modifikationsrelation zwischen beiden Elementen innerhalb eines Satzgliedes.

> Je nach Bedeutung verlangen unterschiedliche Substantive unterschiedliche ZEW; im Prinzip muss man sie in Zusammenhang mit dem jeweiligen Substantiv erlernen, da es sehr viele davon gibt und keine einheitlichen Regeln, wann welches verwendet wird. 个 als ZEW kann aber in den meisten Fällen ersatzweise verwendet werden, wenn man das betreffende ZEW im Einzelfall nicht kennt.

ZEWs im Chinesischen entsprechen teilweise deutschen Wendungen wie *Stück*, *Paar*, usw., treten im Chinesischen aber viel häufiger auf als im Deutschen. ZEWs gibt es darüber hinaus in einer ganzen Reihe von anderen Sprachen wie dem Koreanischen, Japanischen, vielen paläosibirischen Sprachen, und diese hatten wohl ursprünglich die Funktion, in Verbindung mit Zahlworten auf eine bestimmte Menge von Gegenständen/Personen hinzuweisen, als in einer sehr frühen Phase der soziokulturellen Entwicklung in diesen Sprachgemeinschaften der abstrakte Zahlenbegriff an sich (also das Verständnis von z.B. *2* im arithmetischen Sinne ohne Bezug auf eine konkrete Anzahl bestimmter Gegenstände) noch nicht vorhanden war. Bei den früheren nomadisierenden Nachbarvölkern der Chinesen wurde dann z.B. das Zahlwort in Verbindung mit der Anzahl des betreffenden Viehs in einer Herde gebraucht. Diese sicher ursprüngliche Funktion ist im modernen Chinesisch schon aus kulturellen Gründen sicher weitgehend in den Hintergrund gedrängt worden; heute haben diese ZEWs sicher eine rein kommunikative Erleichterungsfunktion, indem sie bei der hohen Anzahl von gleichlautenden Silben und Wörter zu mehr Eindeutigkeit des Gemeinten und somit zum besseren Verständnis beitragen.

1.1.3 Die Verwendung von 的 als Attributanzeiger vor Substantiven
Folgende Fälle können hier unterschieden werden:

a) bei substantivischen Kernworten einer Satzgliedphrase, die unbelebte Objekte bezeichnen:

(2) 母亲的帽子很好看。 *Mutters Hut sieht schön aus.*

Hier könnte man 的 in seiner grammatischen Anzeigefunktion mit dem deutschen Genitiv - *s* in *Mutters* vergleichen.

b) bei komplexeren Attributfügungen:

(3) 我朋友的书很有意思。 *Das Buch meines Freundes ist sehr interessant.*

Hier ist das modifizierte Kernwort 书.

(4) 中国是一个很大的国家。   *China ist ein großes Land.*

Das modifizierte Kernwort ist hier 国家.

c) bei Preisangaben in attributiver Fügung zu einem substantivischen Kernwort:

(5) 一百块钱的书一点贵。   *Das Buch zum Preis von 100 Yuan ist ziemlich teuer.*

Attributfügungen mit Preisangaben und nachgestelltem的sind im Chinesischen durchaus üblich und ins Deutsche durch Wendungen wie „…im Preis von…" als dem substantivischen Kernwort nachgestelltes Attribut zu übersetzen.

d) Die Verwendung von 的 als Substantivierungspartikel bei Prädikatoren, die dadurch nominalisiert werden:

(6) 我要喜新的 不要旧的。   *Ich möchte ein neues, kein altes.*

e) 的 als Platzhalter für fehlende Substantive bei Verwendung von Personal- und anderen Pronomen:

(7) A: 这个表是谁的?   *Wem gehört diese Uhr?*
    B. 这个表是我的。   *Diese Uhr ist meine (=gehört mir).*

Auf Bedeutungsebene wird hier eine Besitzrelation angezeigt, indem ein Gegenstand x (in der Regel Subjekte wie 表) einer Person y (in der Regel die in einem solchen Satzmuster auf 是 folgende Zweitergänzung) als zugehörig zugeordnet wird. Solche Satzmuster übersetzt man am besten nach der Formel „x gehört y" ins Deutsche.

f) 的 als Attributanzeiger wird nicht verwendet, wenn:

f1) unterstellt werden kann, dass zwischen dem durch das Attribut Bezeichneten und dem durch das substantivische Kernwort Bezeichneten ein besonders enges Verhältnis besteht; das Kernwort bezeichnet dann in der Regel ein menschliches Wesen:

(8) 我母亲会说英语。   *Meine Mutter kann Englisch (sprechen).*
(9) 我朋友不喜欢带帽子。   *Mein Freund mag keine Hüte (=mag keine Hüte tragen).*

f2) in der Regel einsilbige adjektivische Prädikatoren in attributiver Fügung zu einem substantivischen Kernwort stehen:

(10) 他不喜欢就旧帽子, 不好看。   *Er mag keine alten Hüte, sie sehen nicht (so) gut aus.*

Für Kontraste zwischen dem Deutschen und dem Chinesischen sind hier vor allem die oben unter Punkt 1a), 1b) und 1c) genannten relevant. Fügungen mit 的 fungieren hier als Genitiv- bzw. Possessivanzeiger, da es die sonstigen Mittel der grammatischen Kasus im Chinesischen nicht gibt. 的kann auch als Substantivierungspartikel Verwendung finden, während im Deutschen hier das sogenannte Gerundium strukturell zum Tragen kommt. Fälle, in denen bei Attributfügungen 的 nicht verwendet wird, sind ebenfalls als kontrastrelevante Besonderheiten der chinesischen Grammatik anzusehen.

Deskriptiv ist hier hinsichtlich der verschiedenen Funktionen von 的 zu unterscheiden:

In einem Satz wie
> (11) 他是我很好的朋友。
> ist 的 eine *Attributfügungspartikel,*

in einem Satz wie
> (12) 我不要旧的，要新的。
> ist 的 von der Funktion her eine *Substantivierungspartikel,* da sie Prädikative

wie 新， 旧 zu funktional nominalen Ausdrücken macht,

während 的 in einem Satz wie
> (13) 这本书市谁的？
> eine *genitivische /possessive Platzhalterfunktion* ausübt.

ATTRIBUTKONSTRUKTIONEN:

nicht-komplexe, d.h., durch ein Einzelwort repräsentierte Attributfügungen mit oder ohne的, z.B.: 好人，我的帽子, usw.	*komplexe*, d.h., durch mehrere, aber mindestens durch zwei Einzelworte repräsentierte Attributfügungen ohne oder (hier in der Regel) mit的, z.B.: 很好的人， 说话的人 .usw.

ATTRIBUTSTATUS:

nicht eingebettet: ein Attributswort als unmittelbar vor dem Kernwort stehendes Satzgliedteil, z.B.: 那个好朋友, wobei 那个、好 in gleich berechtigter Beziehung zu dem Kernwort 朋友 stehen, d.h., weder 那个 noch 好 stehen zu 朋友 in einem einander unter- oder übergeordneten Verhältnis.	*eingebettet:* es gibt neben einer Attributsfügung 1 mindestens noch eine weitere Attributfügung 2, die in Bezug auf Attributfügung 1 entweder über- oder untergeordnet ist, z.B. 我的帽子的颜色 (*die Farbe meines Hutes*), usw.

Attributfügungen gelten als Relationen unterhalb der Satzgliedebene zwischen dem Attributkomplex selbst und dem modifizierten Kernwort.

1.1.4 Komplexe Attributskonstruktionen
Oben hatten wir bereits Attributskonstruktionen mit 的 kennen gelernt. Hier werden schwerpunktmäßig Attributsfügungen behandelt, denen im Deutschen Relativsatzäquivalente entsprechen würden.

Vorher aber ist es zum Verständnis des folgenden sinnvoll, folgende allgemeinen Feststellungen zu treffen:

a) Zu unterscheiden wäre für Attributsfügungen im Chinesischen generell zwischen:
Komplexe Attributfügungen können in Bezug auf ihren Attributsstatus also eingebettete oder auch nicht eingebettete sein.

Bitte vergleichen Sie einmal folgendes Satzbeispiel:

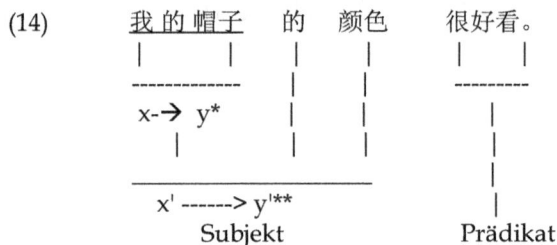

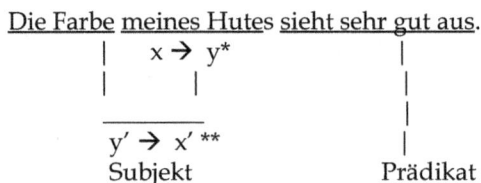

(14)　　我 的 帽子　的　颜色　很好看。

```
我 的 帽子     的    颜色      很好看。
 |  |  |        |     |  |     |   |
 -----------    |     |  |     -------
 x-→ y*         |     |  |        |
 |              |     |  |        |
 _____ |          |
 x' ------> y'**       |          |
   Subjekt             Prädikat
```

Die Farbe meines Hutes sieht sehr gut aus.

```
 |    x → y*              |
 |    |                   |
 _____           |
 y' → x' **               |
   Subjekt           Prädikat
```

In beiden Fällen ist 我的帽子的 bzw. *meines Hutes* in Bezug auf das modifizierte Kernwort 颜色 bzw. *Farbe* eine eingebettete Attributrelation. Im Deutschen ist diese im Satzbeispiel eine dem Kernwort *Farbe* nachgestellte, im chinesischen Satzäquivalent nicht. Ein derartiges satzanalytisches Schema ist nun dann hilfreich, wenn es sich um solche Attributfügungen besonders komplexerer Art im Chinesischen handelt, die eingebettete Attributfügungsteile haben können oder auch nicht.

Nun aber zurück zu den Satzbeispielen:

(14a) 会说中国话的外国人是英国人。
Der Ausländer, der Chinesisch sprechen kann, ist Engländer/Brite.

(15) 你给我的帽子不是他的。
Der Hut, den du mir gegeben hast, gehört nicht ihm.

(16) 你看的那本日本报不是我的。
Jene japanische Zeitung, die du liest, ist nicht meine.

In den ersten beiden Satzbeispielen liegt nicht eingebetteter Attributstatus im Gegensatz zum dritten Satzbeispiel vor.

Einige Grundregeln, die man bei dem Verständnis solcher komplexen Attributfügungen mit oder ohne Einbettung auch schon als Anfänger beim Chinesischlernen beachten sollte, sind:

I. Bestimmen Sie zunächst das modifizierte Kernwort mit den oben demonstrierten Verfahren der Satzgliedanalyse.
II. Bestimmen Sie auf gleiche Weise das Attribut im Verhältnis zum jeweiligen Kernwort.
III. Fassen Sie Attribut und Kernwort zum jeweiligen Satzglied zusammen.
IV. Bestimmen Sie die übrigen Satzglieder wie Prädikat, usw.

Dies soll noch einmal zusammenfassend an folgendem Satzbeispiel demonstriert werden:

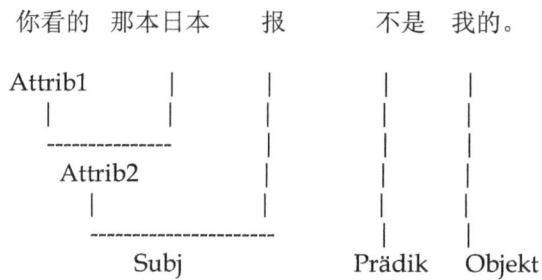

```
        你看的  那本日本    报       不是   我的。

     Attrib1      |        |        |       |
        |         |        |        |       |
     ---------------        |        |       |
        Attrib2            |        |       |
        |                  |        |       |
     ----------------------        |       |
              Subj              Prädik  Objekt
```

Man sieht sehr klar, dass hier mindestens folgende grammatische Relationen bestehen:

Attribut 1 = {那本书， 日本}
Attribut 2 = 你看的， 那本日本报
Subjekt = {(attr1,attr2 =你看的那本日本报), 不是}
Objekt = {我的, 不是}
Prädikat = {不是,你看的那本日本报不是我的}.

Solche grammatischen Relationen werden wie folgt definiert:

> *Das Prädikat als erstes Argument einer Funktion in Bezug auf den Gesamtsatz als zweites Argument dieser Funktion; Subjekt als erstes Argument einer Funktion in Bezug auf das Satzprädikat als zweites Argument; das gleiche gilt für die Zweitergänzung.*

Auf diese Weise kann man nach festen und immer gleichen Kriterien auf sehr anschauliche Weise komplexe grammatische Relationen wie die oben nachvollziehen und überprüfen, indem auch die Bedeutungsstruktur des Satzes zugrunde gelegt wird. Im Chinesischen stehen alle Attributfügungen grundsätzlich vor dem Kernwort, während gerade bei komplexen und/oder eingebetteten Attributfügungen im Deutschen neben der grammatischen Kasusanzeige (Genitiv/Possessiv) diese vor und/oder nach dem Kernwort stehen können und so auch vom ersten Verständnis her in ihrer Relation zum eigentlichen Kernwort übersichtlicher werden.

Aber alle diese Möglichkeiten entfallen im Chinesischen, weshalb eine derartige Vorgehensweise in komplizierteren Fällen für den Nichtmuttersprachler, der als Anfänger Chinesisch lernt, angezeigt ist.

1.1.5 . "Implizite" Attributfügungen ohne 的
Im Chinesischen finden sich manchmal auch Sätze wie:

(17) 象、鼻子很长。
Elephant - Nase – sehr- lang. (*Nase* steht hier für Rüssel.)
Man könnte diesen Satz nun wie folgt leicht umformen:

(18) 象 的鼻子很长。
Der Elefant hat einen langen Rüssel (oder: *Der Rüssel des Elefanten ist lang*).

Hier handelt es sich aber im Falle des ersten Satzbeispiels um eine eigenständige Satzkonstruktion im Chinesischen, die sich nur mit der Unterscheidung von *Subjekt* und *Thema* erklären lässt:

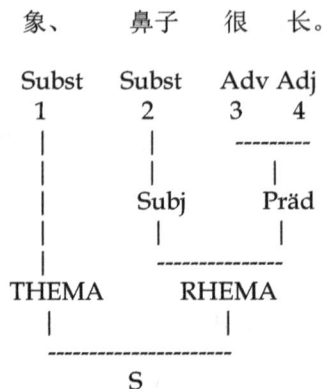

象、 鼻子 很 长。

```
Subst   Subst   Adv  Adj
  1       2      3    4
  |       |      ----------
  |       |           |
  |      Subj        Präd
  |       |           |
  |       --------------------
THEMA         RHEMA
  |             |
  ---------------------------
              S
```

Hier wird über 象 (THEMA) ausgesagt, dass 鼻子很长 (RHEMA). Also lässt sich die Übersetzung sinngemäß etwa folgendermaßen angeben:

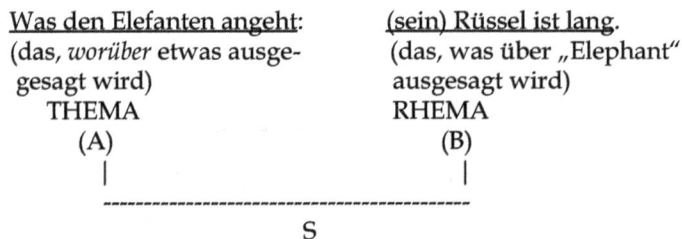

```
Was den Elefanten angeht:      (sein) Rüssel ist lang.
(das, worüber etwas ausge-     (das, was über „Elephant"
  gesagt wird)                   ausgesagt wird)
THEMA                          RHEMA
(A)                            (B)
  |                              |
  ----------------------------------------
                  S
```

B enthält also Subjekt und Prädikat und stellt das THEMA dieses Satzes dar, während A lediglich das THEMA enthält. Das Subjekt von B steht dabei bedeutungsmäßig in einer Teilrelation zu A, indem das Subjekt von B substantiell kleiner ist als A und substantiell Teil von dem durch A Bezeichneten ist. Für den Elephantenrüssel, der ohne Elephant als solcher nicht vorstellbar wäre, ist dies hier sicher der Fall ist. Hier sind Subjekt und Thema nicht die gleichen Beschreibungseinheiten wie in den Satzbeispielen früherer Beschreibungseinheiten, sondern auch in der Satzstruktur zwei völlig verschiedene und daher von einander zu unterscheidende Einheiten.

Die gerade behandelten grammatischen Strukturen sind insbesondere für das Chinesische (und darüber hinaus auch u.a. im Japanischen und Koreanischen) bekannt und weichen von dem im Deutschen dazu üblichen Satzmustern erheblich ab. Da geeignete grammatische Ausdrucksmittel wie grammatischer Kasus, Artikel, usw., im Chinesischen fehlen, wird man solche Fälle - eben auch wie für andere Fälle, wo das folgende zutrifft - weniger von der grammatischen Struktur her denn von der bedeutungsmäßigen Ebene in klare Regeln für den Lerner im Anfängerstadium fassen müssen.

Eingebettete Attributfügungen, also solche, die ihrerseits wieder das Kernwort einer weiteren Attributfügung modifizieren und andererseits sich auf ein Kernwort des gesamten Attributkomplexes beziehen, stehen im Chinesischen ebenso wie relativsatzähnliche komplexe Attributfügungen immer *vor* dem eigentlichen nominalen Kernwort eines Satzgliedes - im Unterschied zum Deutschen.

Hier kommen wir noch einmal auf unseren bereits angeführten Hinweis zur Notwendigkeit des Begriffs THEMA als eigenständiger Entität nicht nur oberhalb der Satzgliedebene zurück: In der chinesischen Grammatikschreibung werden Konstrukte wie 象、鼻子很长 als Sätze mit Subjekt/Subjekt-Prädikat bezeichnet, worunter man sich schwerlich etwas Genaueres vorstellen kann; einfacher und viel deutlicher ist hier hingegen die Unterscheidung von THEMA und RHEMA einerseits und (grammatischen) Subjekt/Prädikat andererseits. Denn in solchen Sätzen mit *Doppelsubjekt* (im Sinne der herkömmlichen chinesischen Grammatikschreibung) lassen sich unter lediglich strukturell-syntaktischem Aspekt die syntaktischen und die zugrunde liegenden semantischen Relationen zwischen 象、鼻子很长 kaum nachvollziehbar erklären.

1.1.6 Orts- und Positionssubstantive
有 kann mit *haben* übersetzt worden:

(19) 他有两个孩子。   *Er hat zwei Kinder.*

Hier lernen wir mindestens eine weitere Verwendungsmöglichkeit von 有 kennen:

(20) 这里有书。   *Hier gibt es/sind Bücher.*

Wir müssen also unterscheiden zwischen einem
  有₁= *haben, besitzen*
  und einem
  有₂ = *vorhanden sein, existieren, da sein*

有₂ ist immer dann vorhanden, wenn es sich bei dem Subjekt um ein sogenanntes *Ortssubstantiv* handelt:

(21) 桌子上没有书。   *Auf dem Tisch liegen/sind Bücher.*
(22) 我们学校有两百多学生，五十位老师。 *An unserer Schule gibt es über 200 Schüler und 50 Lehrer.*
(23) 美国没有很多中国人。   *In Amerika gibt es nicht viele Chinesen.*

Alle Substantive, die eine Örtlichkeit bezeichnen wie 美国、学校、家、桌子上, usw., sind Ortssubstantive und in dieser Weise mit 有₂ verbunden. Das gilt auch für Sätze, in denen Worte wie这里、这儿、那里、那儿, usw., als Subjekte auftreten. Im Deutschen werden diese mit *hier* bzw. *dort* übersetzt und wären lokale Adverbien. Im Chinesischen handelt es sich aber um genuine Substantive, was man u.a. an den Endungen 儿 erkennt, die nur bei Substantiven als Suffixe stehen können. Das Gleiche gilt für die öfters vorkommenden Wendungen wie 上头、下头、底下、大楼、楼下, usw. Andere typische Positionssubstantive, die mit den Suffixen 头 und 边 verbunden werden können, sind:

```
                          上  oben
   左        -------------------------------------
      links  |                              |  右  rechts
            -------------------------------------
                          下  unten


                -------------------------------------
   旁边 seitlich  |         中 Mitte         |  旁边 seitlich
                -------------------------------------
```

Entfallen diese Suffixe hinter einem dieser Positionssubstantive und treten diese Positionssubstantive dann selbst als Suffixe in Verbindung mit anderen Substantiven auf, so spricht man auch von *Postpositionen*.

Fügungen wie 桌子上，椅子下，屋子里 , usw., wären dann *Substantive mit Postpositionen*.

Ortssubstantive sind also solche, die die Lage von einem y, das Zweitergänzung ist, an einem Ort x, das Subjekt und damit Erstergänzung ist, bezeichnen:

(24) 桌子下有孩子。   *Unter dem Tisch sind Kinder.*

Positionsworte sind solche, die explizit eine bestimmte Ortslage wie 左,下, 右, usw. beschreiben.

Die Kombination von Orts- und Positionssubstantiven ergibt *zusammengesetzte Ortssubstantive* (vgl. Beispiele oben).

1.1.7 Satzmuster mit Ortsangaben
In solchen Satzmustern wird die Lage eines Gegenstandes/einer Person x in Bezug auf einen Ort y beschrieben. Auf Satzbedeutungsebene sind grundsätzlich drei Arten zu unterscheiden:

relative Ortsangaben: Hier wird das lokalisierte x in seiner Lage an einem bestimmten Ort in Bezug auf die Position y beschrieben:

(25)   我家   在   学校后边。
                 x   y
      Meine Wohnung liegt hinter der Schule .
            x   y

          x = 我家   (das, was lokalisiert wird)
          y= 学校后边   (das Lokalisierende)

b) *sprecherbezogene Ortsangaben:* Hier wird das lokalisierte x in Bezug auf seine Lage in Relation zum jeweiligen Sprecherstandort beschrieben:

(26) 学校在后边。   *Die Schule ist (da) hinten.*

c) *absolute Ortsangaben*: Das lokalisierte x wird in seiner Lage weder sprecherbezogen noch relativ ortsbezogen beschrieben:

(27) 书在桌子上。   *Das Buch liegt auf dem Tisch.*

1.1.8 Substantive der Zeit
Substantive der Zeit sind solche wie 星期 *Woche*, 月 *Monat*, 年 *Jahr* u. a., die entweder einen bestimmten Zeitpunkt bezeichnen können, aber auch solche, die auf einen Zeitpunkt in der Vergangenheit, Zukunft oder Gegenwart Bezug nehmen, z. B.: 今天 *heute*, 昨天 *gestern*, 明天 *morgen*.

Für diese Klasse von Substantiven gelten bestimmte Bildungsregeln, auf die wir in dem Abschnitt zu den Zahlworten noch gesondert zurückkommen werden.

1.1.9 Pluralbildung von Substantiven
Meistens wird der Plural von Substantiven nicht explizit durch bestimmte Endungen am Substantiv ausgedrückt, sondern dem Sprechzusammenhang implizit entnommen. Soll der Plural in bestimmten Fällen explizit bezeichnet werden, behilft man sich mit bestimmten Zähleinheitswörtern wie 些, Zahlworten, die größer als „1" bedeuten, u.a.m.

Für Substantive, die Menschen bezeichnen, ist in selteneren Fällen auch die Pluralbildung mit der Endung 们 möglich:

(28) 朋友们   *Freunde*
(29) 同学们   *Mitschüler, Mitstudenten*

1.1.10 Verdoppelung von Substantiven
Substantive können verdoppelt werden und haben dann die Bedeutung von *jede/-r, -es x*:

(30) 家家   *jede Familie*
(31) 年年   *jedes Jahr*

1.1.11 Nominalsuffixe 子，头，儿
Vor allem bei einsilbigen Substantiven lässt sich beobachten, dass diesen eines der Nominalsuffixe 子，头，儿 angehängt werden kann:

(32) 车子   *Wagen*
(33) 指头   *Finger, Fingerspitze*
(34) 碗儿   *Schüssel*

Insbesondere in der Gegend um Peking wird man immer wieder solche Zusätze mit 儿 hören können und manchmal auch im geschriebenen Chinesisch vorfinden können, was auf eine regionale Besonderheit der Sprache in dieser Region hindeutet.

1.2 Pronomen

Personalpronomen

1. Person	2. Person	3. Person	Numerus
我	你	他[1] 她[2] 它[3]	*Singular*
我们 咱们[4]	你们	他们	*Plural*

Demonstrativpronomen

Am Sprecherstandort	Vom Sprecherstandort entfernt
这 dieses	那 jenes

Interrogativpronomen

谁?	Wer?
哪里?[5]	Wo?
什么	Was?
怎么? 怎么样?	Wie?
什么时候?	Wann?
为什么?	Warum?

1.3 Zahlworte und besondere Strukturen mit Zahlworten

Die Bildung von Zahlworten

Die Bildung von Zahlworten über 10 ist im Chinesischen eigentlich Gegenstand der Wortbildung und nicht der Grammatik. Da es hier aber viele vom Deutschen abweichende Besonderheiten gibt, werden diese hier genauer beschrieben.

Im einzelnen gelten folgende Grundregeln: Die Zahlen von 1-10 stellen einsilbige Worteinheiten dar. Bei Zahlwortbegriffen über 10 gibt es zwei Bildungsverfahren:

a) Kleinere Zahlworte, die hinter größeren Zahlwerten stehen, werden gedanklich addiert:
十二 (10 + 2) = 12

---

[1] Kann für Personen des weiblichen und männlichen Geschlechts unterschiedslos verwendet werden und kommt am häufigsten vor.
[2] Nur schriftsprachlich für Personen weiblichen Geschlechts.
[3] Nur schriftsprachlich für Sachen.
[4] Ein inlusives *wir* in der Bedeutung von *wir und ihr zusammen*.
[5] 哪儿 kann stattdessen ebenfalls verwendet werden; kann aber auch manchmal *welche(s)?* bedeuten.

十三　(10 + 3) = 13
十九　(10 + 9) = 19 usw.

b) Kleinere Zahlwerte, die vor größeren stehen, werden gedanklich multipliziert:

二十　(20 x 10) = 20
三十　(3 x 10) = 30
九十　(9 x 10) = 90

Im Prinzip wird für alle Zehnereinheiten (10 x 10 = 100, 100 x 10= 1000, usw.) verfahren, was ein beliebiges Vielfaches von 100, 1000, usw. angeht:

三百　(3 x 100)　 =　300
五千　(5 x 1000) =　5000
六万　(6 x 10 000) = 60 000

c) Zu addierende Einheiten bei Zahlwerten ab 10 und deren Vielfachen ist von der
Wortbildung ein Mischverfahren beider bereits genannter Prozeduren gedanklich
vorzunehmen:

三百五十二　(3x 100) + (5 x 10) + 2 = 352, usw.

Nicht besetzte Zehnerstellen u.a. Stellen werden mit dem Ausdruck 零 *Null* gelesen.
Bei solchen Zahlwortkomplexen ab 10 werden z. B. die jeweiligen Hunderter-, Zehnerstellen gedanklich addiert (wie *(300 + 50) + 2* oben), deren Vielfaches (wie z.B. *3
x 100, 5 x 10* oben) vorher gedanklich multipliziert.

Auf diese Weise lassen sich im Prinzip alle zusammengesetzten Zahlworte beliebi-
ger Größe bilden.

Währungsangaben
Die offizielle chinesische Währungseinheit ist der 元. Demgegenüber ist der ver-
schiedentlich auftauchende Begriff 块钱 ein solcher umgangssprachlicher Art, der
unabhängig von der jeweiligen nationalen Währung (chines. Yuan, Euro, US-Dollar,
japanischer Yen, usw.) im Chinesischen unter Auslandschinesen verwendet werden
kann.

1 chinesischer 元 unterteilt sich in 10 角 und 100 分 . Die umgangssprachlichen
Ausdrücke sind die dafür immer wieder vorkommenden Termini 毛 und 分 entsprechend.

Telefonnummern
Telefonnummern werden *nicht* als zusammengesetzte Zahlworte, sondern einzeln
buchstabiert:

一九二三零　　1-9-2-3-0

Wieviel?

多少 wird bei in der Anzahl unbestimmten Mengenvoraussetzungen und/oder bei unbegrenzt möglicher Anzahl verwendet, 几 hingegen bei geringen und in der Anzahl/Höhe eher begrenzten Mengenvoraussetzungen.

Bildungsmuster von Zeitangaben
Die Bildung von Jahreszahlen, Monaten, Monats- und Wochentagen, Ordinalzahlen

JAHRE

一千九百年　1900
一千八百六十三年　1863
一千九百八十年　1980

Bei Jahreszahlen kann man die Zahlwerte auch einzeln buchstabierend lesen (sogenannter *Telefonstil*, da die Ziffernfolge einer Telefonnummer dort auch einzeln gelesen werden):

一四九二年　1492
一零三一年　1031
一八零零年　1800
一千九百年　1900
一千八百六十三年　1863
一千九百八十年　一九一零年　1910
哪年　welches Jahr ?
去年　letztes Jahr
今年　dieses Jahr
明年　nächstes Jahr

MONATE

Monatsnamen werden voll, also wie folgt gelesen:

一月	二月	三月	四月	五月	六月
Januar	Februar	März	April	Mai	Juni
七月	八月	九月	十月	十一月	十二月
Juli	August	September	Oktober	November	Dezember

几月　　welcher Monat?
上(个)月　letzten Monat
这(个)月　diesen Monat
下月　　nächsten Monat

MONATSTAGE

Auch Monatstage werden wie die Monatsnamen voll gelesen.

一日	二日	三日	四日	五日	六日	七日	八日	九日	十日	十一日
1.	2.	3.	4.	5.	6.	7.	8.	9.	10.	11.

几日？ an welchem Tag?
  昨天　gestern
  今天　heute
  明天　morgen
  哪天? an welchem Tag?

WOCHEN UND WOCHENTAGSNAMEN

星期日	星期一	星期二	星期三	星期四	星期五	星期六
Sonntag	Montag	Dienstag	Mittwoch	Donnerstag	Freitag	Sonnabend

星期几？ welcher Wochentag?
上个星期　letzte Woche
这个星期　diese Woche
下个星期　nächste Woche
哪个星期？welche Woche?

上 个 星 期 六　　letzten Freitag
这 个 星 期 六　　diesen Freitag
下 个 星 期 六　　nächsten Freitag
哪 个 星 期 六？　welchen Freitag ?

ORDINALZAHLEN

第 一 天　　　der erste Tag
第 二 天　　　der zweite Tag
第 三 年　　　das dritte Jahr
第 四 个　　　der/die vierte (z.B. von Menschen)
第 五 位　　　der fünfte (höflich für Respektpersonen)
第 六 本　　　das sechste (Bücher, Hefte, usw.)
第 七 张　　　der siebte Bogen (Papier)
第 几 本 ?　　das wievielte (Heft, Buch u. ä.) ?

Bei Datumsangaben steht die Jahreszahl zuerst, gefolgt vom Monatsnamen und dem jeweiligen Monatstag. Dies entspricht dem generellen Anordnungsprinzip im Chinesischen, dass die jeweils größere Einheit vor der jeweils kleineren Einheit steht.

天、年 sind selbst auch ZEW; wenn sie mit Zahlworten verbunden werden, steht daher kein weiteres ZEW zwischen Zahlwort/Demonstrativpronomen und diesen Worten selbst.

Die Bildung von Jahreszahlen, Monatsnamen, Monatstagen und Wochentagen erfolgt, wie wir gesehen haben, numerisch, so dass der Ausdruck der Inhaltsfrage nach einem bestimmten Jahr, eines Wochentags, usw., mit dem Pronomen 几 quasi als Platzhalter für den erfragten Zeitpunkt steht:

今天星期几？ Welcher Wochentag ist heute?

今天星期二。　　Heute ist Dienstag.

现在几月？ Welchen Monat haben wir jetzt?

现在二月。　Jetzt haben wir Februar.

In anderen Fällen verwendet man das Pronomen 哪

现在哪年？ Welches Jahr haben wir jetzt?

现在一九九三年。 Jetzt haben wir das Jahr 1993.

Anstelle von 星期 hört man auf Taiwan auch häufiger 礼拜.

Zusammenfassung

Jahreszahlen werden wie im Deutschen mit Zahlworten gebildet, wobei jedoch die einzelnen Ziffern als einzelne Zahlworte gelesen werden (im Unterschied zum Deutschen):

一九九四年 1994

Im Gegensatz zum Deutschen werden im Chinesischen Monatsnamen mit den Zahlworten von 1 - 12 + 月 gebildet.

Die Tage eines Monats werden mit Zahlworten von 1 - 31 + 日/号 gebildet und erscheinen nicht als Ordinalzahl im Gegensatz zum Deutschen.

Abweichend vom Deutschen werden Wochentagsnamen mit 星期/礼拜 den Zahlworten 1 bis 6 für die Wochentage von Montag - Samstag bzw. mit 星期/礼拜 + 日/天 für *Sonntag* gebildet. Ebenfalls abweichend vom Deutschen - nämlich im Rahmen zusammengesetzter Zeitsubstantive - werden die Bezeichnungen für *dieses Jahr*, *nächstes Jahr* und *letztes Jahr*, usw., wie unter den Bildungsmustern oben beschrieben gebildet. Die Frage nach diesen Zeiteinheiten stellt eine Inhaltsfrage dar, für die - zum Teil abweichend vom Deutschen - spezielle Fragepronomen Verwendung finden.

Ordinalzahlen werden mit dem Präfix 第 gebildet und können mit dem Fragepronomen 几 erfragt werden.

Die Verwendung des Fragepronomens 几 in den oben genannten Fällen weist immer auf eine von unten nach oben begrenzte Menge an Zahlen/Zeiteinheiten hin, d.h., es gibt einen unteren Anfangspunkt A mit dem niedrigsten Zahlenwert und einen oberen Endpunkt E mit dem jeweils höchstmöglichen Zahlenwert. Der erfragte Zahlenwert ist also nicht *beliebig unbestimmt*. Insofern unterscheidet sich die Verwendung von 几 vom deutschen *wieviel*, das begrenzte Zahlenwerte als auch unbegrenzte Zahlenwerte beinhalten kann.

Uhrzeit- und andere Zeitangaben

Frage nach der Uhrzeit:

什么时候了？

几点钟了？ *Wie spät ist es jetzt?*

(beide Fragen sind in diesem Zusammenhang möglich).

Uhrzeitangaben:

一点钟　　　　1.00 Uhr

一点 十 分	1.10 Uhr
一点十 五 分	1.15 Uhr
(一点一刻)	
一点二十分	1.20 Uhr
一点三十分	1.30 Uhr
(一点半)	
一点四十分	1.40 Uhr
一点四十五分	1.45 Uhr
(一点三刻钟)	
两点钟	2.00 Uhr
两点多钟	nach zwei Uhr

Zeitdauerangaben in Stunden, Minuten

A: 你看看书，看了多少时候了？

B: 你看了书，看了几个钟头了？

Wie lange hast du gelesen ?

一分中	1 Minute
两分钟	2 Minuten
四、五分钟	4 – 5 Minuten
十几分钟	10 – 15 Minuten
三十分钟	30 Minuten
(半点钟)	
四十五分钟	45 Minuten
(三刻钟)	
一点中	1 Stunde
一点多钟	länger als, über 1 Stunde
一点(零)十分	1 Stunde und 10 Minuten
半个钟头	eine halbe Stunde
一个钟头	1 (volle) Stunde
一个多钟头	über eine Stunde
一个半钟头	ein und eine halbe Stunde
四、五个钟头	4 – 5 Stunden
十几个钟头	10 – 15 Stunden

Anmerkungen:

① Zeitpunktangaben stehen im Gegensatz zu Zeitdauerangaben vor dem Satzprädikat:

车 两 点 钟 到 了 。

Der Wagen ist um 2 Uhr da.

②Zeitdauerangaben stehen hingegen entweder als Attribut vor dem Satzobjekt oder werden in einem Nachsatz unter Wiederholung des Satzprädikats angeführt:

我 每 天 上 四 个 钟 头 的 课 。

Ich habe jeden Tag 4 Stunden Unterricht.

我 每 天 上 课 上 四 个 钟 头 。

Ich habe jeden Tag 4 Stunden Unterricht.

Das Satzobjekt wird dabei nicht wiederholt.

Altersangaben

Diese werden - wie im Text und in den Satzmustern unten illustriert - mit Wendungen wie 多大岁数，多岁数， 几岁 gebildet. Das Satzprädikat kann hier in der Regel entfallen.

Beispiele:

你 有 多 大 岁 数 ？

Wie alt sind Sie ?

(多大大 岁 数   indiziert hier schon ein Alte von z.B. älter 50 Jahren) .

你 多 岁 数 ？

dto.

(多 岁 数 indiziert hier eher ein Alter älter als 20, aber sicher jünger als 50).

我 （ 有 ） 五 十 岁 。

Ich bin 50 Jahre alt.

他 有 四 十 岁 没 有 ？

Ist er vierzig Jahre alt?

没 有 。

Nein.

有 。

Ja.

你 有 几 岁 ？

Wie alt bist du?

(几 岁   indiziert hier ein Alter z.B. zwischen 5 und 10 Jahren, in jedem Falle unter 30 Jahren)

你 几 岁 ？

dto.

有 二 十 二 岁 。

Ich bin 22 Jahre alt.

二 十 二 岁 。

dto.

Das Satzprädikat in Altersangabesätzen ist 有, die Verneinung erfolgt mit 没有; die Entscheidungsfragesatzbildung z.B. mit 有 + Altersangabe +没有 .

Quantifizierte Höhen- und Längenangaben

Das entsprechende Satzmuster wäre z.B.:

这个桌子　三尺　　长。

A1　　A2　Präd

S

Dieser Tisch ist drei Fuß hoch.

Satzglieder sind hier:

A1 = 这 个 桌 子

A2 = 三 尺 / (+Maßangabe)

Präd = 长

42

这个桌子没有三尺长。
Dieser Tisch ist nicht drei Fu hoch.
这个桌子有三尺长没有？ (dies ist der entsprechende Entscheidungsfragesatz)

Weitere Beispiele hierfür sind:
那个山有多高？有一万尺高吗？
Wie groß ist jener Berg ? Ist er 10 000 Fu hoch ?
北京到南京有二十六公里、有二十六多公里。
Von Peking nach Nanjing sind es nicht (nur) 26 km, sondern über 26 km (=viel mehr als 26 km).

两 *als Zahlwort*
两 ist ein spezielles Zahlwort in der Bedeutung von *2, beide* und kommt anstelle von 二 als selbständiges Zahlwort in Wendungen wie 两本书 *zwei Bücher* usw. vor. 二 kommst stattdessen in Wendungen von Zehnerreihen wie z.B. 二十二本书 *22 Bücher*, usw. vor.

1.4 Zähleinheitswörter (ZEW)
Zähleinheitsworte (ZEW) sind eine spezielle grammatische Erscheinung im Chinesischen und anderen Sprachen wie u.a. dem Koreanischen und Japanischen bei Mengenangaben. So sagt man im Chinesischen in der Regel nicht einfach *zwei Bücher*, sondern *zwei Stück Bücher* bzw. *zwei Bände Bücher*. Ähnlich ist es bei Demonstrativpronomen, wo man z.B. ebenfalls *dieser eine Band Buch* sagen müsste.

Im Chinesischen gibt es eine ganze Reihe von ZEWs, die je nach der Bedeutung nur in Zusammenhang mit einem bestimmten Substantiv verwendet werden können. Z. B. kann das ZEW 本 nur in Zusammenhang mit Substantiven verwendet werden, die Bücher, Zeitungen oder Zeitschriften bezeichnen, nicht aber in Zusammenhang mit Substantiven, die z.B. Menschen bezeichnen. Im letzteren Fall müsste 个 verwendet werden:

这本书	*dieses Buch*
两本书	*zwei Bücher*
两本日报	*zwei Tageszeitungen*
两个人	*zwei Personen*
这个人	*dieser Mensch*

Festgelegte und einzelnen nachvollziehbare Regeln, wann welches ZEW mit welchem Substantiv verwendet wird, gibt es nicht immer. Es empfiehlt sich daher, die betreffenden ZEWs immer in Zusammenhang mit ihren jeweiligen Substantiven zu lernen.

Das meist verwendete ZEW ist sicher 个. Immer dann, wenn man ein bestimmtes ZEW für ein bestimmtes Substantiv nicht kennt oder sich unsicher ist, welches ZEW verwendet werden müsste, kann man 个 benutzen; man wird dann schon verstanden, selbst wenn die Verwendung eines anderen speziellen ZEW in Verbindung mit dem betreffenden Substantiv im Einzelfall „richtiger" wäre.

ZEWs können in der Regel nicht alleinstehend verwendet werden; abweichend davon aber nur dann, wenn aus dem Kommunikationszusammenhang ohnehin ersichtlich wäre, auf welches Substantiv sie sich beziehen. Nominale ZEWs können dann unter solchen Umständen als Objekt fungieren:

我要这个，不要那个。 *Ich möchte das, jenes nicht.*
我要三个。 *Ich möchte drei (Stück davon).*

Einsilbige ZEWs können auch verdoppelt werden und haben dann die Bedeutung von *jedes einzelne.*

Die nachfolgende Liste von ZEWS zusammen mit ihren jeweiligen Kombinationsmöglichkeiten in Zusammenhang mit Substantiven und Beispielen wurde dem Wikibook *Chinesische Grammatik* entnommen.[6]

我要这个，不要那个。 *Ich möchte das, jenes nicht.*
我要三个。 *Ich möchte drei (Stück davon).*

Einsilbige ZEWs können auch verdoppelt werden und haben dann die Bedeutung von *jedes einzelne.*

<u>Tab. 1.1</u>

ZEW	Beispiele			
把 bǎ Dinge mit Griff (Messer, Stühle, Schlüssel)	椅 yǐ Stuhl	子 zi		
	伞 sǎn Schirm			
	刀 daō Messer	子 zi		
班 bān Klasse, Verkehrsmittel	三 sān 3. Klasse Schüler	班 bān	学 xué	生 shēng
	下 xià der nächste Zug	班 bān	火 hûo	车 chē
杯 bēi	咖 kā	啡 fēi		

---

[6]Einsehbar unter dem Internetlink: http://de.wikibooks.org/wiki/Chinesische_Grammatik:_Druckversion#Z.C3.A4hleinheitsworte_des_Substantivs

Tasse, Glas, Becher, Pokal	Kaffee	
	茶	
	chá	
	Tee	
本	书	
běn	shū	
Bücher, Zeitschriften, Band	Buch	
	小	说
	xiǎo	shuō
	Novelle	
笔	钱	
bǐ	qián	
Geldsumme	Geld	
	帐	
	zhàng	
	Geldschuld	
部	字	典
bù	zì	diǎn
Bücher, Maschinen, Film, Fahrzeuge	Lexikon	
	汽	车
	qì	chē
	Auto	
	电	影
	diàn	yǐng
	Film	
场	雨	
cháng	yû	
Naturereignisse, Ereignisse von gewisser Dauer	Regenguß	
	战	争
	zhàn	zhēng
	Krieg	
出	戏	
chū	xì	
Drama	Theater	
串	珠	子
chuàn	zhū	zi

Bund, aufgereihte Dinge

Perlenkette

钥 匙
yào shi
Schlüsselbund

道
dào
lange Dinge, Gang einer Mahlzeit, Be-
fehl

墙
qiáng
Mauer

题
tí
Examensfrage

菜
cài
Essen

滴
dī
Tropfen

血
xiě
Blut

顶
dǐng
Mütze

帽 子
mào zi
Hut, Mütze

栋
dòng
Häuser

房 子
fáng zi
Häuser

段
duàn
Abschnitt (Dinge, Zeit)

文 章
wén zhāng
Artikel

时 间
shí jiān
Zeit

对
duì
Paare

夫 妇
fū fù
Ehepaar

耳 环
ěr huán
Ohrringe

花 瓶
huā píng

Blumenvase

顿
dùn
Mahlzeit, Prügel

饭
fán
Mahlzeit

打
dǎ
Tracht Prügel

朵
duǒ
Blumen, Wolken

花
huā
Blume

云　　　　彩
yún　　　cai
Wolke

分
fēn
kleinste Währungseinheit

份
fèn
Teil, Drucksache, Zeitung, Geschenk

报
bào
Zeitung

礼　　　　物
lǐ　　　　wu
Geschenk

中　　国　　日　　报
zhōng　guó　rì　bào
"China Daily"

封
fēng
Brief

信
xìn
Brief

幅
fú
Bild

画
huà
Bild

副
fù
Set, Gesichtsausdruck

象　　　　棋
xiàng　　qí
Schach

嘴　　　　脸
zuǐ　　　　liǎn

Fratze

服
fù
Dosis (Medizin)

药
yào
Medizin

杆
gǎn
Gewehr, Schreibschrift

枪
qiāng
Gewehr

笔
bǐ
Pinsel

个
gè
allg. ZEW Personen, abstrakte Begriffe auch statt 得

人
rén
Mensch

苹　　　　果
píng　　 guǒ
Apfel

东　　　　西
dōng　　 xi
Sache

星　　　　期
xīng　　 qī
Woche

明	天	我	们	要	玩	儿	个	痛	快	。
míng	tiān	wǒ	men	yào	wán	'er	gè	tòng	kuài	

Morgen wollen wir uns köstlich amüsieren.

今	天	晚	上	我	们	要	打	个	通	宵	。
jīn	tiān	wǎn	shàng	wǒ	men	yào	dǎ	gè	tōng	xiāo	

Heute wollen wir die ganze Nacht durch spielen.

根
gēn
längliche Dinge

头　　　　发
tóu　　　fa
Haar

绳　　　　子
shéng　　 zi
Seil

剂 jì Dosis (Medizin), wie 服	药 yào Medizin
家 jiā Geschäft, Laden, Familie	人 rén Mensch

饭	店
fàn	diàn
Restaurant	

五	金	行
wû	jin	háng
Eisenwaren- handlung		

架 jià Maschine	飞 fêi Flugzeug	机 jī

录	音	机
lù	yīn	jī
Tonbandgerät		

间 jiān Raum, Zimmer	厕 cè Toilette	所 suǒ

	卧	房
	wò	fáng
	Schlafzimmer	

件 jiàn Kleidung, Sachen, Gepäck	毛 maó Pullover	衣 yī

	事	情
	shì	qing
	Sache	

	衬	衫
	chèn	shān
	Hemd, Bluse	

节 jié Unterrichtstunde	课 kè Unterrichtsstunde

届 jiè Kongreß, Jahrgang	第 六 届 全 国 人 民 代 表 大 会 dì liù jiè quán guó rén mín dài biǎo dà huì der sechste Volkskongreß

句 jù Satz	话 huà Satz

卷 juàn Band einer Bücherreihe	上 shàng der erste Band	卷 juàn
	中 zhōng der mittlere Band	卷 juàn
	下 xià der letzte Band	卷 juàn

棵 kē Baum, Pflanze	李 lǐ Pflaumenbaum	树 shù
	白 bái Kohlkopf	菜 cài
	松 sōng Kiefer	树 shù

颗 kē kleine runde Dinge	米 mǐ Reiskorn	粒 lì
	星 xīng Stern	星 xing

课 kè Lektion im Buch	课 kè Lektion	文 wén

口 kǒu Menschen, Tiere, Dinge mit Öffnung	人 rén Mensch

井
jǐng
Brunnen

钟
zhōng
Glocke

块	蛋	糕
kuài	dàn	gāo
ein Stück, Uhr, rechteckige Dinge	Kuchen	
größte Währungseinheit		

石　　　　头
shí　　　 tou
Stein

手　　　　表
shǒu　　 biǎo
Armbanduhr

肥　　　　皂
féi　　　 zào
Seife

面　　　　包
miàn　　 bāo
Scheibe Brot

钱
qián
Yuan

粒	丸	药
lì	wàn	yào
Korn, kleine runde Dinge	Pille	

子　　　　弹
zǐ　　　　 dàn
Gewehrkugel

辆	汽	车
liáng	qì	chē
Fahrzeuge	Auto	

自　　　 行　　　 车
zì　　　 xíng　　 chē
Fahrrad

列 | 火 | 车
liè | huǒ | chē
Reihe | Eisenbahnzug

毛
máo
mittlere Währungseinheit

枚 | 奖 | 章
méi | jiǎng | zhāng
Medaille | Medaille

门 | 功 | 课
mén | gōng | kè
Tür, Fach | Unterrichtsfach

面 | 旗 | 子
miàn | qí | zi
große flache Dinge | Fahne

镜 | 子
jìng | zi
Spiegel

幕 | 第 | 一 | 幕
mù | dì | yī | mù
Akt | der erste Akt

盘 | 菜
pán | cài
flache runde Dinge, Spiele, Gerichte | Gericht

磨
mò
Mühlstein

象 | 棋
xiàng | qí
Schachspiel

磁 | 带
cí | dài
Kassette

批 | 人
pī | rén
Menge | Mensch

	皮	货
	pí	huò
	Pelzwaren	

匹	马	
pǐ	mǎ	
Pferd, Stoffe (Rolle)	Pferd	

	布	
	bù	
	Stoff	

篇	文	章
piān	wén	zhāng
Schriftstück	Aufsatz	

	演	说
	yǎn	shuō
	Rede	

片	面	包
piàn	miàn	bāo
Scheibe	Brot	

群	羊	
qún	yáng	
Gruppen (Mensch, Tier)	Schafherde	

首	诗	
shǒu	shī	
Gedicht, Lied	Gedicht	

	歌	
	gē	
	Lied	

艘	船	
sōu	chuán	
Schiff	Schiff	

岁		
suì		
Lebensalter in Jahren		

所	房	子
suǒ	fáng	zi
Gebäude	Zimmer	

	大 dà Universität	学 xué	
双 shuāng ein Paar (Dinge), auch 对	筷 kuài Stäbchen	子 zi	
	袜 wà Strümpfe	子 zi	
	皮 pí Lederschuhe	鞋 xié	
	手 shǒu Handschue	套 tào	
台 tái große Maschinen	发 fā Generator	电 diàn	机 jī
	打 dǎ Schreibmaschine	字 zì	机 jī
	计 jì Computer	算 suàn	机 jī
套 tào ein Set	瓷 cí Porzellan Service	器 qì	
条 tiáo lange, dünne, gewundene Dinge, Kleidungsstücke	裙 qún Rock	子 zi	
	裤 kù Hose	子 zi	
	衬 chèn Hemd, Bluse	衫 shān	

路
lù
Straße

鱼
yú
Fisch

蛇
shé
Schlange

头	牛		
tóu	niú		
große Tiere	Kuh		
	狮		子
	shī		zi
	Löwe		
位	老		师
wèi	lǎo		shī
Personen (höflich)	Lehrer		
些	这	些	学	生
xiē	zhè	xiē	xué	shēng
einige (bestimmte Anzahl) allgemeines ZEW	diese Schüler			

那　　　　些　　　　书
nà　　　　xiē　　　　shū
jene Bücher

哪　　　　些　　　　书
nǎ　　　　xiē　　　　shū
welche Bücher

样	三	样	菜
yàng	sān	yàng	cài
Art	3 Arten Gemüse		
页	第	三	页
yè	dì	sān	yè
Buchseite	Seite drei		
盏	灯		
zhǎn	dēng		
Lampe	Lampe		

张
zhāng
großflächige Dinge

桌　　　子
zhūo　　zi
Tisch

纸
zhǐ
Papier

脸
liǎn
Gesicht

床
chuáng
Bett

画
huà
Bild

报
bào
Zeitung

票
piào
Fahrkarten

纸
zhǐ
Blatt Papier

阵
zhèn
Zeitdauer

风
fēng
Windstoß

雨
yǔ
Regenguß

只
zhī
1　Dinge, die paarweise auftreten
2　alle Tiere außer Pferde

鞋
xie
Schuh

脚
jiǎo
Fuß

鸭 子
yā zi
Ente

蝴 蝶
hú dié
Schmetterling

鸟
niǎo
Vögel

老 虎
lǎo hû
Tiger

支
zhī
gerade, zweigartige, dünne Dinge

简
jiàn
Pfeil

毛 笔
máo bǐ
Pinsel

钢 笔
gāng bǐ
Füllfederhalter

种
zhǒng
Art

药
yào
Sorte Medizin

桩
zhuāng
Sachen

事
shì
Sache

座
zuò
Stelle, Platz

城
chéng
Stadt

山
shān
Berg

桥
qiáo
Brücke

2. Prädikativa

Hierunter verstehen wir im Chinesischen eine Reihe von Wortklassen, die dort typischerweise als Satzprädikate verwendet werden. Diese sind z.B. Modalverben, Aktions- und Vorgangsverben, aber auch Adjektive in prädikativer Verwendung.

Wir beginnen in unserer Darstellung mit den allgemeinen Verben.

2.1 Verben

Allgemeine grammatische Eigenschaften

a) Viele Verben haben neben ihrem Subjekt auf Grund ihrer Wortbedeutung auch Objekte, die in der Regel immer auf das Verb folgen.

(1) 学习汉语　　　　　　　　*Chinesisch lernen*

b) Die meisten Verben haben manchmal auch Aspektpartikel wie 了 u.a. nach sich stehen.

(2) 听了音乐　　　　　　　　*Musik gehört haben*

c) Verben können eine Reihe von sogenannten Komplementen nach sich stehen haben:

(3) 拿过来　　　　　　　　　*zu sich heranholen*
(4) 放下　　　　　　　　　　*hinlegen*

Verbkomplemente sind eine besonderes strukturelles Merkmal im Chinesischen und werden in einem Kapitel ausführlicher behandelt.

d) Verben können durch verschiedene Adverbien näher bestimmt werden:

(5) 也去　　　　　　　　　　*auch gehen*
(6) 会同意　　　　　　　　　*zustimmen können.*

Im ersten Fall von (5) ist 也 *auch* ein typisches Adverb; im zweiten Fall haben wir das Modalverb 会 *können* in (6), das damit auch „modifizierende" Funktion in Bezug auf das Verb 同意 *zustimmen* haben kann.

e) Verben können mit 不 oder 没 verneint werden:

(7) 不来　　　　　　　　　　*nicht kommen*
(8) 我没有看书。　　　　　　*Ich habe nicht gelesen.*

Nur 有 wird mit 没 im nicht-perfektiven Aspekt verneint, alle anderen Verben und Prädikativa werden im nicht-perfektiven Aspekt mit 没 verneint.

f) Viele Verben können verdoppelt werden:

(9) 说说　　　　　　　　　　*einmal kurz sprechen*

Verbverdoppelung im Chinesischen signalisiert eine Handlung von kurzer, aber intensiver Dauer.

g) Verben können nach dem Muster V +不/没 + V zu Entscheidungsfragesatz geformt werden:

(10) 说不说？   *Sprechen (oder) nicht sprechen?*

Alternativfragesätze werden in einem separaten Kapitel ausführlicher behandelt.

h) Einige einsilbige Verben im Chinesischen können mit einem Objekt zweisilbig gemacht werden, wobei dann das Objekt in der Regel nicht ins Deutsche übersetzt wird (sogenannte *Verb-Objekt-Konstruktionen* oder *Quasi-Objekte*):

(11) 你要不要吃饭？   *Möchtest du essen?*
(12) 我们现在没有时间看书。   *Ich habe jetzt keine Zeit zu lesen.*

Verb-Objekt-Konstruktionen sind eine besondere strukturelle Eigenschaft des Chinesischen; das nach ihnen stehende Objekt ist von der Wortbedeutung her „leer", weil es keinen zusätzlichen Informationswert liefert. Strukturell ist es auch kein eigenständiges Objekt im Satz, sondern unmittelbarer Bestandteil des Verbs selbst. Wenn ich z.B. sage *Ich möchte Essen essen*, so erfahre ich nicht unbedingt etwas Neues, weil man nur *Essen* eben *essen* kann. Das Gleiche gilt für *Buch lesen* (饭 *Reis* ist in China ein allgemein vorherrschendes Grundnahrungsmittel und kann daher auch allgemein mit *Essen* in diesem Zusammenhang übersetzt werden). In solchen Fällen wird das Objekt allgemein ins Deutsche nicht mit übersetzt, weil es vom Informationswert her nichts Neues beinhaltet und somit **redundant** wäre. Die Verwendungskontexte für solche Verbkonstruktionen liegen meistens immer dann vor, wenn eher die inhaltliche Art einer Handlung (also z.B. *essen*) bezeichnet werden soll (also z.B. im Unterschied zu *schreiben, lesen,* usw.) als das Objekt, auf das sich eine Handlung bezieht. Im Deutschen kann man ja auch sagen *Ich lese* anstelle von *Ich lese ein Buch*.

Allgemeine grammatische Funktionen von Verben im Satz
a) Ein Verb fungiert typischerweise als Satzprädikat im Satz:

(13) 你看见他。   *Ich sehe ihn.*

b) Es kann auch als Subjekt auftreten:

(14) 比赛开始。   *Der Wettkampf beginnt.*

Im Deutschen würde 比赛 einem Verbalsubstantiv entsprechen; im Chinesischen bleibt 比赛 von der grammatischen Wortform her unverändert. Seine Rolle als Subjekt wird nur durch die Wortstellung im Satz signalisiert, indem es vor dem Satzprädikat 开始 steht.

c) Es kann auch als Objekt fungieren:

(15) 我们开始研究。   *Wir beginnen mit der Recherche.*

Hier gilt das Gleiche unter b) bereits Gesagte.

d) Ein Verb kann auch das Komplement von einem anderen Verb sein:

(16) 他写不完。　　　　　　　*Er schreibt nicht bis zu Ende.*

e) Es kann auch als adverbiale Beifügung fungieren:

(17) 他写不完。　　　*Dankbar ergriff sie seine Hände.*

感激 ist ein prädikatives Adjektiv in der Bedeutung von *dankbar sein, zu Dank ver-*
pflichtet sein und wird hier als Adverbialbestimmung durch die ihm nachstehende
Partikel 地 als solche markiert.

f) Es kann auch als Attribut fungieren:

(18) 喝的水不干净。　　　　*Das Wasser zum Trinken (Trinkwasser) ist unrein.*

喝 *trinken* wird durch das nachfolgende 的 als Attribut zu 水 markiert. Attributfügungen werden in einem separaten Kapitel noch ausführlicher behandelt.

2.1.1 Der perfektive Aspekt von Verben im Chinesischen und die Satzpartikel 了
Zustands- und Situationsveränderung mit 了
In den folgenden Satzmustern werden der Ausdruck der Zustandsveränderung mit
了 sowie immanente, nahe bevorstehende und sich abzeichnende Ereignisse, ebenfalls durch 了₂ ausgedrückt, behandelt:

a) das Satzprädikat ist ein Adjektiv:

(19) 孩子都大了。　　　　　*Die Kinder werden alle groß.*

b) das Satzprädikat wird mit 不 verneint:

(20) A:　你还要什么呢？　　　*– Möchtest du noch etwas?*
　　　B:　不要什么了。　　　　*- Ich möchte nichts mehr.*

Negierte Satzprädikate mit 了 am Satzende müssen in diesen Fällen im Rahmen der
Satznegation im Deutschen mit „nicht mehr + V" wiedergegeben werden.

c) Satzprädikat mit davor stehendem Adverb (der Zeit z.B.) und/oder Modalverb:

(21) 我现在中国话了。　　　*Ich kann jetzt Chinesisch sprechen* (vorher konnte ich es nicht).

d) Der Eintritt eines bevorstehenden Ereignisses/einer Handlung wird durch Zusätze wie 快、要, die voraussagenden Charakter haben, explizit markiert:

(22) 吃饭的时候快到了。　　*Es wird bald Zeit zu essen.*
(23) 父亲就要回来来了。　　*Vater wird dann zurückkommen* (zurück sein).

了 als Verb- und Satzpartikel im Chinesischen
Hier geht es in erster Linie um die grammatische Partikel 了, die
- a) einmal nach dem Verb (vor einem evtl. folgenden Objekt oder sonstigem Satzteil) auftreten kann oder
- b) am Satzende.

Folglich wäre 了 eine Art Verbalsuffix und damit Prädikatsteil unterhalb der Satzgliedebene, während als 了 Satzpartikel und quasi eigenständiges Satzglied aufgefasst werden könnte. Bei den folgenden Satzmustern dieser haben wir es schon mit beiden Erscheinungsformen von 了 zu tun:

(24) 他来了。   *Er ist gekommen.*
(25) 他昨天晚上说故事了。   *Gestern Abend hat er eine Geschichte erzählt.*

Beide Fälle der Stellung von 了 können unterschiedliche Funktion haben:

a) 了 steht u.a. am Satzende, wenn es einen Satz mit *einfachen* Objekt, d.h., einem Einwortobjekt ohne weitere attributive Zusätze z.B., gibt:

(26) 他看书了。   *Er hat ein Buch gelesen.*
(Aktion ist abgeschlossen, das *Buch* wird aber nicht genau identifiziert).

b) Erweiterte, also Mehrwort-Objekte, haben auch 了 direkt nach dem Verb und vor dem Objekt stehen; am Satzende kann 了 stehen oder auch nicht:

(27) 他看了这本书(了)。   *Er hat dieses Buch gelesen.*
(28) 你吃(了)饭了吗   *Hat er gegessen?*

Im ersten Satzbeispiel kann 了 am Satzende weggelassen werden, im zweiten 了 nach dem Verb (es handelt sich um ein *einfaches* Objekt, wo in einem solchen Satz 了 am Satzende steht).

In beiden Sätzen ist zunächst abgeschlossener Handlungsvollzug indiziert; der aber damit auch implizite Eintritt eines neuen Zustandes (vorher hatte er das Buch noch gelesen, inzwischen ist es (aus/durch)gelesen worden) kann aber auch durch die Satzpartikel 了 am Satzende noch einmal besonders hervorgehoben werden. Entfällt diese Partikel, wird diese Bedeutungsnuance nur implizit verstanden. Im zweiten Beispiel werden Handlungsvollzug *und* Situationsveränderung durch die Satzpartikel 了 angezeigt; 了 nach dem Verb kann daher auch entfallen.

Zur Verwendung von 了 als Aspektpartikel im Einzelnen
a) 了 drückt perfektiven Aspekt aus und ist entweder Verbal- oder Satzpartikel:

(29) 他朋友来了。   *Sein Freund ist gekommen.*
(30) 王先生到饭馆儿吃饭去了。   *Herr Wang ist zum Essen ins Restaurant gegangen.*
(31) 他给我那个钱了。   *Er hat mir jenes Geld gegeben.*

Wenn ein Adverb der Zeit im Satz vorkommt, das abgeschlossenen Handlungsvollzug impliziert (wie etwa 已经　昨天　去年, usw.), kann 了 auch als Verbpartikel entfallen und tritt nur als Satzpartikel auf.

b) 了 drückt perfektiven Aspekt aus und ist dem Verb nachgestellt, tritt aber auch gleichzeitig als Satzpartikel auf. Hier werden perfektiver Aspekt und eine neu eingetretene Zustandsveränderung auf Grund des abgeschlossenen Handlungsvollzuges explizit angezeigt:

(32) 你吃了饭了吗   *Hast du gegessen?*

(33) 你问了老师了吗   *Hast du den Lehrer gefragt?*

Wir haben es in diesen Fällen mit einfachen Objekten zu tun, so dass am Satzende 没(有) *stehen muss..*

c) Für die Negation und Entscheidungsfragesätze mit perfektivem Aspekt gibt es verschiedene Satzmuster:

(1) Die Negation erfolgt immer mit没(有) ohne了 :

(34) 王先生来了。   *Herr Wang ist gekommen.*

(35) 王先生没来/没有来。   *Herr Wang ist nicht gekommen.*

(2) Bei entsprechenden Entscheidungsfragesätzen kann der Sachverhalt mit Verben im perfektiven Aspekt entweder mit oder ohne Negation erfragt werden:

1. ohne Negation:
(36) 他来了吗   *Ist er gekommen?* (吗 als Satzpartikel)
(37) 他来了没有   *Ist er gekommen?*
(Kopplung von bejahenden (=affirmativem) und negativem Prädikat nach dem bereits bekannten Stellungsmuster wie etwa in 好不好).

2. Mit Negation :
(38) 他没来吗   *Ist er nicht gekommen?*

d) Perfektiver Aspekt bei Verben in Verbindung mit der Satzpartikel 呢 und dem vor dem Verb stehenden Adverb für 还 *noch* drückt eine bestimmte Erwartungshaltung des Sprechers aus:

(39) 人还没走呢。   *Die Leute sind noch nicht gegangen* (sie werden es aber sicher bald tun).
(40) 我还没买东西呢。 *Ich habe noch nicht eingekauft* (ich muss es aber noch erledigen).
(41) 他还没问老师呢。 *Er hat (seinen) Lehrer noch nicht gefragt* (wird es wohl aber noch tun).

了 *als modale Satzpartikel*
Als Satzpartikel zeigt 了 den Eintritt oder den Abschluss einer Zustandsveränderung an.
In dem Satz wird die Zustandsveränderung durch 了 hervorgehoben:

 (42) 刮风了。   *Es ist windig* (=das Wehen des Windes ist schon eingetreten).

了$_1$ und 了$_2$ treten im Satz gemeinsam auf, wodurch Handlungsvollzug als auch die dadurch eingetretene Zustandsveränderung explizit angezeigt werden:

(43) 我已经写了信了。   *Ich habe den Brief schon geschrieben.*
(die Handlung ist abgeschlossen; dadurch, dass vorher der Brief noch nicht geschrieben war, ist jetzt eine neue Situation eingetreten).

Es wird lediglich Zustandsveränderung angezeigt:

(44) 休息了。 *Ich habe mich ausgeruht* (der Zustand des Ausgeruhtseins ist schon eingetreten).

Eine abgeschlossene Handlung mit eintretender Zustandsveränderung werden zusammen durch 了 am Satzende angezeigt (了₁₊₂):

(45) 他已经来了,不用打电话了。 *Er ist bereits angekommen und muss daher nicht mehr angerufen werden.*

Bei prädikativen Adjektiven im Chinesischen hat darauf folgendes 了 die Funktion, eine entweder bereits gerade eintretende oder bereits eingetretene Zustandsveränderung zu signalisieren:

(46) 肉怀了 不能吃了。 *Das Fleisch ist schlecht geworden und nicht mehr essbar.*
(47) 花慢慢红了。 *Die Blumen werden langsam rot.*

Den Unterschied zwischen einem gerade eingetretenen oder gerade eintretenden Zustand kann man nur dem jeweiligen Satzzusammenhang entnehmen bzw. wird nur durch geeignete Adverbialzusätze wie z.B. 慢慢 im obigen Beispiel deutlich.

了 in Zusammenhang mit 没有 zeigt ebenfalls eine Zustandsveränderung in dem Sinne an, dass etwas jetzt nicht mehr Vorhandenes vorher noch vorhanden oder erhältlich war. So kann man z.B. in einem Chinarestaurant zu später Stunde fragen, ob noch Essen serviert wird:

(48) A:请问,还有饭吗 *Bitte, gibt es noch etwas zu essen /kann man noch etwas zu essen bekommen ?*

Wenn es ganz spät geworden und das Restaurant eigentlich schon offiziell geschlossen ist, kann man u. U. folgende Antwort zu hören bekommen:

(49) B: 没有了。 *Nein, nicht mehr.*

In solchen Fällen sollte man 了 bei 没有 mit *nicht mehr* ins Deutsche übersetzen.

2.1.2 Besondere Fälle der Anwendung
Die Verwendung von 了 im Chinesischen ist ein Punkt, der mit zu den umfangreichsten Themen in der chinesischen Grammatikschreibung gehört. Im Folgenden stellen wir noch einmal die wichtigsten Besonderheiten zu diesem Thema zusammen.

Als Satzpartikel hat 了 nicht nur situations- und zustandsveränderungsanzeigende Funktion, sondern drückt auch meistens perfektiven Aspekt implizit mit aus.

> Der Sprecher möchte den Abschluss einer Handlung und die daraus neu entstandene bzw. veränderte Situation besonders hervorheben.

(1) 我做作业了。 *Ich habe meine Schularbeiten (bereits) gemacht.*
(2) 我告诉他了。 *Ich habe es ihm bereits gesagt.*

> In diesen beiden Sätzen signalisiert die Satzpartikel 了 weniger den Tatbestand einer bereits abgeschlossenen Handlung selbst, sondern den dadurch bewirkten neuen impliziten Sachverhalt einer neuen Ausgangs- und Beurteilungslage: Denn wenn es z.B. zutrifft, dass ich wie in (1) ausgesagt, meine Schularbeiten bereits erle-

digt habe, ist jetzt die Zeit gekommen, mich meinen Hobbies oder sonstigen Freizeitvergnügungen zu widmen. Und wenn wie in (2) behauptet *es* ihm schon gesagt habe, braucht *es* ihm nicht mehr gesagt zu werden, denn er weiß es ja schon.

- Es kann auch gefragt und beantwortet werden, *was* jemand getan hat.

(3) A： 昨天晚上你都干什么了?
   Was hast du gestern alles gemacht?
   B： 写了一封信，看了一会儿电视，还去了一趟图书馆。
   Gestern habe ich einen Brief geschrieben, ein wenig fern gesehen und bin dann noch zur Bibliothek gegangen.

Bitte beachten Sie hier folgenden **wichtigen Unterschied:**
In der Frage von (3) muss die Satzpartikel 了 verwendet werden, in der entsprechenden Antwort aber kann nur die perfektive Aspektpartikel zur Anwendung kommen.

- Es kann auch gefragt und beantwortet werden, *wohin* jemand gegangen ist.
(4) A 昨天他去哪儿了   *Wo ist er gestern hingegangen/Wohin ist er gestern gegangen?*
   B 他去图书馆了。   *Er ist in die Bibliothek gegangen.*

- Es kann gefragt und beantwortet werden, *wer* etwas getan hat mit weiteren Angaben zu Menge, Zeitdauer, usw.
(5) A 谁买书了   *Wer hat das Buch gekauft?*
   B 我买(书)了。   *Ich (habe es gekauft).*

Wenn man in diesem Zusammenhang z.B. weitere spezielle Informationen erfragt, kann anstelle der Satzpartikel 了 nur die Aspektpartikel 了 verwendet werden:

(6) A 谁喝了两杯酒   *Wer hat die beiden Gläser Wein getrunken?*
   B 他喝了两杯酒。   *Er (hat die beiden Gläser Wein getrunken).*

- Es kann gefragt und beantwortet werden, *wie lange* jemand etwas nicht getan hat.

(7) 他已经三天没(有)吃饭了。   *Er hat schon drei Tage lang nicht(s mehr) gegessen./*
   Er hat seit drei Tagen nichts mehr gegessen.
(8) 我已经三年没(有)学汉语了。   *Ich habe kein Chinesisch (mehr)(in den letzten) drei Jahren gelernt.*

Beachten Sie bitte, dass in diesen Sätzen sowohl die perfektive Verneinung mit 没(有) als auch die Satzpartikel 了 gleichzeitig vorkommen.

b) 了 als perfektive Aspektpartikel beim Verb hat verschiedene Funktionen:

In Alternativfragesätzen, auf die bekanntlich vom Satzzusammenhang her nur bejahend oder verneinend geantwortet werden kann, wird 了 verwendet, um zu fragen und darauf zu antworten, ob jemand etwas getan hat:

(9) A 他吃饭了吗   *Hat er gegessen?*
   B 吃了。   *Ja.*
     没吃饭。   *Nein.*

c) Spezielle Verben mit einem Ausdruck der Zeitdauer in Zusammenhang mit 了:
 Es gibt Verben, die von ihrer Wortbedeutung her nur eine sehr kurze Andauer nahelegen, wobei die Handlung oder der Vorgang, den sie beschreiben, schon wieder beendet ist, sobald die Handlung oder der Vorgang eingesetzt hat.

Solche Verben im Chinesischen sind z.B.:

毕业   *graduieren, ein Studium mit einem akademischen Grad abschließen*
结婚   *heiraten*
认识   *(jmd.) treffen*

Es handelt sich also um Aktionen oder Vorgänge, die einfach nicht länger andauern können. So ist man z.B. *verheiratet* oder nicht. Wenn nun die Zeitdauer einer solchen Handlung oder eines solchen Vorgangs ausdrücken möchte, muss man die Satzpartikel 了 verwenden:

(10) 我结婚三年了。   *Ich bin seit drei Jahren verheiratet.*
(11) 他毕业二十年了。   *Er hat sein Studium vor 20 Jahren abgeschlossen.*
(12) 我们认识两个月了。 *Wir kennen uns seit 2 Monaten.*
(13) 王先生在德国一年了。 *Herr Wang ist schon seit einem Jahr in Deutschland.*
(14) 他死了三年了。   *Er starb vor drei Jahren.*

In Satzbeispiel (14) wird nicht die Zeitdauer des Sterbevorgangs an sich bezeichnet, sondern der Zeitraum, seit dem jemand verstorben ist. Das eigentliche Ereignis ist bereits abgeschlossen, so dass hier neben der Satzpartikel 了 auch die perfektive Aspektpartikel 了 nach dem Verb steht.

d) 了 zur Zusammenfassung einer Serie verschiedener Handlungen (Handlungsfolgen):
Dazu sehen wir uns am besten ein exemplarisches Textbeispiel an, das wir *Practical Chinese Grammar* von Wu Ping[1] entnehmen.

她打完电话，留下钱，　拿起书包，就出去了。*(HS1)*
走到学校大门口儿，她碰见美英了。*(HS 2)*
跟小张说了一会儿话，　她就去公共汽车站了。*(HS 3)*
 走到车站，车还没有，她就到旁边儿的小书店去买报。*(HS 4)*
 买了报，车也来了，她就上车回家了。*(HS 5)*

Sie beendete den Anruf, legte das Geld hin, nahm ihre Tasche und ging (HS1). Als sie das Eingangstor der Schule erreichte, traf sie auf Meiying Zhang. (HS 2) Sie sprach mit Xiao Zhang eine Weile, dann ging sie zur Bushaltestelle. (HS 3). An der Bushaltestelle angekommen, war der Bus noch nicht da, und so ging sie zu der kleinen Buchhandlung in der Nähe und kaufte eine Zeitung. (HS4) Nachdem sie die Zeitung gekauft hatte, kam auch schon der Bus. Sie nahm den Bus und fuhr dann nach Hause. (HS 5).

Diese Schilderung gliedert sich insgesamt in 5 unterscheidbare Handlungssequenzen (HS). Jede Handlungssequenz wird mit der Satzpartikel 了 abgeschlossen und beinhaltet einen in sich vollständigen Situationsvorgang, der aus einer Folge von mehreren Handlungen besteht. So beinhaltet z.B. HS1 vier verschiedene Handlun-

---

[1]Wu Ping, *Practical Chinese Grammar*, E-Book (PDF) von: http://applechineseonline.com, S. 75ff.

gen – nämlich die des Telefonierens, des Bezahlens, des Ansichnehmens der Tasche und das Hinausgehen. Der Abschluss von HS1 leitet über zu einer neuen Handlungssequenz HS2 in dem folgenden Satz, usw.

> In einer solchen Folge von Handlungssequenzen HS1-HS5 darf hinter den einzelnen Handlungsverben innerhalb der jeweiligen HS1- HS5 **nicht** die perfektive Satzpartikel 了 stehen, weil dies die Kontinuität der Handlungssequenzen unterbrechen würde.

e) 了 in Zusammenhang mit Alters- und Zeitangaben:

(15) 老王今年八十岁。	*Lao Wang ist (dieses Jahr) 80 Jahre alt.*
(15a) 老王今年八十岁了。	*Lao Wang ist dieses Jahr 80 (Jahre alt) geworden.*
(16) 今天星期一。	*Heute ist Montag.*
(16a) 今天星期一了。	*Heute haben wir (bereits) Montag.*

In den Sätzen (15a) und (16a) ist jeweils die Satzpartikel 了 am Satzende eingefügt, die aussagt, dass mit dem ausgesagten Sachverhalt eine neue Situation im Gegensatz zu vorher eingetreten ist. Die Satzbeispiele (15) und (16) hingegen beschränken sich auf die Aussage des Sachverhaltes selbst, ohne diese Veränderung der Situation im Gegensatz zu früher nahezulegen:

a) Wann perfektive Aspektpartikel 了 und die Satzpartikel 了 immer zusammen in einem Satz auftreten müssen:

b) in Sätzen mit Mengenangaben von Objekten
(17) 我已经买了三本书了。	*Ich habe schon drei Bücher gekauft.*
(18) 我已经吃了四块肉了。	*Ich habe schon vier Stück Fleisch gegessen.*

c) bei Angabe der Zeitdauer einer Handlung
(19) 我已经学了三年了。	*Ich studiere schon drei Jahre (und tue dies immer noch).*
(20) 他学英文已经学了两年了。	*Er lernt schon Englisch seit zwei Jahren (und tut dies immer noch).*
(20a) 他已经 学了两年的英文了。	*Er lernt schon Englisch seit zwei Jahren (und tut dies immer noch).*

> In den oben angeführten Satzbeispielen (17) – (20a) ist die Verwendung des Adverbs 已经 immer notwendig, um anzuzeigen, dass die früher begonnene Handlung, die bis zu einem gewissen Grade „gediehen" und damit bis zu diesem Grade „abgeschlossen" ist, immer noch andauert und sich potentiell damit in Bezug auf die Mengenangaben in den Objekten oder die Zeitdauer noch weiter steigern kann (aber nicht notwendigerweise steigern *muss*, da sie in ihrem noch andauernden Verlauf ja auch beliebig abgebrochen werden kann).

d) sonstige Fälle:
(21) 我看了书了。	*Ich habe das Buch gelesen.*

In Fällen wie denen von Satzbeispiel (21) wird das Verb 看 besonders durch die Satzpartikel 了 hervorgehoben und betont.

2.1.3 Ausdruck des nicht-perfektiven Aspekts mit 着

着 ist wie 了 ₁ ein Verbalsuffix und drückt u.a. den progressiven (andauernden) Aspekt einer Handlung aus, die sich gerade im Vollzug befindet. Auch hier kann der zeitliche Handlungspunkt vor oder nach derm Sprechzeitpunkt liegen bzw. analog zum Sprechzeitpunkt verlaufen. In vielen Fällen ist die Sprechzeit aber deckungsgleich mit dem gerade verlaufenden Handlungsvollzug, z.B.:

(1) 他们正在说话呢。   *Sie unterhalten sich gerade.*

Eine fortwährend andauernde Handlung oder Zustand ist eine Aspektkategorie der Kontinuität und wird ebenfalls durch das Verbalsuffix 着 signalisiert:

(2) 他还在这儿住着呢。   *Er wohnt immer noch hier.*

Im letzteren Fall kommen manchmal das Adverb 正在 und die Satzpartikel 呢 im Satz nicht vor; diese Regel wird jedoch nicht strikt eingehalten, so dass letztendlich nur der Sprachkontext entscheidend sein kann. Die Satzpartikel 呢 kann zwar auch hier im Einzelfall vorkommen, das Adverb 正在, das explizit progressiven Aspekt markiert, dann jedoch nicht.

Die Negation dieser Aspektkategorie im Rahmen der Satznegation erfolgt mit 没 Entscheidungsfragesätze werden hier analog gebildet wie die im Falle des perfektiven Aspekts.

2.1.4 Erfahrungsaspekt

Erfahrung mit einer Handlung oder einem Ereignis in der Vergangenheit einmal gehabt zu haben bedeutet zunächst nicht, dass der *Handlungsvollzug* auch in der Vergangenheit abgeschlossen sein muss oder musste. Eine bereits vorhandene Erfahrung mit einer Handlung, einem Vorgang oder einem Ereignis zum Sprechzeitpunkt (der *grammatischen Gegenwart*) setzt quasi bereits einen vergangenen Zeitpunkt voraus, zu dem eine solche Erfahrung gemacht wurde. Der Erfahrungsaspekt fragt also nicht nach dem Vollzug oder Nichtvollzug einer Handlung oder eines Ereignisses, sondern lediglich danach, ob bereits eine Erfahrung mit dem in Frage stehenden Vorgang oder der Handlung bereits individuell vorhanden ist oder nicht.

Z.B.:

(1) 你吃过日本饭没有   *Hast du schon einmal japanisch gegessen?*

Die Besonderheit dieses Aspekts wird im Deutschen mit zusätzlichen Wendungen wie *schon einmal, jemals* bei einem Verb in der Perfektform ausgedrückt. Bei einer möglichen verneinenden Antwort wie etwa in

(2) 没吃过。   *Nein, noch nicht*

wird das im Deutschen am besten mit *noch nicht + V* wiedergegeben. Im Unterschied zu einem chinesischen Satz wie

(3) 他还没来呢。   *Er ist noch nicht gekommen,*

indem es um eine *noch nicht vollzogene Handlung* geht, bedeutet das *noch nicht* in einem chinesischen Satz mit <u>V + 过</u> den Ausdruck einer *noch nicht gemachten Erfahrung mit einem Ereignis, Vorgang oder einer bestimmten Handlung.* Beides muss im Chinesischen strikt auseinander gehalten werden, während im Deutschen hier zumindest strukturell nicht so genau in dieser Hinsicht unterschieden wird.

Ein Verb mit 过 wird mit 没 verneint; Entscheidungsfragesätze werden analog zu denen mit dem perfektiven Verbsuffix gezeigten Satzmustern gebildet (vgl. dazu die entsprechenden Satzmuster in dem Abschnitt zu der perfektiven Aspektpartikel 了).

2.1.5 Verbverdoppelung

Verben können verdoppelt werden, um kurze Handlungsdauer, gelegentliche oder auch die Einfachheit einer Handlung auszudrücken.

Einsilbige Verben werden dabei einfach nacheinander wiederholt:

听听	*kurz hinhören*
看看	*kurz anschauen, hinsehen*

Wenn A dabei das jeweilige einsilbige Verb selber ist, dann ist von der Form her AA die Verbverdoppelung desselben.

Zweisilbige Verben werden nach dem Muster ABAB verdoppelt, wobei A den vorderen Teil und damit die erste Silbe und B den hinteren Teil des Verbs und damit die zweite Silbe repräsentiert, z. B.

介绍介绍	*sich kurz vorstellen*
休息休息	*sich kurz ausruhen*

2.2 Modalverben

Eine Übersicht über die im Chinesischen am häufigsten vorkommenden Modalverben gibt die folgende Tabelle.

Modalverb	Bedeutung	Verwendungskontext	Negation mit
想	*wollen, möchten*	a) Wille b) Absicht c) Wunsch	不 + 想
要	*mögen, wünschen, müssen, sollen*	a) Wille b) eine sich durch die praktischen Umstände ergebende Notwendigkeit (*müssen*)	a) 不 + 想 b) 不 + 用
可以	*können, dürfen*	a) Möglichkeit (*können*) b) Erlaubnis	不 + 可以
会	*können*	a) Fähigkeit, durch Aneignung (Lernen) erworben (*können*) b) Möglichkeit	不 + 会
能	*können*	a) Fähigkeit (*können*) b) Vorhandene Erlaubnis (*dürfen*)	不 + 能

Die Tabelle zeigt die jeweiligen Übersetzungsmöglichkeiten von 想，要，可以，能 und 会 ins Deutsche. Zum Teil haben diese Modalverben auch noch andere Wortbedeutungen als Vollverben, die an dieser Stelle aber nicht weiter von Belang sind. Weiterhin gelten für sie spezielle Verwendungskontexte, die oben in der Tabelle in der dritten Spalte von links aufgelistet sind.

Vergleichen Sie bitte die folgenden Satzbeispiele unten:

(1) 你想去学校吗？   *Möchtest du zur Schule gehen?*
(2) 我要买这本书。   *Ich will dieses Buch kaufen.*
(2) 我不想买这本书。   *Ich will dieses Buch nicht kaufen.*
(3) 你要换车吗？   *Wollen Sie das Auto wechseln.*
(3a) 不用换车。   *Nein, ich muss es nicht wechseln.*
(4) 你们可以走了。
(4a) A: 我们可以在这儿玩儿吗？ – B: 不行，这儿有上课。
     A: *Dürfen wir hier spielen?*   – B: *Nein das geht nicht, hier ist (gerade) Unterricht.*
(5) 他会说英语。   *Er kann Englisch (sprechen).*
(6) 我不会做中国菜。   *Ich kann keine chinesischen Gerichte zubereiten.*
(7) 我不能来，没有时间。   *Ich kann nicht kommen; ich habe (gerade) keine Zeit.*
(8) 我明天下午能来吗？   *Kann/darf ich morgen Nachmittag kommen?*

2.3 Adjektive

Abweichend vom Deutschen gehören Adjektive im Chinesischen nicht zu den Nomen, sondern sind Teil einer größeren Wortklassenfamilie, die im Chinesischen wie die Verben und Modalverben zu den Prädikativa gehören.

Die besonderen Eigenschaften von prädikativen Adjektive mit oder ohne davorstehendem Adverb 很 wird in dem entsprechenden Abschnitt zu Aussagesätzen ausführlicher behandelt, so dass wir an dieser Stelle nicht weiter darauf eingehen müssen. An dieser Stelle beschränken wir uns auf einige Hinweise zu:

- Verdoppelung von Adjektiven
Wie bei den Verben gibt es bei einsilbigen Adjektiven das Verdoppelungsmuster AA und bei zweisilbigen Adjektiven abweichend von den Verben das Verdoppelungsmuster AABB. Ein verdoppeltes Adjektiv signalisiert einen intensiveren Grad der Eigenschaft, die durch seine Wortbedeutung bezeichnet wird:

(1) 好好儿   *gut*
(2) 慢慢儿   *langsam*
(3) 高兴高兴   *hoch erfreut*
(4) 干净干净   *sauber, blitzeblank*

Einsilbige Adjektive wie 好 und 慢 in (1) und (2) nehmen bei Verdoppelung in der zweiten Silbe den ersten Ton an und können in der Umgebung von Peking außerdem das Retroflex 儿 nach sich haben.

- Strukturelle Möglichkeiten ihrer Steigerung
Im Chinesischen gibt es keine eigentliche Veränderung am Wortstamm selbst bei Adjektiven, die gesteigert werden sollen (Komparativ und Superlativ). Stattdessen

gibt es folgende strukturellen Möglichkeiten, um den Sinn von Komparativ und Superlativ entsprechend auszudrücken:

Bei relativen Adjektiven in prädikativer Funktion, die in ihrer nicht gesteigerten, ab soluten Form ein Adverb 很 vor sich haben müssen, entfällt das 很 einfach, um den Komparativ auszudrücken:

(5) 那个汽车<u>比这个汽车好</u>。   *Jener Wagen ist besser als dieser.*
(6) 这本书 <u>比那本书便宜</u>。   *Dieses Buch ist billiger als jenes Buch.*

Zum Kontrast vergleichen Sie bitte des Weiteren die folgenden Beispielsätze unten:

(5a) 那个汽车<u>很好</u>。   *Jenes Auto (da drüben) ist gut.*
(6a) 这本书<u>很便宜</u>。   *Dieses Buch (hier) ist preiswert/billig.*

Im Chinesischen kann der komparative Sinn von prädikativen Adjektiven also immer dann explizit angezeigt werden, wenn das Adverb 很 fehlt und eine mit 比 eingeleitete Vergleichsangabe vor dem prädikativen Adjektiv steht.

---

a) Für Adjektive im Superlativ wird einfach das Adverb 最 *meist, am meisten* hinzugefügt:

(7) <u>最好</u>   *am besten*
(8) <u>最贵</u>   *am teuersten*
(9) <u>最便宜</u>   *am billigsten*

- Verwendung von Adjektiven in Adverbialfügungen mit der Strukturpartikel 地
Wenn Adjektive als Adverbien vor einem Verb stehen, um dieses näher zu bestimmen (*langam gehen, erfreut sagen*, usw.), wird die Strukturpartikel 地 zwischen das adjektivische Adverb und das Verb als Satzprädikat gestellt, z.B.:

(10) 小王<u>舒舒服服地</u>躺在床上睡了。 *Er lag gemütlich in seinem Bett und schlief.*

Ein verdoppeltes einsilbiges Adjektiv kann in einem solchen Fall mit oder ohne 地 stehen, bei einem verdoppelten mehrsilbigen Adjektiv *muss* in einem solchen Fall 地 stehen.

---

(11) 你慢慢<u>地</u>走阿！   *Bitte laufe langsam!*

Manche adjektivischen Adverbialfügungen des Deutschen können im Chinesischen auch mit dem Komplement des Grades wiedergegeben werden:

(12) 他走<u>得很快</u>。   *Er läuft schnell.*

Für die Wiedergabe von adjektivischen Adverbialbestimmungen des Deutschen als adverbiale Beifügung im Chinesischen mit 地 oder als Gradkomplement mit 得 gibt es von der gemeinten Sprecherbedeutung her einen wichtigen funktionalen Unterschied:

- adjektivische Adverbialfügungen mit 地 sind aus Sprechersicht „neutral" und drücken einfach die näheren Umstände aus, die eine Handlung begleiten.
- Fügungen mit Gradkomplementen hingegen sind hingegen eine subjektiv sprecherbezogene Wertung hinsichtlich des *Ausmaßes*, nicht des *Umstandes* einer Handlung, die man paraphrasiert im Deutschen z.B. in Bezug auf den Beispielsatz (12) oben sinngemäß etwa mit *seine Handlung des Gehens war so, dass sie schnell war* wiedergeben könnte.

- Prädikative Adjektive und 了

Wenn ein Adjektiv als Satzprädikat fungiert, kann ein solcher Satz manchmal mit der Satzpartikel 了 abgeschlossen werden:

(13) 小王病了。   *Xiao Wang ist (jetzt) krank/krank geworden* [er war es vorher nicht]

(14) 可美了！   *Wie schön!*

(15) 可高了！   *Wie hoch!/das ist aber hoch!*

(16) 这个孩子大了。   *Dieses Kind ist groß geworden.*

In den Beispielsätzen (13) und (16) signalisiert die Verwendung der Satzpartikel 了 eine Zustands- und Situationsveränderung, während in den Beispielsätzen (14) und (15) die Satzpartikel 了 mit dem am Satzanfang stehenden 可 einen Ausruf des Erstaunens bzw. der Freude signalisiert.

3. Präpositionen

Im Chinesischen können Präpositionen manchmal auch als Vollverben fungieren oder umgekehrt. Dies ist eine der grammatischen Besonderheiten im Chinesischen, wo sich die Wortklassen formal nicht so strikt voneinander abgrenzen lassen wie z.B. im Deutschen. Sprachgeschichtlich liegt deshalb die Annahme nahe, dass sich zumindest im Chinesischen (und möglicherweise nicht nur dort) die Präpositionen aus einmal ursprünglichen Verben entwickelt haben.

An dieser Stelle kann keine vollständige Übersicht über die im Chinesischen vorhandenen Präpositionen gegeben werden, da diese am besten in Zusammenhang mit den entsprechenden Satzmustern gelernt werden sollten, in denen sie typischerweise vorkommen. Stattdessen wollen wir uns hier auf einige besondere hinsichtlich ihrer grammatischen Merkmale besonders hervorzuhebenden Präpositionen beschränken.

从、离、给 sind z.B. Präpositionen, die als solche dann mit einem weiteren nominalen (in der Regel substantivischen) Teil vorkommen:

(1) 上午他们从七点半开始上课。   *Am Vormittag fangen sie ab 7.30 Uhr mit dem Unterricht an.*

从 bedeutet „aus", „von" und kann sowohl in örtlichem als auch zeitlichen Sinne verwendet werden (vgl. Satzbeispiel (1) oben und Satzbeispiele (2) und (3) unten.

(2) 从上午七点半到十一点我们上德语课。   *Vormittags von 7.30 bis 11 Uhr haben wir Deutsch-*

                                                unterricht.

(3) 他从北京到杭州去了。   *Er ist von Beijing nach Hangzhou gereist.*

In den Beispielsätzen (2-3) finden wir die Wendung 从。。。到。。。, die bei Zeitangaben am besten mit *von...bis...*und bei Ortsangaben am besten mit
*von/aus...nach...*zu übersetzen ist.

---

(4) 现在离十月还有十二天。   *Jetzt sind es noch bis Oktober 12 Tage.*

Im zeitlichen Sinne kann离 in diesem Satz mit „bis" übersetzt werden; die eigentliche Bedeutung von 离 ist aber eigentlich *entfernt sein von..., weit sein von...*

---

(5) 昨天他给我打电话了。   *Gestern hatte er mich angerufen.*
(6) 他给我做过衣服。   *Er hat immer Kleidung für mich gemacht.*

给 in den Beispielsätzen (5-6) signalisiert den Empfänger/Rezipienten einer Handlung, an den diese sich richtet.

Präpositionen können als solche also in der Regel immer nur in Zusammenhang mit
einem nominalen Teil stehen, der entweder eine Zeit(einheit) oder einen Ort bezeichnet. Präpositionen und ihre jeweiligen Zusätze bilden damit eine Wortgruppe,
die unmittelbarer Bestandteil eines Satzes ist und in der Regel immer vor dem Satzprädikat steht.

In diesem Zusammenhang sind noch folgende weitere Punkte wichtig:

3.1 Zu den grammatischen Funktionen von 在

Mit 在 lernen wir hier ein wichtiges Wort kennen, das im Chinesischen grundsätzlich zwei verschiedene Funktionen erfüllen kann:

a) 在 als verbales Satzprädikat:

(7) A: 王先生在家吗？   -   A: *Ist Herr Wang zu Hause?*

     B: 他不在家，在饭馆吃饭。   -   B: *Nein, er ist zum Essen im Restaurant.*

b) 在 als Präposition :

Im Chinesischen kann ein und dasselbe Wort einer bestimmten Wortklasse unter bestimmten Voraussetzungen seine grammatische Rolle wechseln und damit auch
gleichzeitig einer anderen Wortklasse angehören. In diesem Fall hat sich - durch die
historische Entwicklung der chinesischen Sprache bedingt - 在 von seiner ursprünglichen verbalen Rolle im Satz ausgehend sekundär auch zu einer Präposition entwickelt, wie die folgenden Satzbeispiele zeigen:

(8) 他在饭馆吃饭。   *Er ist zum Essen im Restaurant*
(9) 他在学校写汉字。   *Er schreibt in der Schule chinesische Schriftzeichen.*

In diesen Satzbeispielen steht der unterstrichene Satzteil für die Rolle von 在 als Präposition innerhalb eines präpositionalen Satzgliedes in (8), während die unterstrichenen Satzteile die verbale Rolle des Satzprädikats in (9) markieren. Um zu erkennen, ob 在 eine Präposition oder ein Verb in einem bestimmten Einzelfall ist, gibt es eine einfache Faustregel:

Kommt 在 in einem Satz alleine ohne weiteres Verb vor, ist es verbales Satzprädikat. Ist dies nicht der Fall, indem in dem Satz neben 在 noch ein anderes Verb wie 写, 说, 吃饭, usw., auftritt, ist 在 präpositional zu übersetzen.

Im letzterwähnten Fall ist die Fügung mit 在 eine adverbiale Bestimmung des Ortes und steht vor dem eigentlichen Satzprädikat:

(10) 他在学校学习德语。   *In der Schule lernt er Deutsch.*

3.2 在 als Satzprädikat mit Ortsangaben
In solchen Satzmustern wird die Lage eines Gegenstandes/einer Person x in Bezug auf einen Ort y beschrieben. Auf Satzbedeutungsebene sind grundsätzlich drei Arten zu unterscheiden:

a) *relative Ortsangaben.* Hier wird das lokalisierte x in seiner Lage an einem bestimmten Ort in Bezug auf die Position y beschrieben:

(11) 我家在学校后边。   *Mein Haus liegt hinter der Schule.*
    (x)   (y)

b) *sprecherbezogene Ortsangaben.* Hier wird das lokalisierte x in seiner Lage in Bezug auf den Sprecherstandort beschrieben:

(12) 学校在后边。   *Die Schule liegt (da) hinten.*
    (x)   (y)

c) *absolute Ortsangaben.* Das lokalisierte x wird in seiner Lage weder sprecherbezogen noch relativ ortsbezogen beschrieben:

(13) 书在桌子上。   *Das Buch liegt auf dem Tisch.*
    (x)   (y)

3.3 Präpositionen und Verben der Fortbewegung
来、去 sind Verben der Fortbewegung, die im Deutschen eine Ortsbestimmung verlangen, die durch eine Präposition eingeleitet wird. In ihrer primären Rolle als Verben der Fortbewegung in dem o. a. Sinne bedeuten sie jedoch *kommen* bzw. *gehen/fahren.* Ist eines dieser Verben Satzprädikat, ist die Zweitergänzung ein Ortssubstantiv, das im Falle von

去   = A2 (+Zielort der Fortbewegung)
来   = A2 (+Ausgangspunkt der Fortbewegung (+vom Sprecherstandort entfernt))

bedeutet. Steht eine solche Zweitergänzung nach dem betreffenden Verb als Satzprädikat, wird das betreffende Ortssubstantiv ohne präpositionalen Zusatz angegeben:

(14) 他来学校。 *Er kommt zur Schule.*
(15) 他去北京。 *Er fährt nach Peking.*

[Dies ist in der Putonghua (chinesischen Hochsprache auf dem Festland) eine allgemein akzeptierte grammatische Satzmusterform, die allerdings aus den südlichen Dialekten zu stammen scheint. In den nördlichen Sprachgebieten der Putonghua, wo auch der Einfluss ural-altaischer Sprachen wie des Mongolischen u.a. mit ihren Postpositionen und adverbialen Fügungen eher typisch ist, findet man alternativ auch ebenso grammatisch akzeptable Satzmuster wie

(16) 他 到 北 京 去 。 *Er fährt nach Beijing.*
(17) 他 从 学校来。 *Er kommt aus/von der Schule.*]

Stehen die Ortsergänzungen hingegen vor einem dieser Verben als Satzprädikatoren, handelt es sich um Ortsergänzungen in adverbialer Funktion und sind mit 在 oder einem anderen Verb in seiner sekundären Rolle als Präposition verbunden.

Andere in diesem Rahmen wichtige Verben sind:

a) 从: seine ursprünglich verbale Rolle ist im modernen Chinesisch weitgehend verlorengegangen, heute kommt es in der Regel nur noch als Präposition vor und wird je nach Kontext mit *aus*, *von* u. ä. übersetzt.

b) 到 : in seiner verbalen Rolle, wenn also ohne weiteres Satzprädikat im Satz vorkommend, kann es z.B. heißen:

(18) 王先生到了。 *Herr Wang ist angekommen.*

In seiner präpositionalen Rolle kann es u.a. mit *nach* kontextgemäß übersetzt werden:

(19) 李先生要到 法国去。 *Herr Li möchte nach Frankreich fahren.*

c) 坐: Dieses Verb spielt in seiner sekundären Funktion als Präposition eine besondere Rolle im Chinesischen: Originär in seiner verbalen Wortbedeutung heißt es *sitzen*, in seiner sekundären präpositionalen Rolle ist es als *mit/in/im.... + (+Fortbewegungsmittel)* zu übersetzen:

(20) 他坐飞机到中国去。 *Er fliegt nach China*
(wörtlich: *er reist/fliegt im Flugzeug sitzend nach China*).

Ins Deutsche sollte man derartige Strukturen wie in (20) nur unter Angabe von Verben wie *fliegen* übersetzen; der Zusatz *im Flugzeug* ist eine Wiederholung, die nichts Neues an Information beinhaltet (der Fachausdruck dafür ist *redundant*) und sollte daher entfallen. Im Gegensatz zum Deutschen und anderen nah verwandten indoeuropäischen Sprachen kann im Chinesischen, aber auch im Japanischen und Koreanischen (und sicher nicht nur dort), die Art der Fortbewegung **nicht** in der verbalen

Wortbedeutung selbst festgemacht werden (*fliegen, segeln, fahren, gehen*, usw., wie im Deutschen); vielmehr muss sie u.a. im Chinesischen durch solche adverbialen Zusätze ausgedrückt werden. Ähnliche Ausdrucksmittel finden sich in solchen Fällen u.a. auch eben im Japanischen und Koreanischen.

d) 骑 bedeutet eigentlich *reiten*, wie der Schriftzeichenzusatz 马 für *Pferd* in dem Schriftzeichen 骑 eigentlich nahelegt. Es wird aber auch als Präposition benutzt, wenn das Fortbewegungsmittel ein Fahrrad ist:

(21) 他骑自行车到学校来。 *Er kommt mit dem Fahrrad zur Schule.*

3.4 Präpositionale Fügungen mit 跟、给、替、用、对
Es wurde schon erwähnt, dass bestimmte Verben auch sekundär als Präpositionen zusammen mit einem Substantiv auftreten können und mit diesem dann eine adverbiale Fügung bilden. Hier lernen wir folgende Fälle kennen:

a) 跟 1. V: *folgen*
    2. Präp: (1) *von*, wenn 要 Hauptverb des Satzes ist, sonst:
           (2) *mit, zu*

Vergleichen Sie dazu bitte folgende Satzbeispiele:

(22) 孩子要跟母亲 钱。   *Das Kind möchte von der Mutter Geld.*
(23) 我们要跟他们一块儿吃晚饭。   *Wir möchten mit ihnen zusammen zu Abend essen.*
(24) 他跟我说"再见"。   *Er sagt Auf Wiedersehen zu mir.*

Diese Satzbeispiele demonstrieren die o. a. deutschen Übersetzungsregeln von 跟 in einer derartigen präpositionalen Verwendung.

b) 给: 1. V : *geben*
    2. Präp.: *für, an, zu*

Beispiele:

(25) 我太太给我们做饭。   *Meine Frau kocht für uns (macht das Essen für uns).*
(26) 你能不能给我买一点儿东西？   *Kannst du etwas für mich einkaufen?*
(27) 他常给父母写信。   *Er schreibt seinen Eltern oft einen Brief.*

Typisch ist in Sätzen mit dreiwertigen Hauptverben, deren A3 ein Handlungsempfänger ist, dass 给 in vielen Fällen nicht präpositional ins Deutsche übersetzt wird, sondern dativisch (mit z.B. *dem + Substantiv*).

c) 替: 1. V: *ersetzen*
    2. Präp: *für, anstelle von*

Beispiele:

(28) 他要替我作这个事。   *Er möchte dies an meiner Stelle tun.*
(29) 请你替我问他们好。   *Bitte frage sie für mich nach ihrem Befinden.*
                                           [Hat hier den Sinn von Bitte grüße sie von mir.]

Für kann hier im Deutschen nur stehen, wenn dieses im Sinne von *anstelle von* stehen kann.

d) 用: 1. V: *gebrauchen, verwenden*
   2. Präp: (1) *mit*, wenn Hauptverb 说 oder 写 ist und das Objekt außerdem einen handlungsbetroffenen Gegenstand bezeichnet
   (2) *durch, aus* (s.o.)
   (3) *auf*, wenn das Hauptverb 说, 写 ist und sich das Objekt auf eine beliebige Landessprache bezieht

Beispiele:

(30) 孩子用小杯子喝水。 *Das Kind trinkt das Wasser aus einem kleinen Becher.*
(31) 你要用哪个汽车到北京去？ *Mit welchem Auto willst du nach Peking fahren?*
(32) 他用中国话写信。   *Er schreibt einen Brief auf Chinesisch.*

e) 对:
1) 对 steht anstelle von 跟 mit dem Hauptverb 说, wenn der Adressat in besonderer Weise hervorgeboben werden soll:

(33) 他对我说他很忙。 *Mir gegenüber sagte er, dass er viel zu tun* habe.

2) In Zusammenhang mit bestimmten prädikativen Adjektiven, die als zweiwertig anzusehen sind in dem Sinne, dass gilt:

> *Der Eigenschaftsträger x (=Subjekt) hat eine Eigenschaft z (=durch das prädikative Adjektiv selbst signalisiert) gegenüber einem Adressaten y (Zweitergänzung in Form eines Substantivs, das mit 对 vor dem Adjektivprädikat des Satzes steht).*

Beispiele:

(34) 他对我很客气。 *Er ist sehr höflich zu mir.*
(35) 中文对我很难学。 *Chinesisch ist für mich schwer zu erlernen.*
(36) 英文对他很难。   *Englisch ist schwer für ihn.*
(37) 喝水对健康好。   *Wassertrinken ist gut für die Gesundheit.*

3.5 Präpositionen in Sätzen des Vergleichs
Im Folgenden geht es um die Beschreibung von Personen oder Gegenständen, die durch die bereits erwähnten relativen Adjektive näher bestimmt und beschrieben wurden.

Relative Adjektive sind potentiell zweiwertig, da sie immer *im Vergleich* mit zwei verschiedenen Personen oder Gegenständen hinsichtlich ihrer Aussage als wahr oder unwahr gelten (A ist P im Vergleich zu B, aber nicht im Vergleich zu C, usw.).

In Sätzen mit Vergleichsaussagen kann ausgedrückt werden:

a) Ähnlichkeit oder Gleichheit zwischen Subjekt (A1) und einer Zweitergänzung (A2) mit Hilfe des folgenden Satzmusters:

A1 跟 A2 Adj:

(38) 这本书跟那本书一样便宜。 *Dieses Buch ist so billig wie das da.*

b) Verschiedenheit zwischen A1 und A2 mit folgenden Satzmustern:

b1) A1跟不一样Adj:

(39) 这个桌子跟那个桌子不一样长。 *Dieser Tisch ist nicht so groß wie jener.*

b2) A1 比 A2 Adj:

(40) 这个桌子比那个长。 *Dieser Tisch ist größer als jener.*

b3) A1没(有)A2 Adj:

(41) 那个桌子没(有)这个桌子(这么)长。 *Jener Tisch ist nicht so groß wie dieser.*

In b1) wird ausgesagt, dass A1 im Verhältnis zu A2 eine bestimmte weniger stark *ausgeprägte Eigenschaft* hat als A2. In b2) wird gesagt, dass A1 im Verhältnis zu A2 eine bestimmte stärker ausgeprägte Eigenschaft als A2, während es in Satzmustern von b3) wie in b1) heißt, dass A1 im Verhältnis zu A2 eine weniger stark ausgeprägte Eigenschaft hat als A2. 有 bzw. 没有 ist hier kein Satzprädikat, sondern das jeweilige relative Adjektiv am Satzende.

c) Außerdem kann auch der Vergleichsgrad zwischen mindestens zwei, aber auch drei, Gegenständen oder Personen genauer bezeichnet werden (A, B, C):

A 比 B Adj, C 比 A 更 Adj

(42) 老李比我胖，老王比老李更胖。 *Lao Li ist dicker als ich, (aber) Lao Wang ist noch dicker als Lao Li.*

b3) mit 最
Normalerweise ist dieses ein Adverb zum Ausdruck des Superlativs, z.B. 最好的 *(das beste)*.

(43) 老李很胖，劳务老王也很胖，老赵比他们都最胖。 *Lao Li ist sehr dick, und Lao Wang auch; (aber) Lao Zhao ist der dickste von allen.*

Die hier vermittelten Satzstrukturen weichen derart von denen für vergleichbare Satzaussagen im Deutschen ab, dass es sich hier der Einfachheit halber empfiehlt, nicht den Kontrast über eine strukturell vergleichende Analyse herzustellen, sondern die dem Deutschen und Chinesischen in diesen Fällen zugrunde liegenden semantischen Komponenten der einzelnen Satzglieder entsprechend aufzuschlüsseln:

a) Ausdruck von Ähnlichkeit oder Gleichheit zwischen einem x und einem y:
Für Sätze dieser Art gibt es im Deutschen wie im Chinesischen zunächst zwei Vergleichsgrößen A und B, wobei A = Komparandum (das Vergleichende) und B = Komparatum (das Verglichene) ist. A entspricht dabei der Erstergänzung A1 und zugleich Subjekt, B der Zweitergänzung. Das Prädikat des Satzes bezeichnet die

Vergleichseigenschaft C der Ähnlichkeit:

<u>这本书</u> <u>跟</u> <u>那本书</u>　　<u>一样便宜</u>。

```
 |      |      |         |
 |      ----------       |
 A      B                C
```

<u>Dieses Buch</u> ist <u>ebenso billig</u> wie <u>jenes Buch</u>　　　(=wie das da).

```
 |       |       |        |        |
 |       |_____|        |_____|
 A           C                B
```

Daraus lässt sich folgende einfache Strukturformel jeweils für das Deutsche und Chinesische ableiten:

A　+ 跟 B +一样 C　(Chinesisch)
A　+　SEIN so/ebenso C + wie　B　(Deutsch)

SEIN steht hier stellvertretend für alle möglichen Konjugationsformen des Kopulaverbs SEIN im Deutschen.

b) A und B können auch von einander verschieden sein; entsprechend variieren die Satzmuster bei solchen Aussagen:

<u>这个桌子</u> <u>跟</u> <u>那个桌子</u> <u>不</u>　　<u>一样大</u>。

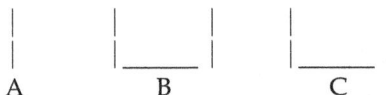

```
 |       |       |       |        |
 |       |_____|       |_____|
 A           B                C
```

<u>Dieser Tisch</u> ist nicht so groß wie <u>jener Tisch</u> (der da).

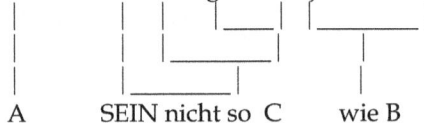

```
 |       |   |   |___|   |_____|
 |       |   |___|___|        |
 |       |___|___|            |
 A    SEIN nicht so  C      wie B
```

c) Ebenso kann eine Eigenschaft bei A stärker vorhanden sein als bei B; hier haben wir die entsprechenden Satzmuster mit Komparativ:

1. Chinesisch

<u>这个桌子</u> <u>比</u>　　<u>那个桌子</u> <u>长</u>。

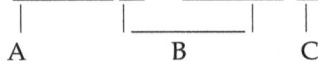

```
 |       |        |        |
 |       |_____|        |
 A       B                 C
```

那个桌子 没有　　这个桌子 (这么)长。

|　　　　 |　　　　 |　　　 |

A　　 没有　　 这么　　 那么

2. Deutsch:

Dieser Tisch ist höher als jener Tisch.

|　　　 |　　　 |_____|

|　　　 |　　　　 |

A　　 SEIN C　　 als　B

Das zweite chinesische Satzbeispiel dürfte im Wesentlichen dem unter b) genannten Muster entsprechen.

d) Von zwei Vergleichsgrößen A und B kann ausgesagt werden, dass die Eigenschaft C zwar bei A größer ausgeprägt ist als bei B, aber in Bezug auf eine dritte Vergleichsgröße D die Eigenschaft bei D *noch* stärker vorhanden ist als im Verhältnis von A zu B :

老李　 比我 胖,　老王 比老李　 更最胖。

|　　 | |　　 |　　| |　　　|

A　 比 B C　　D　 比 A　　 更/最更/最 C

Lao Li ist dicker als ich, aber Lao Wang ist noch dicker　als　Lao Li.

|　　 |　　 |　　　 |　　　 |　_____|　　 |

A　　 C　　 B　　 aber　 D　 SEIN NOCH C　 als A

3.6 Präpositionen in Sätzen mit Entfernungsangaben

Bei Entfernungsangaben mit den entsprechend schon oben unter den Satzmustern angeführten Beispielsätzen wird ausgesagt, dass ein Ort x von einem Ort y entfernt oder nah gelegen ist:

我家　　离大学　 不　太远。

|　　　　 |　　　_____|

A1　　　 A2　　　 Präd

(Subj)　 (A2)　　 Präd

S

Von mir zu Hause(=x) bis zur Universität(=y) ist es nicht so weit.

我家 ist Erstergänzung und Subjekt eines im Prinzip zweiwertigen Prädikats 远. 离 大学 ist die Zweitergänzung zu diesem zweiwertigen Prädikat 远 . 远 selbst ist ein zweiwertiges Prädikat des Gesamtsatzes S selbst. A1, A2 und Präd sind Satzglieder dieses Satzes S, die sich ihrerseits in einzelne Satzgliedteile unterteilen:

a) A1 =我家 ------------> 我、家

b) A2 =离大学 ----------> 离、大学

c) Präd =不太远--------->不 + 太远 (<-------太、远)

Die Satznegation erfolgt mit 不 unmittelbar vor dem Satzprädikat 远. Entscheidungsfragesätze werden entweder mit 吗 am Satzende oder nach dem Muster <u>Präd</u> -不- <u>Präd</u> gebildet:

(44) 你家离大学远<u>不</u>远。   *Ist es von dir zu Hause weit bis zur Universität?*
(45) 你家离大学远<u>吗</u>?   *dto.*
(46) 我家离大学<u>不</u>远。   *Von mir zu Hause ist es nicht weit bis zur Universität.*

Die Satzstruktur lässt sich auch in einen Satz mit Vergleichsangaben einbetten:

我家 离学校 比你家 离学校 远。

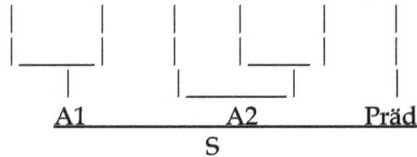

A1   A2   Präd

S

Von mir zu Hause ist es weiter zur Schule als von dir zu Hause aus.

Die Entfernungsangaben x und y mit sind hier eingebettete Satzgliedteile in die Satzglieder A1 und A2, sie sind hier - im Gegensatz zu der Satzstruktur oben - keine eigenständigen Satzglieder, sondern Satzgliedteile. Zweiwertiges Satzprädikat zu S ist wieder 远, A1 ist das komplexe Satzglied 我家离学校 und A2 das komplexe Satzglied 比你家离学校, während 远 ein einfaches Satzglied (weil nur aus einem Wort, nämlich sich selbst bestehend) in diesem Satz ist.

Die Satzverneinung erfolgt hier mit 不, das hier vor 比 steht; Entscheidungsfrage-sätze werden wie bereits oben angeführt gebildet:

(47)你家离学校<u>比</u>我家离学校<u>远不</u>远?   *Ist es von dir zu Hause weiter zur Schule als von mir aus?*

(48)你家离学校<u>比</u>我家离学校远<u>吗</u>?   *dto.*

(49) 你家离学校<u>不比</u>我家离学校远。   *Von dir zu Hause aus ist es zur Schule nicht weiter als von mir aus.*

Typische Satzprädikate solcher Sätze sind 远, 近, die durch entsprechende Zusät-ze noch erweitert werden können:

(49a)我家离你家<u>近好几公里</u>。   *Von mir zu Hause zu dir ist es <u>einige Meilen näher</u>.*
(50) 我家<u>离</u>你家近<u>多了</u>。   *Von mir zu Hause zu dir ist es viel näher.*
(51) 你家<u>离</u>学校<u>多么</u>远   *Wie weit ist es von dir zu Hause aus bis zur Schule?*
(52) 我家<u>离</u>学校有半公里。   *Von mir zu Hause aus ist es <u>eine halbe Meile</u> bis zur Schu-le.*
(53) 你家<u>离</u>学校<u>没有半公里</u>。   *Von dir zu Hause ist es <u>keine halbe Meile</u> bis zur Schule.*

3.7 Präpositionen in chinesischen Passivsätzen

Im Chinesischen ist das grundlegende Satzmodell für Passivsätze:

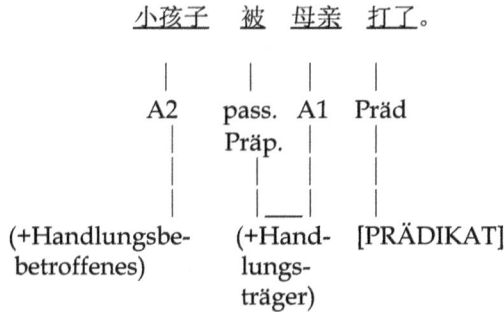

小孩子　被　母亲　打了。

```
    |        |     |      |
    A2     pass.   A1    Präd
           Präp.   |      |
    |        |     |      |
    |        |_____|      |
(+Handlungsbe-    (+Hand-  [PRÄDIKAT]
 betroffenes)      lungs-
                   träger)
```

Es gibt eine ganze Reihe solche Passivsatzpräpositionen:

(54) 肉叫别人卖完了。 *Das Fleisch ist <u>von anderen Leuten</u> gekauft worden (es ist nichts mehr da)*.

(55) 书让他们看完了。 *Das Buch ist <u>von ihnen</u> ausgelesen worden.*

(56) 报纸给风吹走了。 *Die Zeitung wurde <u>vom Wind</u> fortgeweht.*

(57) 他被别人打了。 *Er wurde <u>von jemand anders</u> geschlagen.*

Weitere Besonderheiten sind:

a) In Passivsätzen kann manchmal 给 als eine zusätzliche emphatische Partikel vor den Satzprädikaten auftreten, insbesondere in Sätzen mit 叫，让，给，被 als Passivpräposition vor dem mittelbaren Handlungsträger. Die Rolle von 给 ist hier eine rein grammatische; 给 wird hier dann nicht ins Deutsche mit übersetzt:

(58) 茶让客人都给喝完了。 *Der ganze Tee ist <u>von</u> den Gästen ausgetrunken worden.*

b) Manchmal kann statt 给 auch 所 stehen, das allerdings insbesondere vor einsilbigen Verben entfällt: [所 könnte in diesem Satz und anderen ähnlichen Sätzen als ein Attributmarker zu einem Objekt aufgefasst werden. Der folgende Beispielsatz müsste dann aber etwas umständlicher mit *Er unterliegt der Faszination der Melodie eines Liedes* übersetzt werden.]

(59) 他被歌声所吸引。 *Er ist von der Melodie (eines Liedes) fasziniert.*

c) 不,没 zur Negation sowie Modalverben stehen in solchen Sätzen immer *vor* der Passivpräposition:

(60) 他<u>不被</u>我们打。 *Er wird nicht von uns geschlagen.*

(61) 他<u>没被</u>我们打。 *Er ist nicht von uns geschlagen worden.*

d) Entscheidungsfragesätze werden u.a. mit 吗 gebildet:

(62) 他<u>被</u>你们打了<u>吗</u>? *Ist er von euch geschlagen worden?*

e) Es gibt auch Passivsätze, in denen der passivische Informationswert nur implizit durch die Satzbedeutung insgesamt deutlich wird, weil in ihnen keine Passivpräposition mit entsprechender Ergänzung vorkommt:

(63) 水果在市场卖。   *Obst wird auf dem Markt verkauft.*
[水果 *Obst*- 在市场 *auf dem Markt* - 卖 *(verkaufen)*]

4. Adverbien

Wir beschäftigen uns hier vor allem mit der Verwendung der beiden Adverbien 才 und 就, weil diese besondere Verwendungsmerkmale im Chinesischen aufweisen und daher für den deutschen Lerner des Chinesischen besondere Schwierigkeiten bereiten können.

Zunächst fassen wir die jeweiligen Übersetzungsmöglichkeiten für beide Adverbien in den verschiedenen möglichen Verwendungskontexten zusammen:

Adverb		Verwendungskontext	Deutsche Übersetzung
①	才	Ein Ereignis findet gerade statt oder tritt erst relativ spät ein	*Gerade eben, soeben, eben erst*
		Ein Sachverhalt hängt von verschiedenen anderen Umständen ab	*Erst wenn, erst nachdem*
		Eine Menge oder Anzahl ist vergleichsweise gering	*Erst, nur*
		Emphase mit 呢 am Satzende	*Doch, gewiss, wahrhaftig, in der Tat*
②	就		*Gleich, sofort*
			Gleich danach, darauf, sodann, dann
		Die Summe einer anstehenden Menge oder ausstehenden Summe ist hoch	*allein*
		Etwas ist unter bestimmten Voraussetzungen so	*Wenn..dann…, wo… da…*
		Zwischen zwei gleichlautenden Ausdrücken: Tolerierung, Duldsamkeit oder Schicksalsgläubigkeit signalisierend	*Eben, halt so*
		Etwas wird so sein, weil es früher schon so war	*Sicher, mit Sicherheit*
			Nur, bloß
		Entschlossenheit	*einfach*
		Tatsache eines Sachverhaltes, der genau so und nicht anders ist	*Genau, gerade so*
		(wenn als Konjunktion verwendet)	*Selbst wenn, wenn auch*

Nachstehend führen wir einige Satzbeispiele zu den Verwendungskontexten von 才 und 就 an.

a) Satzbeispiele mit 才:

(1) 他昨天<u>才</u>来。   *Er kam erst gestern.*
(2) 我现在<u>才</u>懂得这个道理。   *Erst jetzt verstehe ich den Grund.*
(3) 这本书<u>才</u>用了两元。   *Das Buch hatte nur 2 Yuan gekostet.*
(4) 他来了<u>才</u>十天。   *Er ist erst seit 10 Tagen hier/ist erst vor Tagen gekom-*
men.

b) Satzbeispiele mit 就:

(5) 我这<u>就</u>去。   *Ich komme gleich.*
(6) 这事我上个星期<u>就</u>到了。   *Das habe ich schon letzte Woche gewusst.*
(7) 他吃完<u>就</u>走。   *Gleich nach dem Essen brach er auf.*
(8) 光建筑费一项<u>就</u>是二千四百万元。 *Die Baukosten allein betragen 24 Millionen Yuan.*
(9) 哪里有压迫，哪里<u>就</u>有反抗。 *Wo es Unterdrückung gibt, da ist auch Widerstand.*
(10) 丢<u>就</u>丢了吧，以后小心点。   *Was verloren ist, ist eben verloren; aber sei in Zu-*
kunft vorsichtiger!
(11) 我<u>就</u>科到他会等我们的。   *Ich weiß, dass er auf uns warten wird.*
(12) 我<u>就</u>要几张纸。   *Ich möchte bloß ein paar Bogen Papier.*
(13) 他<u>就</u>不肯歇一歇。   *Er weigerte sich einfach, eine kurze Rast zu machen.*
(14) 医务室<u>就</u>在这儿。   *Genau hier ist die Klinik.*
(15) 你<u>就</u>不说，我也会知道。   *Ich weiß es sowieso, selbst wenn Du es mir nicht*
erzählst.

In Satzbeispiel (15) fungiert 就 nicht als Adverb, sondern als Konjunktion. Wir haben dieses Satzbeispiel in diesem Abschnitt zu Verwendungskontexten mit 就 deswegen mit angeführt, um noch einmal deutlich zu machen, dass auch die Wortklassenrolle von Adverbien wie 就 flexibel sein kann.

才 und 就 kommen auch in anderen Wortverbindungen, z.B. als Nomen oder als Verb, vor:

才	*Befähigung, Begabung, großes Talent*
才华	*musische Begabung*
才气	*literarische Talent*
才学	*Gelehrsamkeit, wissenschaftliche/-s Begabung/Talent*
就	*1. näher rücken, näherkommen; 2. den gegebenen Verhältnissen entsprechen, 3. dazu nehmen*

Im Falle des Beispielsatzes (15), wo 就 als Konjunktion fungiert, haben wir es mit einem komplexen Satzgebilde zu tun, das mindestens aus einem Hauptsatz und einem von sich abhängigen Nebensatz besteht. In solchen Fällen kann man in der Regel davon ausgehen, dass 就 als Konjunktion fungiert und keine Rolle als Adverb in einem solchen Satz hat. Wir können uns dies noch einmal an Hand einer sogenannten syntaktischen Baumstruktur wie folgt verdeutlichen:

```
                          S
                          |
                          S1
        ┌──────┬──────────┼──────────────────┐
      Subj   CONJ       Präd                  S2
        |      |      ┌───┴───┐        ┌────────┴────────┐
      Pron    就     Adv      V       Subj              Präd
        |             |       |        |           ┌──────┴──────┐
        你            不      说      Pron         Adv           VP
                                       |            |        ┌────┴────┐
                                       我            也     ModalV     V
                                                               |       |
                                                               会     知道

        Du    selbst wenn  nicht   sagen   ich   auch    können    wissen
```

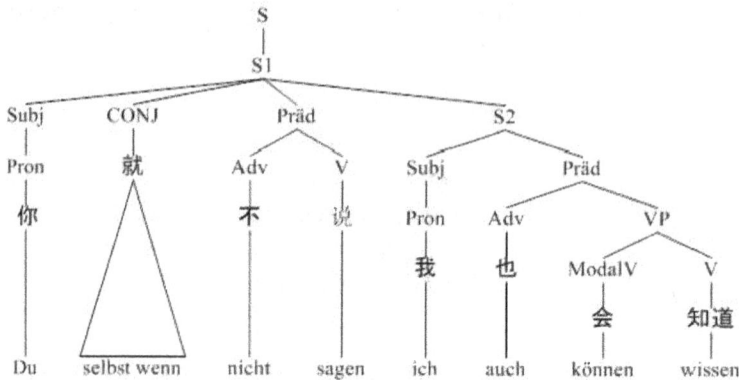

S1 ist in Satzbeispiel (15) eindeutig der mit 就 markierte Nebensatz, der ohne folgenden S2 grammatisch nicht wohlgeformt und von der Bedeutung her nicht sinnvoll wäre. Das Adverb 也 in S2 ist erforderlich, um den in S1 bereits angedeuteten Sinn vollkommen für S insgesamt auszudrücken.

Weitere Einzelheiten zur Verwendung von 就 in solchen komplexen Sätzen gehören nicht mehr in den Abschnitt zu Adverbien, und daher werden diese an anderer Stelle in Zusammenhang mit komplexen Sätzen und deren Satzmustern ggf. weiter an anderer Stelle ausführlich darzustellen sein.

5. Einige weitere Besonderheiten
5.1 Die Reihenfolge von Nomen bei Namen, Jahres- und Ortsangaben
Bei Namen ist die „höherwertige" Einheit immer der Familienname im Chinesischen. Diese „höherwertige" Einheit wird immer der nächst darunter folgenden Einheit vorangestellt:

毛泽东	*Mao Zedong*
王晓艳	*Wang Xiaoyan*

Ein vollständiger chinesischer Name besteht in der Regel aus drei Silben, von denen die erste den Familiennamen und die beiden folgenden die beiden Vornamen signalisieren. In seltenen Fällen kann ein vollständiger chinesischer Name auch zweisilbig sein und somit in der ersten Silbe aus dem Familiennamen und in der folgenden zweiten Silbe aus einem Vornamen bestehen. Manche Familiennamen, insbesondere bei denen von Ausländern oder nationalen Minderheiten, können aber auch zweisilbig sein, auf die dann der/die Vorname(n) folgt/folgen.

Funktionsbezeichnungen wie Amts- oder sonstige Titel, also auch akademische Grade, folgen in der Regel dem Namen:

王晓艳老师	*Lehrer Wang Xiaoyan*
毛泽东主席	*Der Vorsitzende Mao Zedong*
王博士	*Dr. Wang*
李教授	*Professor Li*

Bei exakten Datumsangaben steht die Einheit für das Jahr zuerst, auf die dann die Angaben für Monat und Monatstag – und zwar genau in dieser Reihenfolge – folgen:

一九九八年三月二十日   *12. März 1998*

Bei Ortsangaben wie Land, Provinz und Stadt, z. B. bei Adressen- oder Absenderangaben im Briefverkehr steht zuerst das Land, dann die Provinz, dann Ort und Straße und zum Schluss der vollständige Name des Empfängers:

中国	*China*
北京市	*Stadt Peking*[2]
万庄路24号	*Wan-Zhuang-Straße 24*
王晓艳	*Wang Xiaoyan*

5.2 Die besondere Verwendung von Fragepronomen

In Sätzen mit negiertem Satzprädikat erhält ein Interrogativpronomen wie 什么 *was?* seine negative Bedeutung *nichts*:

(1) 我不要什么。   *Ich möchte nichts.*

Fragepronomen können im Chinesischen unter bestimmten Voraussetzungen also auch als Indefinitpronomen vorkommen.

In einem Nichtfragesatz auftretende Interrogativpronomen wie 什么 oder 谁 haben Indefinitbedeutung, z.B.:

(2) 我没说什么。   *Ich habe nichts gesagt.*
(3) 我没看谁。   *Ich habe niemand gesehen.*

In solchen Fällen ist das Satzprädikat negiert.

Inklusivität und Exklusivität mit Interrogativpronomen in indefiniter Verwendung
Hier handelt es sich um eine bestimmte Art der Quantifizierung im Sinne von *alle x* in nicht negierten Sätzen bzw. *kein x* in negierten Sätzen, z.B.

(4) 没有人在这儿。   *Hier ist niemand.*

Im Einzelnen unterscheiden wir hier folgende Strukturen:

a) 没。。。什么

(5) 我没说什么。   *Ich habe nichts gesagt* (exklusiv).

b) 不。。。谁, z.B.

(6) 我不给谁写信。   *Ich schreibe niemand einen Brief. (exklusiv).*

---

[2]Peking hat als „Stadtstaat" einen eigenen Provinzstatus.

85

c) 没。。。谁, z.B.

(7) 我没对谁说。   *Ich habe niemandem (etwas) gesagt.* (exklusiv)

d)。。。什么都。。。, z.B.

(8) 我什么都要。   *Ich möchte alles.* (inklusiv)

e) 。。。什么都不。。。, z.B.
(9) 我什么都不爱吃。   *Ich mag überhaupt nichts essen.* (exklusiv)

f) 。。。一点儿都不。。。, z.B.

(9) 我一点儿都不会说英语。   *Ich kann nicht mal ein bisschen Englisch sprechen.* (exklusiv)

g) 。。。一个 + Subst + 也不。。。, z.B.

(10) 我一个字也不会写。   *Ich kann nicht mal ein einziges Schriftzeichen schreiben.* (exklusiv)

Im Falle der negierten Satzprädikate handelt es sich also um eine Satznegation im exklusiven Sinne (Negation ohne Ausnahme für eine bestimmte Quantität x).

Eigenständige und untergeordnete Satzteile

Eigenständige Satzteile sind solche Wörter oder Wortgruppen, die die Funktion von Subjekt, Prädikat, Objekt, Adverb der Zeit oder des Ortes in einem Satz haben können. Manchmal können auch ganze Teilsätze Satzteile in dem Sinne sein, indem sie z. B. als Subjekt oder Objekt fungieren.

„Untergeordnete Satzteile" sind solche, die ihrerseits wiederum Teile von Subjekt, Prädikat und Objekt und sich nicht direkt von „S(atz)" herleiten lassen. Letzteres ist aber bei „eigenständigen Satzteilen" der Fall.

Übersicht über die wichtigsten Satzteile im Chinesischen

1. Subjekt
Subjekte sind eigenständige Satzteile.

Das Subjekt steht im Chinesischen normalerweise am Anfang eines Satzes, in besonderen Fällen manchmal auch am Satzende. In einigen besonderen Fällen kann das Subjekt im chinesischen Satz unter bestimmten Bedingungen ganz entfallen.

Vergleichen Sie dazu bitte die folgenden Satzbeispiele:

(1) 我去北京。   *Ich fahre nach Peking.*
(2) 为什么你不来?   *Warum kommst du nicht?*

Als Satzsubjekte können im Chinesischen Pronomen, Nomen oder auch ganze Teilsätze vorkommen. In der Regel geht das Subjekt dem Prädikat in der Wortstellung im Satz voran.

2. Prädikat
Prädikate sind eigenständige Satzteile.

Satzprädikate können im Chinesischen Verben, aber auch Adjektive oder Nomen sein. Das Prädikat eines Satzes folgt in der Regel dem Subjekt im Satz.

(1) 我去北京。   *Ich fahre nach Peking.*
(2) 为什么你不来?   *Warum kommst du nicht?*

Die Wortbedeutung des Satzprädikats ist u.a. auch ausschlaggebend dafür, ob weitere Elemente in einem Satz notwendig sind wie z. B. Objekte, damit ein grammatisch wohlgeformter und von der Bedeutung her sinnvoller Satz entsteht.

3. Objekt
Objekte sind eigenständige Satzteile.

Objekte sind manchmal notwendig, damit ein grammatisch wohlgeformter und von der Bedeutung her sinnvoller Satz entsteht. Dies hängt in der Regel von der jeweiligen Wortbedeutung des Satzprädikates ab. Satzobjekte in einem chinesischen Satz können u.a. Pronomen, Nomen, aber auch ganze Teilsätze sein.

Objekte stehen in einem chinesischen Satz in der Regel nach dem Satzprädikat. Davon abweichend kann ein Objekt aber auch in besonderen Fällen entweder am Satzanfang oder zwischen Subjekt und Prädikat stehen. In letzterem Fall wird dem Objekt eine Präposition vorangestellt.

(1) 他会说<u>汉语</u>。　　　　　　*Er kann Chinesisch sprechen.*
(2) 你看见<u>他</u>吗？　　　　　　*Siehst du ihn?*

4. Adverbiale Beifügungen
Adverbiale Beifügungen sind eigenständige Satzteile.

Adverbiale Beifügungen können zusätzlich in einem Satz vorkommen, müssen es aber nicht unbedingt, um einen grammatisch wohlgeformter und von der Bedeutung her sinnvollen Satz zu ergeben. Adverbiale Beifügungen können von der Wortart her genuine Adverbien, Adjektive oder Wortgruppen mit einer vorhergehenden Präposition sein. Adverbiale Beifügungen machen sehr oft spezifische Aussagen zum Prädikat eines Satzes.

(1) 我<u>很</u>好。　　　　　　　　*Mir geht es gut.*
(2) 他<u>在北京</u>学习汉语。　　　　*Er studiert Chinesisch in Peking.*

Im Chinesischen gehen adverbiale Beifügungen in der Regel immer dem Satzprädikat voran; manchmal stehen sie auch vor dem Subjekt am Satzanfang.

5. Attribute
Attribute sind untergeordnete Satzteile.

Attribute sind Beifügungen zu nominalen Konstituenten, die entweder als Subjekt oder Objekt eines Satzes auftreten. Attribute können z.B. Adjektive, Genitiv- oder Possessivfügungen, aber auch ganze Relativsätze, sein.

(1) <u>我</u>妹妹不在。　　　　　　*Meine jüngere Schwester ist nicht da.*
(2) <u>你的</u>书在哪里？　　　　　　*Wo ist dein Buch?*
(3) <u>汽车的</u>教授坏了。　　　　　*Das Auto des Professors ist kaputt.*

(4) <u>我们在德国工作的</u>爸爸回来了。 *Unser in Deutschland arbeitender Vater ist zurückgekehrt. (=Unser Vater, der in Deutschland arbeitet, ist zurückgekehrt)*

Oft wird 的 zwischen das Attribut und das durch das Attribut modifizierte und näher bestimmte nominale Subjekt oder Objekt gestellt.

Attributfügungen sind ein typisches Beispiel für sog. „mittelbare" Satzteile, die sich ihrerseits auf ein Nukleus-Wort eines eigenständigen Satzteiles beziehen.

6. Zur Unterscheidung von eigenständigen und nicht-eigenständigen Satzteilen

Als eigenständige Satzteile in einem chinesischen Satz können z.B. die oben genannten Satzteile Subjekt, Prädikat, Objekt und Adverbialbestimmungen gelten.

Attributfügungen hingegen können nicht als eigenständige Satzteile gelten, da sie ihrerseits von einem weiteren, in der Satzstruktur bedeutungsmäßig hierarschisch höher stehendem *Nukleus*-Wort abhängig sind.

Letzteres gilt auch in der Regel für die meisten in diesem Kapitel behandelten Komplemente. Nachfolgend soll der strukturelle Unterschied zwischen eigenständigen Satzteilen und solchen, die es nicht sind, an Hand einer Baumstruktur für die folgenden Satzbeispiele verdeutlicht werden:

(1) 他说汉语。   *Er spricht Chinesisch.*

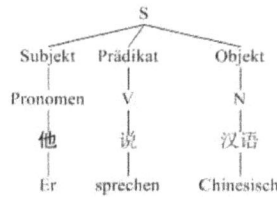

```
                        S
           ┌────────────┼────────────┐
        Subjekt      Prädikat       Objekt
           │            │             │
        Pronomen        V             N
           │            │             │
           他           说           汉语
           │            │             │
           Er        sprechen      Chinesisch
```

> Subjekt, Prädikat und Objekt leiten sich unmittelbar von S(atz) her und sind damit unmittelbare, d.h. eigenständige Satzteile.

(2) 他们都来了。   *Sie alle sind gekommen.*

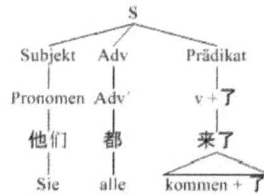

```
                        S
           ┌────────────┼────────────┐
        Subjekt        Adv         Prädikat
           │            │             │
        Pronomen      Adv'         v + 了
           │            │             │
          他们          都           来了
           │            │             │
          Sie         alle       kommen + 了
```

Adv leitet sich unmittelbar von S(atz) her und ist damit unmittelbarer und eigenständiger Satzteil von S.

(3) 他也来。   *Er kommt auch.*

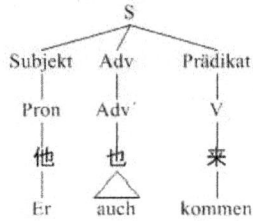

```
                    S
        ┌───────────┼───────────┐
     Subjekt       Adv        Prädikat
        │           │            │
      Pron         Adv           V
       他           也            来
                   ───
                 (auch)
       Er        auch         kommen
```

Hier gilt ebenfalls das bereits für Satzbeispiel (3) Gesagte.

(4) 他们在北京学习汉语。   *Sie studieren Chinesisch in Peking.*

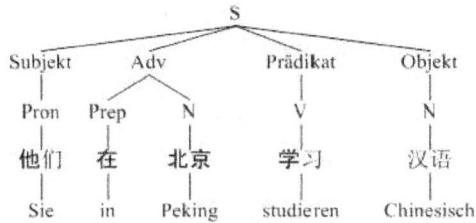

```
                          S
        ┌──────────┼──────────────┼──────────┐
     Subjekt      Adv          Prädikat     Objekt
        │       ┌──┴──┐           │           │
      Pron    Prep    N           V           N
      他们     在     北京        学习         汉语
      Sie     in    Peking    studieren    Chinesisch
```

Subjekt, Adverbialbestimmung, Prädikat und Objekt leiten sich direkt von S(atz) her und sind damit unmittelbare und eigenständige Satzteile von S.

(5) 他的英文书在图书馆。   *Sein englisches Buch befindet sich in der Bibliothek.*

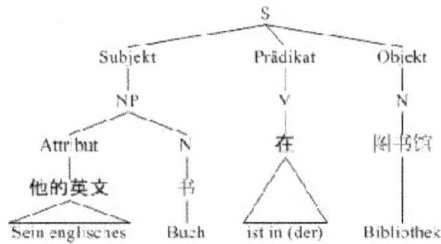

```
                        S
        ┌───────────────┼───────────────┐
     Subjekt        Prädikat          Objekt
        │               │               │
       NP               V               N
    ┌───┴───┐          在             图书馆
  Attribut   N
  他的英文    书       ist in (der)
  Sein englisches  Buch              Bibliothek
```

Das Attribut ist Teil von Subjekt und leitet sich daher ***nicht*** unmittelbar von S(atz) her.

(6) 我在北京工作的 朋友有病。   *Mein Freund, der in Peking arbeitet, ist krank.*

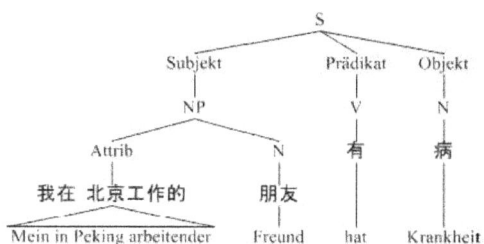

Hier gilt das Gleiche wie das bereits für Satzbeispiel (5) Gesagte.

(7) 他说得很快。   *Er spricht schnell.*

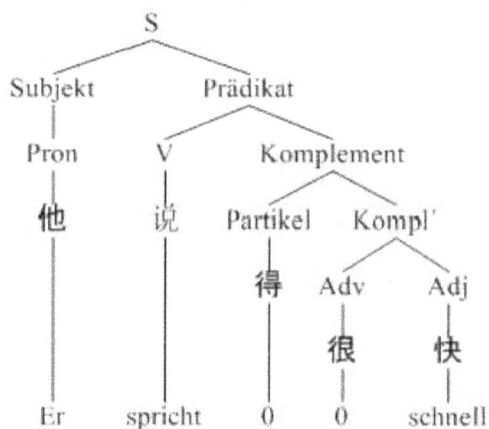

Das Komplement ist strukturell Teil des verbalen Satzprädikats und leitet sich somit nicht unmittelbar von S(atz) her.

(8) 我还没翻译完这些句子。   *Ich habe diese Sätze noch nicht fertig übersetzt.*

```
                                    S
      ┌────────┬────────┬──────────┴──────────┬─────────────────┐
   Subjekt   Adv1     Adv2          Prädikat              Objekt
      │        │        │        ┌─────┴─────┐              │
    Pron      还       没        V         Kompl           NP
      │        │        │        │           │      ┌───────┴───────┐
      我                        翻译          V    Dempr            N
                                             │   ┌───┴───┐          │
                                             完  Dempr  ZEW        句子
                                                  这     些
     Ich      noch    nicht   übersetzen     fertig  diese   0    Sätze
```

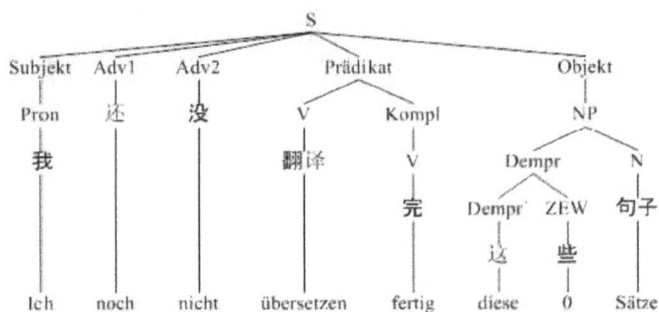

Hier gilt ebenfalls das bereits für Satzbeispiel (7) Gesagte.

Adverbialbestimmungen des Ortes, Attribute und adverbiale Beifügungen

1. Adverbialbestimmungen des Ortes im Chinesischen

Im Deutschen wäre ein Satz wie *Er ging von mir zur Buchhandlung* ein Satz mit den Ortsangaben *von mir zur Buchhandlung* einfach ein Satz mit zwei Ortsangaben in adverbialer Funktion. Im Chinesischen sind die Verhältnisse – zumindest theoretisch – etwas komplizierter, da die präpositionalen Bestandteile im Chinesischen oft verbalen Charakter haben und auch oft als solche aufgefasst werden. So kann z. B. 从 oft als Präposition mit der Bedeutung „von", „aus" auftreten, hatte aber ursprünglich die Bedeutung von „folgen". Auch 在 bedeutet in präpositionaler Funktion „in", „am", als Hauptverb im Satz aber „befindet sich in/am", „ist im/am", usw. Die auf 从 oder 在 folgenden nominalen Teile werden daher oft als Objekt in der chinesischen Grammatikschreibung aufgefasst.

(1) 他从我这里去书店。   *Er ging von mir zur Buchhandlung.*
(2) 我们从李大夫那里来。   *Wir sind von Dr. Li (Arzt) gekommen.*
(3) 我哥哥在妹妹那里唱歌。   *Mein älterer Bruder singt bei meiner jüngeren*
    Schwester.(im Haus meiner jüngeren Schwester).
(4) 他的笔在我那里。   *Sein Schreibstift ist hier bei mir.*

In den obigen Satzbeispielen geben die auf 从 oder在 folgenden Substantive wie我，李大夫， 妹妹 usw. eigentlich keinen Ort im Sinne ihrer eigentlichen Wortbedeutung an. Deshalb ist hier ein ortskennzeichnender Zusatz wie这里 oder那里 erforderlich. Für这里 und 那里 gelten dabei im einzelnen folgende Verwendungsregeln:
这里 wird verwendet, wenn sich die Ortangabe mit dem Standort des Sprechers identisch ist bzw. sich an dessen Standort befindet („hier").
那里 wird hingegen verwendet, wenn die Ortsangabe vom Standort des Sprechers entfernt ist („dort").

2. Einige wichtige Attributskonstruktionen im Chinesischen

Strukturell zeichnen sich Attribute u.a. dadurch aus, dass es sich bei ihnen in der Regel um einen Substantiv oder einer Substantivgruppe als untergeordneten Satzteil handelt, also um eher „indirekte" Satzteile. So sind in einem Satz wie *Das größere Haus befindet sich an/auf der gegenüberliegenden Straßenseite* die Wörter *größere* und *gegenüber liegenden* Attribute zu ihren jeweiligen Hauptteilen *Haus* und *Straßenseite*. Letztere kann man terminologisch auch als „Nuklei" (Kernteile) bezeichnen.

Diese Nuklei bilden mit ihren jeweiligen Attributen eigenständige Wortgruppen in einem Satz und sind dann nur als solche Wortgruppen insgesamt jene Satzteile, die als Subjekt, Objekt, usw. fungieren.

Attribute können auch entfallen, so dass dann nur der jeweilige Nukleus (Kernteil) in der Regel als einzelnes Wort als Subjekt, Objekt, usw. fungiert.

Attribute in diesem Sinne sind im Chinesischen z.B. Possessivkonstruktionen, Mengenangaben mit Zahlwort und Zähleinheitswort, Demonstrativpronomen mit nachfolgenden Zähleinheitswort und Substantiv sowie ganze Sätze, die im Deutschen als Relativsätze auftreten und ihrem nominalen Nukleus jeweils nachgestellt werden. Auch Genitivkonstruktionen wie in *das Haus des Vaters* sind im Grunde genommen Attribute, wobei *des Vaters* das dem nominalen Nukleus *Das Haus* untergeordnete Attribut ist.

Im Chinesischen wird zwischen Attribut und seinem nominalen Nukleus in der Regel die attributskennzeichnende Partikel 的 eingeschoben.

Die folgenden chinesischen Satzbeispiele enthalten z.B. solche Satzeile, die im Deutschen als Possessiv- oder Gentivkonstruktionen wiedergegeben werden müssten:

(5) 他的书在图书馆。   *Sein Buch ist in der Bibliothek.*

(6) 哥哥的自行车坏了。   *Das Fahrrad (meines) älteren Bruders ist kaputt gegangen.*

(7) 张老师的学生已经走。   *Die Schüler von Lehrer Zhang sind schon fort.*

(8) 中国是我祖国。   *China ist meine Heimat/mein Vaterland.*

(9) 我哥哥在家。   *Mein älterer Bruder ist zu Hause.*

In den Satzbeispielen (5) – (7) findet sich die strukturelle Attributpartikel 的 zwischen eigentlichem Attribut und nominalen Nukleus, wobei die entsprechenden deutschen Satzteiläquivalente entweder als Possessiv- oder Genitivkonstruktionen wiedergegeben werden.

Im Falle der Satzbeispiele (8) und (9) fehlt 的 aber ganz, weil es sich hier entweder um enge, unauflösbare Verwandtschaftsbeziehungen oder Angaben über den Herkunftsort, Heimatland usw. handelt. An Stelle der letzteren können z.B. auch Bezeichnungen für Institutionen wie 学校 („Schule") u.a. in besonderen Fällen stehen.

In den folgenden Beispielsätzen finden sich Mengenangaben und Konstruktionen mit Demonstrativpronomen als Attribute:

---

(10) <u>这 种句型</u>没有主语。   *Bei diesen Arten von Satzmustern gibt es kein Subjekt.*
(11) <u>这本书</u>不好。   *Dieses Buch ist gut.*
(12) <u>那本还很有意思的书</u> 没有了。   *Jenes interessante Buch gibt es nicht mehr.*
(13) <u>这两个人</u>来了。   *Es sind diese beiden Leute gekommen.*
(14) <u>两个人</u>来了。   *Zwei Leute sind da/gekommen.*

Ob der unterstrichene Satzteil in (11) in Bezug auf 这本 wirklich als Attribut aufge-fasst werden kann, sei dahingestellt. Ganz sicher ist das aber in (10), (13) und (14) der Fall.

Im Satzbeispiel 12 hingegen finden wir ein recht komplexes, aus mehreren Worttei-len bestehendes Attribut vor. In solchen Fällen muss zwingend die Attributpartikel 的 zwischen dem eigentlichen Attribut und seinem nominalen Nukleus stehen.

Schließlich können noch ganze Teilsätze als Attribut mit der Partikel的 vor einem nominalen Nukleus wie in den folgenden Satzbeispielen stehen:

(15) 在德国，<u>学习汉语的学生</u> 比较少。
In Deutschland gibt es relativ wenige Studenten, die Chinesisch studieren.

(16) <u>今天 来的人</u>不多。
Heute sind es nur wenige Menschen, die gekommen sind.

(17) 这是<u>主席给你写的信</u>。
Das ist der Brief, den die Vorsitzende für dich geschrieben hat.

(18) <u>昨天来的</u>学生今天很累。
Die Studenten, die gestern gekommen sind, sind heute müde.

(19) 今年我们没有<u>从大学毕业的学生</u>。
Dieses Jahr haben wir keine Studenten, die (bereits) ein Studium abgeschlossen haben.

(20) 在这里有很多<u>从大学毕业的博士</u>。
Hier gibt es viele, die ihr Studium mit einem Doktorgrad abgeschlossen haben.

> In den obigen Satzbeispielen (15) – (20) zeigt sich, dass die Attribute vor 的 in Bezug auf ihren jeweiligen nominalen Nukleus im Deutschen eigentlich immer als Relativ-sätze wiederzugeben sind, die ihrem jeweiligen Nukleus in der Regel folgen, wäh-rend sie im Chinesischen immer vor ihrem jeweiligen nominalen Nukleus stehen.

3. Adverbiale Beifügungen
Adverbialbestimmungen wie solche der Art und Weise stehen im Chinesischen im-mer vor dem betreffenden Verb oder Adjektiv in satzprädikativer Funktion. Im Chi-nesischen können Adjektive, eigentliche Adverbien, Zeit- und Ortsangaben, z. T. als präpositionale Wortgruppen, vorkommen.

(21) 他<u>常</u>去我家看妹妹。   *Er kommt oft zu mir nach Hause, um meine jüngere Schwes-ter zu sehen.*
(22) 你们<u>快</u>来!   *Kommt schnell!*

(23) 她八点去工作。   *Sie geht im acht Uhr zur Arbeit.*
(24) 我妹妹在大学工作。   *Meine jüngere Schwester arbeitet an der Universität.*
(25) 昨天有一点冷。   *Gestern war es (leider) nicht so kalt.*

In den chinesischen Satzbeispielen oben sind die jeweiligen Adverbialbestimmungen fett markiert und unterstrichen. In (21) ist 常 („oft") ein genuines Adverb, 快 („schnell") ein Adjektiv, und in (23) und (24) haben wir jeweils eine Zeit- bzw. Ortsangabe in adverbialer Verwendung vor uns. Auch 有一点 („ein wenig") ist hier ein Adverb, das in seiner Verwendung einen leichten Unterton der Unzufriedenheit ausdrückt.

Komplemente

Die nachfolgend beschriebenen Komplemente des Grades, des Ergebnisses, der Richtung und der Möglichkeit werden hier als untergeordnete Satzteile verstanden, die Komplemente der Quantität, Häufigkeit und Dauer hingegen als eigenständige Satzteile.

Komplemente sind eine besondere Einheit von Satzteilen im Chinesischen, die in der Regel dem Satzprädikat nachgestellt und oft durch die Partikel 得 von dem Satzprädikat und dem eigentlichen Komplement abgetrennt werden.

1. Das Komplement des Grades

Das Komplement des Grades hat die Funktion einer Zustandsbeschreibung, indem es den aus einer Handlung folgenden Zustand, ein Urteil des Sprechers über die Qualität eines Handlungsergebnisses oder das Ausmaß einer Handlung angibt.

(1) 他说得很清楚。   *Er spricht sehr deutlich.*
(2) 你说得我更糊涂。   *Was du (da) sagst, macht mich eher konfus.*
(3) 他累得倒下了。   *Er war so müde, dass er umfiel.*

Komplemente des Grades können Adjektive mit oder ohne 很, Adverbien, Verben, idiomatische Ausdrücke oder ganze Teilsätze sein.
Die einfachste Struktur eines Satzprädikats mit einem Komplement des Grades ist:

Adjektiv/Verb + 得 + Komplement

Vergleichen Sie dazu die Satzbeispiele unten:

(4) 他唱得很好。   *Er singt gut.*
(5) 他说得特别好。   *Er spricht besonders gut.*
(6) 他工作得很快。   *Er arbeitet schnell.*

(7) 昨天 我吃得太多了, 所以今天我不舒服。
    Gestern habe ich zu viel gegessen, daher fühle ich mich heute nicht so wohl.
(8) 你长得高高的!   *Du bist groß geworden (gewachsen)!*
(9) 今天他打扮得漂漂亮亮的。 *Heute ist er schön angezogen.*

Beachten Sie bitte die strukturell-grammatisch unterschiedlichen Teile, die als Komplemente des Grades in den obigen chinesischen Satzbeispielen nach der Partikel 得 vorkommen können.

Enthält ein chinesischer Satz mit einem Komplement des Grades jedoch ein Objekt oder ein verbales Satzprädikat, das aus einem sogenannten „Verb-Objekt-Komplex" (wie z. B. in吃饭 („essen-Essen") besteht, gilt folgendes Bildungsmuster:

Verb + Objekt + Verb + 得 + Komplement des Grades

Das vor dem Satzobjekt stehende verbale Satzprädikat wird nach dem Objekt und vor得 + Komplement des Grades dann wiederholt.

Schauen Sie sich dazu bitte die folgenden Satzbeispiele weiter unten an:

(10) 他吃饭吃得太多。   *Er aß heute zu viel..*
(11) 你说汉语说得很好。   *Du sprichst gut Chinesisch.*
(12) 她吹牛得谁都不喜欢她。   *Sie ist so aufgeblasen, dass niemand sie mag.*

Auch einige als eher idiomatisch anzusehende Ausdrücke wie得厉害，得多，不得了，得很 unterliegen diesem Bildungsmuster.
Die **Negation** von Komplementen des Grades kann erfolgen, indem auf die Partikel 得 das Negationsadverb 不 vor dem eigentlichen Komplement des Grades folgt. Wenn es sich bei dem Komplement des Grades um verbale oder idiomatische Ausdrücke handelt, wird mit 没 vor dem eigentlichen Satzprädikat verneint, und falls ein 了 in der entsprechenden bejahenden Satzaussage steht, wird dieses eliminiert. Das Gleiche gilt auch, wenn das Komplement des Grade strukturell aus einem Teilsatz besteht.

Sehen Sie sich dazu die nachfolgenden Satzbeispiele bitte genau an:

(13) 他们说得不好。   *Sie sprechen nicht (so) gut.*
(14) 他说德语说得不太好。   *Er spricht nicht so gut Deutsch.*
(15) 他没有跑得喘不上起来。
Er ist nicht so stark gerannt, dass er (jetzt) außer Atem ist.
(16) 他没说得我更糊涂。
Er hat nicht so gesprochen, dass mich das konfus gemacht hätte.

Beachten Sie bitte, dass in (13) – (14) die Verneinungspartikel 不 innerhalb des Komplement-Komplexes erfolgt und damit ausgesagt wird, dass das Handlungsergebnis in seinem Ausmaß als negativ betrachtet wird.

In den Satzbeispielen (15) und (16) hingegen wird hingegen nicht das Komplement des Grades als solches verneint, sondern das eigentliche Satzprädikat vor dem Komplement des Grades. Ausgesagt werden soll damit, dass die durch das Satzprädikat bezeichnete Handlung nicht stattgefunden hat und damit das durch das Komplement des Grades bezeichnete Ausmaß der Handlung nicht eingetreten ist.

Im ersten Fall wird also aus der Perspektive des Gradkomplements verneint, während das Satzprädikat weiterhin affirmativ (bejahend) ist. Im zweiten Fall wird aus der Perspektive des Satzprädikats verneint, während das Komplement des Grades unverändert seinen affirmativen Charakter auch strukturell behält (vgl. Satzbeispiel (16)).

Fragesatzformen in chinesischen Sätzen mit einem Komplement des Grades können grundsätzlich mit der Fragesatzpartikel 吗 oder V-不-V gebildet werden:

(17) 他说得好吗？　　　　　　　*Spricht er gut?*
(18) 他说得好不好？　　　　　　*Spricht er gut (oder nicht)?*

In den beiden chinesischen Satzbeispielen oben erfolgt die Frage nicht aus der Perspektive des Satzprädikats, sondern aus der Perspektive desjenigen Satzteiles, der das Gradkomplement selbst ausmacht. Es wird also z.B. in (18) nicht gefragt, ob er spricht oder nicht, sondern ob er *gut oder nicht* spricht.

In den nachfolgenden Satzbeispielen wird hingegen aus der Perspektive des Satzprädikats in Sätzen mit Gradkomplementen gefragt:

(19) 他跑得喘不上起来，　是不是？
Ist er (wirklich) so schnell gerannt, dass er außer Atem ist?

(20) 他是不是笑得前仰后合？
Hat er sich nicht vor lauter Lachen geschüttelt?

(21) 天气冷得谁不想出去，　是不是？
Ist das Wetter heute nicht so kalt, dass niemand hinausgehen möchte?

In den Satzbeispielen oben wird die Wendung是不是 („richtig oder nicht?") verwandt, was darauf hindeutet, dass bei dieser Frage aus der Perspektive des Satzprädikats in einem chinesischen Satz mit Gradkomplement nach dem Wahrheitsgehalt des durch den eigentlichen Satz mit Gradkomplement gefragt wird und nicht, ob das durch das Gradkomplemente ausgedrückte Ausmaß der Handlung negativ ist oder nicht. In (19) wird z. B. nicht gefragt, ob jemand außer Atem ist oder nicht (Inhalt des Gradkomplements dort), sondern ob er so schnell gerannt ist, dass er außer Atem ist.

Wie im Falle der Negation müssen auch bei Fragesätzen mit Gradkomplementen beide Perspektiven strikt auseinandergehalten werden, weil sich dies auch entsprechend in den jeweilig anzuwendenden strukturellen Bildungsmustern niederschlägt.

Beachten Sie bitte auch, dass 是不是 Nachsatz zu einem Gesamtsatz mit Gradkomplement wie in (19) und (21) oder wie in (20) auch vor dem eigentlichen Satzprädikat stehen kann.

Wann Gradkomplemente angewendet werden
Die folgenden Satzbeispiele zeigen, dass im Chinesischen Gradkomplemente u. a. dann angewendet werden und vorkommen, wenn z.B. das Ausmaß einer Handlung in Bezug auf Qualität, Verhalten, Erscheinung, Quantität, Zeit, Häufigkeit oder Dau-

er bezeichnet werden soll. Die in dem Gradkomplement selbst gemachten Aussagen erfolgen aus der *Perspektive der subjektiven Sprecherwertung*.

Sehen Sie sich dazu bitte die untenstehenden Satzbeispiele genauer an:

(22) 他说<u>得很清楚</u>。   *Er spricht sehr deutlich*[1]
(23) 他说<u>得非常不客气</u>。   *Er spricht nicht sehr höflich.*[2]
(24) 为什么你学<u>得不太用功</u>？   *Warum lernst du nicht fleißig?*[3]
(25) 张先生长<u>得又高又瘦</u>。   *Herr Zhang ist groß und dünn gewachsen.*[4]
(26) 我做饭做<u>得不够</u>。   *Ich habe nicht genug Essen gemacht.*[5]
(27) 他们等<u>得太久了</u>。   *Sie haben viel zu lange gewartet.*[6]

Des Weiteren werden Gradkomplemente auch dann verwendet, wenn:
 - der Zustand von jemanden oder etwas, der durch die Handlung herbeigeführt wurde, bezeichnet werden soll;
 - wenn der akute Zustand einer eher schlimmen Situation ausgedrückt werden soll.

Bitte sehen Sie sich dazu die unten angeführten chinesischen Satzbeispiele genauer an:

(28) 他病<u>得不能来上课了</u>。
Er war so krank, dass er nicht zum Unterricht kommen konnte.

In dem ausgedrückten Satzzusammenhang signalisiert die Verwendung von „得" hier sehr schön, dass man im Deutschen hier mit „so" übersetzen müsste, um den durch die Verwendung des Gradkomplementes im chinesischen Satzbeispiel signalisierten Sinn richtig auszudrücken. Das Gradkomplement signalisiert hier eindeutig, dass „er **so** krank war" und deshalb am Unterricht nicht teilnehmen konnte.

(29) 他写<u>得手都酸</u>。   *Er schrieb (so viel), dass ihm die Hände wehtaten.*

Hier soll ausgedrückt werden, dass seine Hände weh taten, weil er soviel oder so lange geschrieben hatte.

(30) 他饿<u>得昏过去了</u>。   *Er war so hungrig, dass er bewusstlos wurde.*
„Er wurde bewusstlos" beschreibt hier das Ausmaß, wie hungrig er tatsächlich war.

(31) 天气冷得谁都不想出去。
Das Wetter war so kalt, dass niemand hinausgehen wollte.

„Niemand wollte hinausgehen" als Gradkomplement beschreibt hier, wie kalt es wirklich aus der Sicht des Sprechers tatsächlich draußen war.

---

[1] Satzbeispiel für die Qualität des Ausmaßes einer Handlung.
[2] Satzbeispiel für Verhaltensbeschreibung im Ausmaß einer Handlung.
[3] Wie Anm. 2.
[4] Satzbeispiel für das äußere Erscheinungsbild, das durch ein Gradkomplement beschrieben werden kann.
[5] Satzbeispiel für den Ausdruck von Quantität im Handlungsausmaß; auch die Häufigkeit einer Handlung kann mit einem Gradkomplement bezeichnet werden.
[6] Satzbeispiel für die Dauer im Ausmaß einer Handlung.

2. Ergebniskomplemente

Welche Bedeutung und welche Funktion Ergebniskomplemente im Chinesischen haben können, können wir uns einmal grundsätzlich an einem Verb der physisch-visuellen Wahrnehmung wie 看 im Chinesischen verdeutlichen: Wenn ich irgendwohin schaue, dann ist das Ergebnis dieses Schauens, dass ich etwas sehe, also visuell wahrnehme. 看 bezeichnet im Chinesischen sehr allgemein diesen Vorgang der visuellen Wahrnehmung, der auch neben „schauen" z.B. auch „lesen" beinhalten kann:

(1) 看见 - sehen
(2) 看书 - lesen
(3) 看懂 - verstehen (was man liest)

Ergebniskomplemente dienen im Chinesischen u.a. der Disambiguierung vieldeutiger Wortbedeutungen.

> Strukturell steht das Ergebniskomplement direkt nach dem verbalen Satzprädikat und kann von diesem auch nicht durch Einfügung weiterer Elemente von diesem getrennt werden.

(4) 他看见我了。   *Er hat mich gesehen.*

见 („wahrnehmen") ist hier das Ergebniskomplement, das direkt hinter 看 steht. Die perfektive Aspektpartikel 了 steht nach dem Objekt 我 am Satzende.

Wenn das Objekt durch weitere Zusätze wie z.B. Attribute erweitert ist zu einer eigenständigen Wortgruppe im Satz, wird es dann oft an den Satzanfang gestellt:

(5) 那个事情我做完了。   *Diese Angelegenheit habe ich abgeschlossen.*

Es folgen nun einige Satzbeispiele für die Verwendung von Ergebniskomplementen in verschiedenen Satzarten.

V+ Komplement + 了

(6) 他吃完了。   *Er hat aufgegessen.*

V + Komplement + Objekt + 了

(7) 我们吃完饭了。   *Ich habe (das Mahl) aufgegessen.*

Erweitertes Objekt + Subjekt + V + Komplement + 了
(7a) 那个问题我回答对了。   *Jene Frage habe ich richtig beantwortet.*

不+ V + Komplement
(8) 我不做完作业就不睡觉。
Wenn ich meine Schularbeiten nicht erledigt habe, gehe ich nicht zu Bett.
(Verneinung mit 不 im Falle eines Bedingungssatzes, der sinngemäß mit „wenn" zu ergänzen ist)

没 + V + Komplement

(9) 我<u>没做完</u>作业。   *Ich habe meine Hausaufgaben (noch) nicht fertig gemacht.*

(Verneinung mit 没 oder 没有 als normale Satzaussage im Indikativ).

Subjekt + V + Komplement + Objekt + 吗

(10) 你<u>做完</u>作业了<u>吗</u>?   *Hast du deine Hausaufgaben (schon) fertig gemacht?*

Subjekt + V + Komplement + Objekt + 没有

(11) 你<u>做完</u>作业了<u>没有</u>?   *Hast du deine Hausaufgaben (schon) fertig gemacht?*

Als mögliche Antworten können gegeben werden:

V + Komplement + 了

(11a) <u>做完了</u>。   *Ja.*

没有 + V + Komplement

(11b) <u>没做完</u>。   *Nein.*

In chinesischen Sätzen mit 把-Objekt kommen Ergebniskomplemente oft als Zusätze zum verbalen Satzprädikat am Satzende vor:

Subjekt + 把 + Objekt + V (Satzprädikat) + Komplement

(12) 他<u>把</u>我的门<u>修好</u>了。   *Er hat meine Tür repariert.*

Eine Reparatur hat den Zweck, dass das Reparierte wieder funktionieren soll. 好 als Ergebniskomplement drückt hier aus, dass der Vorgang des Reparierens (修) erfolgreich war und das Reparierte (in unserem Satzbeispiel *meine Tür*) nun wieder funktioniert.

(13) 他<u>把</u>今天的作业<u>做完</u>了。   *Er hat seine Hausaufgaben von heute erledigt.*

Das erwünschte Ergebnis des Hausaufgabenmachens ist deren vollendete Erledigung. 完 („vollenden", „abschließen") deutet hier die Vollendung des Hausaufgabenmachens (做作业) an.

Einige typische Beispiele für Adjektive, die als Ergebniskomplemente in chinesischen Sätzen auftreten können, sind:

Komplement	Beispiele	Komplement	Beispiele
对 (richtig)，错 (falsch)	回答对 – richtig antworten 回答错 – falsch antworten	好 (1. erledigt haben, 2. gut gemacht haben)	作好 – erledigt haben 写好 - das

100

			Schreiben ab-geschlossen haben 睡好 - gut geschlafen haben
坏 (1. schlecht, 2. zerbrochen, kaputt)	弄坏 – zerbrechen, kaputt machen	饱 (voll, satt)	吃饱 - satt essen, satt sein nach dem Essen
清楚 (klar, deutlich)	看清楚 - klar/deutlich sehen 听清楚 - deutlich hören 说清楚 - deutlich sprechen		

Und hier noch einige weitere Beispiele von Verben, die als Ergebniskomplemente vorkommen können:

Komplement	Beispiele	Komplement	Beispiele
完 (Abschluss einer Handlung)	看完 – zu Ende lesen, auslesen 说完 – zu Ende sprechen 学完 - das Studium abschließen 做完 - zu Ende machen	到 (1. eine Handlung hat das erwartete Resultat erreicht, 2. erreichen, ankommen)	走到 – sehen (1)[7] 学到 – hören (1) 看到 - lesen, wach sein bis… (2) 睡到 – schlafen bis… (2) 走到 – gehen bis…. (2)
着 [zháo] (eine Handlung hat das erwartete	找着 – finden (synonym mit 找到)	住 (als Handlungsergebnis ver-	记住 – erinnern, auswendig lernen,

---

[7] (1) und (2) hinter den jeweiligen Einträgen weist auf den in der deutschen Übersetzung angegebenen Wortsinn des Ergebniskomplementes 到 hin.

Handlungser-gebnis erreicht)	睡着 - ein-schlafen, in den Schlaf fallen	*bleibt etwas an seiner Stelle)*	im Gedächt-nis behalten 拿住 - etwas an seiner Stel-le (in den Händen) hal-ten
见 *(wahrneh-men)*	看见 - sehen 听见 - hören 碰见 – begeg-nen, treffen auf 遇见 - treffen auf, begegnen	懂 *(verstehen, begreifen)*	看懂 – das Gelesene verstehen 听懂- das Ge-hörte verstehen

Und hier noch einige weitere Beispiele von Verben, die als Ergebniskomplemente vorkommen können:

Komplement	Beispiele	Komplement	Beispiele
完 *(Abschluss einer Hand-lung)*	看完 – zu En-de lesen, aus-lesen 说完 – zu En-de sprechen 学完 - das Studium abschließen 做完 - zu En-de machen	到 *(1. eine Handlung hat das erwartete Resultat er-reicht, 2. errei-chen, ankom-men)*	走到 – sehen (1)[8] 学到 – hören (1) 看到 - lesen, wach sein bis... (2) 睡到 – schla-fen bis... (2) 走到 – gehen bis.... (2)
着 **[zháo]** *(eine Hand-lung hat das erwartete Handlungser-gebnis er-reicht)*	找着 – finden (synonym mit 找 到) 睡着 - ein-schlafen, in den Schlaf fallen	住 *(als Handlungser-gebnis ver-bleibt etwas an seiner Stelle)*	记住 – erin-nern, auswendig lernen, im Gedächt-nis behalten 拿住 - etwas an seiner Stel-

---

[8] (1) und (2) hinter den jeweiligen Einträgen weist auf den in der deutschen Übersetzung angegebenen Wortsinn des Ergebniskomplementes 到 hin.

			le (in den Händen) halten
见 *(wahrnehmen)*	看见 - sehen 听见 - hören 碰见 – begegnen, treffen auf 遇见 - treffen auf, begegnen	懂 *(verstehen, begreifen)*	看懂 – das Gelesene verstehen 听懂 - das Gehörte verstehen

Weitere Beispiele sind außerdem:

Komple-ment	Beispiele	Komple-ment	Beispiele
开 *(Öffnen als Handlungs-ergebnis)*	打开 – öffnen und geöffnet/offen sein 开开 – öffnen und geöffnet/offen sein	会 *(durch Lernen etwas können/beherr-schen)*	学会 – lernen und etwas beherrschen
在 *(als Ergebnis einer Handlung sich an einer Stelle befinden)*	放在 – an... hinlegen 住在 – wohnen in... 站在 – stehen an/in... 坐在 – sitzen auf... 写在 – schreiben an/auf....	给 *(als Handlungs-ergebnis der Empfänger)*	送给 – dem ... geben 寄给 - an... senden/schicken 借给 - leihen an.... 卖给 – dem... verkaufen
成 *(1. werden zu, 2. als, in das/dem/den)*	翻译成 – übersetzen/dolmetschen in(s)... 变成 - in... verändern 看成 - erkennen als..., auffassen als... 听成 - hören als.....	作 *(als)*	看作 - ansehen/auffassen als... 当作 - auffassen als..., arbeiten als...

	写成 - schreiben als....		
走 *(weg)*	拿走 - wegnehmen 搬走 - fortbewegen, weg bewegen 送走 - verabschieden	死 *(Tod)*	累死 - extrem müde/totmüde sein 热死 - extrem heiß, todheiß sein 饿死 - extrem hungrig/tothungrig sein

3. Richtungskomplemente

Ähnlich wie bei Grad- und Ergebniskomplementen handelt es sich bei Komplementen der Richtung um Zusätze zum Satzprädikat, die verschiedenen Bildungsregeln in den jeweiligen Satzmustern der Verneinung und der Frage unterliegen.

Im Falle der Richtungskomplemente sind die jeweiligen Satzprädikate von der Wortbedeutung her Bewegungsverben wie „erreichen", „gehen", „kommen", „aufsteigen", „absteigen", usw., die in Richtung auf den Standort des Sprechers hin oder vom Standort des Sprechers weg durch Richtungskomplemente weiter spezifiziert werden können („herkommen" vs. „hinkommen" z.B.):

(1) 他上来了。   *Er ist heraufgestiegen* [zum Sprecher hin]
(2) 他上去了。   *Er ist hinaufgestiegen* [vom Sprecher weg].

A. Einfache Richtungskomplemente

Die sind strukturell solche, die wie in den Beispielsätzen (1) und (2) aus einem einzigen Komplement-Zusatz wie 来 und 去 bestehen.

Die folgende Tabelle gibt eine Übersicht über die jeweiligen Kombinationsmöglichkeiten von Bewegungsverben und Richtungskomplementen:

Bewegungsverben	上 *Nach oben gehn*	下 *Nach unten gehn*	进 *eintreten*	出 *Nach draußen gehen*	回 *Zurückkehren*	过 *Vorbeigehen, überqueren*	起 *Sich aufrichten*	到 *Ankommen*
Komplement来 *(zum Sprecher hin)*	上来	下来	进来	出来	回去	过来	起来	到来
Komplement去 *(vom Sprecher weg)*	上去	下去	进去	出去	回来	过去	起去[9]	到去

[9] Theoretisch möglich, in der Praxis aber kaum verwendet.

Es folgen nun einige Satzbeispiele, die die Verwendung dieser oben angeführten Richtungskomplemente verdeutlichen sollen:

(3) 我在楼上，请你上来。   *Ich bin(hier) oben, bitte komm nach oben.*

(4) 你想不想上去看看？   *Möchtest du nicht nach oben gehen, um einmal nachzuschauen?*

(5) 他在楼上。我叫他下来。   *Er ist oben. Ich rufe ihn, damit er herunterkommt.*

(6)请你下去。   *Bitte geh nach unten.*

(7) 进来!   *Bitte kommen Sie herein!*

(8) 我们快进去吧。   *Lasst uns schnell hineingehen!*

(9)请你出来。   *Bitte komm heraus!*

(10) 他 出去了。   *Er ging hinaus.*

(11) 我明天回来。   *Morgen komme ich wieder (nach hier) zurück.*

(12) 今年他回去。   *Nächstes Jahr kehrt er in seine Heimat zurück.*

(13) 我想过去看看。   *Ich möchte nach drüben gehen, um mir das mal anzuschauen.*

(14) 过来看看这个汽车。   *Komm hier rüber und schau dir mal dieses Auto an.*

(15) 已经八点了。快起来吧!   *Es ist schon 8 Uhr. Steh schnell auf!*

(16) 欢迎你到上海来!   *Ein herzliches Willkommen für Sie hier in Shanghai!*

(17) 我很想到中国去。   *Ich möchte gerne nach China reisen.*

In den Sätzen (16) und (17) finden wir schon eine erste zusätzliche Bildungsregel: Die jeweilige Ortsangabe 上海 und 中国 stehen zwischen dem jeweiligen Bewegungsverb und dem ihm folgenden Richtungskomplement, werden also dazwischen eingeschoben.

Des weiteren können Richtungskomplemente in Zusammenhang mit einigen anderen verbalen Satzprädikaten wie 拿，带，送，寄 und 搬 vorkommen, deren Wortbedeutung nahelegt, dass das betroffene Handlungsobjekt durch die durch das Verb bezeichnete Handlung in seiner gegenwärtigen Lage verändert wird:

---

(18) 他拿来这本书给我。   *Er nimmt sich das Buch und gibt es mir.*

(19) 这个桌子请你给我带来。   *Bitte bring mir diesen Tisch (nach Hause).*

(20) 今天妹妹给我送来五百块钱。   *Heute gibt mir meine jüngere Schwester 500 Yuan.*

(21) 下个月我给哥哥送去三百块钱。   *Diesen Monat schicke ich meinem älteren Bruder 300 Yuan.*

(22) 四楼搬来一家中国人。   *Im vierten Stock (oben) ist eine chinesische Familie eingezogen.*

B. Einfache Richtungskomplemente und Wortstellung von direkten Objekten und 了 im Satz

a) In Sätzen mit Richtungskomplement, in denen eine bereits abgeschlossene Handlung ausgedrückt werden soll und in denen kein weiteres Objekt vorkommt, steht die perfektive Aspektpartikel 了 am Satzende:

(23) 他已经回来了。   *Er ist schon zurückgekehrt.*

b) In Sätzen mit Richtungskomplement, in denen eine bereits abgeschlossene Handlung ausgedrückt wird und in denen das Objekt ein Ortsnomen ist, wird das Objekt zwischen verbales Satzprädikat und Richtungskomplement gestellt (eingeschoben), wobei sich 了 ebenfalls am Satzende befindet.

(24) 我进<u>城</u>去了。   *Ich bin in die Stadt gegangen.*

c) In Sätzen mit Richtungskomplement, in denen eine bereits abgeschlossene Handlung ausgedrückt werden soll und in denen das Objekt kein Ortsnomen ist, wird das Objekt dem Richtungskomplement nachgestellt (eingeschoben), wobei 了 dann direkt auf das Richtungskomplement folgt.

(25) 我给他<u>带去了</u> 几本小说。   *Ich habe ihm einige Romane mitgebracht.*

C. Zusammengesetzte Richtungskomplemente
Zusammengesetzte Richtungskomplemente kommen oft z. B. in Zusammenhang mit verbalen Satzprädikaten vor, die wie die in den Satzbeispielen (18) – (22) nicht direkt Bewegungsverben sind.

Die Kombinationsmöglichkeiten von zusammengesetzten Richtungskomplementen gehen aus der folgenden Tabelle hervor:

Verben wie 搬 (bewegen, umzie-hen), 拿 (nehmen, brin-gen), 送 (liefern, tragen, beglei-ten), 走 (zu Fuß gehen), 跑 (ren-nen) +								
	上来	下来	进来	出来	回来	过来	起来	到。。来
	上去	下去	进去	出去	回去	过去		到。。去

Im Folgenden einige Satzbeispiele:
(26) 我们还没<u>搬进去</u>。   *Wir sind noch nicht umgezogen.*
(27) 他<u>拿出来</u>一本书。   *Er nahm ein Buch heraus.*
(28) 小王<u>跑过来</u>帮我拿 行李。   *Xiao Wag kam herübergerannt, um mir beim Tragen des Koffers zu helfen.*

> Es folgen nun wieder einige Wortstellungsregeln von Objekten und der Aspektpartikel im Satz in Zusammenhang mit zusammengesetzten Richtungskomplementen:

a) In Sätzen mit zusammengesetzten Richtungskomplement, in denen eine bereits abgeschlossene Handlung ausgedrückt werden soll und in denen das Objekt ein Ortsnomen bezeichnet, wird dieses zwischen den ersten und zweiten Teil des zusammengesetzten Richtungskomplements eingefügt; die perfektive Aspektpartikel 了 steht dann am Satzende:

(29) 李先生<u>搬</u>回<u>北京</u><u>去</u><u>了</u>。   *Herr Li ist nach Peking zurückgezogen.*

b) In Sätzen mit zusammengesetzten Richtungskomplement, in denen eine bereits abgeschlossene Handlung ausgedrückt werden soll und in denen das Objekt kein Ortsnomen, sondern ein solches mit unbestimmter Referenz ist, wird das Objekt dem verbalen Satzprädikat und Richtungskomplement nachgestellt. 了 wird in diesen Sätzen normalerweise nicht verwendet.

(30) 他们<u>搬</u><u>进去</u><u>一个大箱子</u>。   *Sie bewegten eine große Kiste nach drinnen.*

c) In Sätzen mit zusammengesetzten Richtungskomplementen und mit 把 werden Objekte mit ihnen vorangestelltem 把 wie sonst auch dem Satzprädikat und damit auch dem zusammengesetzten Richtungskomplement vorangestellt. Soll eine abge-

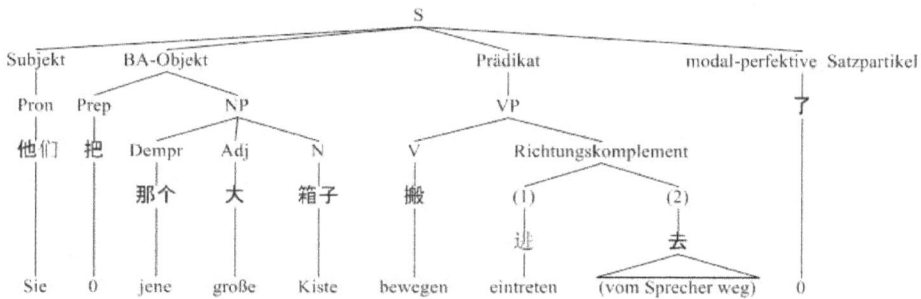

Baumstruktur:

Subjekt	BA-Objekt			Prädikat		modal-perfektive Satzpartikel
Pron	Prep	NP		VP		了
		Dempr	Adj	N	V	Richtungskomplement
他们	把	那个	大	箱子	搬	(1) 进 / (2) 去
Sie	0	jene	große	Kiste	bewegen	eintreten / (vom Sprecher weg) / 0

schlossene Handlung ausgedrückt werden, steht 了 am Satzende.

Vergleichen Sie dazu bitte das folgende Satzbeispiel:

(31) 他们<u>把那个大箱子</u><u>搬</u><u>进去</u><u>了</u>。   *Sie hatten jene große Kiste nach innen bewegt.*

Nachfolgend wird Satzstruktur von (31) zum besseren Verständnis noch einmal in einer Baumstruktur dargestellt:

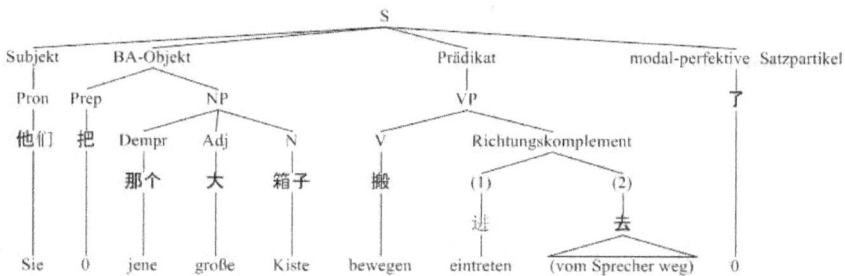

Subjekt	BA-Objekt			Prädikat		modal-perfektive Satzpartikel
Pron	Prep	NP		VP		了
		Dempr	Adj	N	V	Richtungskomplement
他们	把	那个	大	箱子	搬	(1) 进 / (2) 去
Sie	0	jene	große	Kiste	bewegen	eintreten / (vom Sprecher weg) / 0

D. Die Verwendung von Richtungskomplementen in übertragener Bedeutung

In Zusammenhang mit Verben der Bewegung und anderen Verben, die eine Veränderung der Lage eines betroffene Handlungsobjekts durch den Handlungsvollzug nahelegen, ist es sicher einsichtig, dass Richtungskomplemente in ihrer originären, wörtlichen Bedeutung einer jeweiligen Richtungsangabe aufzufassen sind.

Es gibt andererseits im Chinesischen auch Verwendungskontexte von Richtungskomplementen, die diese originäre, wörtliche Bedeutung von Richtungskomplementen nicht mehr bewahrt und damit quasi „abgestreift" haben. Ihre Bedeutung nennt man eine solche im *übertragenen* Sinne. Hinzu kommt, dass die einzelnen Teile eines zusammengesetzten Richtungskomplements – um solche handelt es sich hier in der Regel – nicht mehr in ihrer originären Bedeutung erkennbar sind und daher auch nicht mehr beliebig kombiniert werden können, sondern bezogen auf das zusammengesetzte Richtungskomplement als Ganzes eine neue, nicht mehr in die strukturellen Einzelteile aufzugliedernde, Bedeutung angenommen haben.

Dies wird auch an Hand der folgenden Beispiele und ihrer Verwendungskontexte sicher deutlich werden.

(32) 天气热**起来**了[10]。   *Das Wetter wird (jetzt) wärmer.*

> 起来 drückt hier den Beginn eines Zustandes aus. 起来 ist in diesem Zusammenhang auch nicht mehr in die Bedeutung seiner jeweils beiden Teile 起 und 来 zerlegbar, und nur das gesamte Komplement 起来 kann diese spezielle Bedeutungsnuance zum Ausdruck bringen; die ursprüngliche Bedeutung als Richtungskomplement im Sinne von „(sich) aufrichten (in Richtung zum Sprecher hin)" ist hier ebenfalls nicht mehr erkennbar.
>
> Eine weitere, durch 起来 ausgedrückte Bedeutungsnuance ist die des Andauerns oder der Fortsetzung einer Handlung oder eines Zustandes.
>
> Andere mögliche durch 起来 ausgedrückte Bedeutungsnuancen sind aus den folgenden Satzbeispielen ersichtlich:

(33) 我 **想起来**了， 他叫王大山， 对不对？
[Ergebnis einer Besinnung/des Nachdenkens]
Jetzt erinnere ich mich: er heißt Wang Dashan, richtig?

(34) 人只有**团结起来**， **组织起来**， 才可以做大事。
[Konzentration ursprünglich voneinander getrennter/verstreuter Dinge]
Nur wenn die Menschen sich zusammenschließen und organisieren, können sie große Dinge tun.

Weitere Richtungskomplemente in übertragener Bedeutungsverwendung sind z. B.:

---

[10] 了 deutet hier nicht perfektiven Aspekt, sondern die Veränderung eines Zustands (der neue Zustand des wärmeren Wetters) an.

Richtungskomple-ment	Bedeutung	Beispiel
下去	*Fortsetzung, Andauern einer Handlung oder eines Zustandes*	说下去 - weiterreden 练下去 – ständig/weiter-hin üben
出来	3. *Kenntlichmachung/werdung von etwas durch eine Hand-lung* 4. *Kenntnis haben, um etwas (richtig) zu tun*	看出来 – erscheinen als, erkennen (1) 听出来 – sich anhören wie… (1) 认出来 – wieder erken-nen (1) 回答出来 - (richtig) be-antworten (2)
上来	*Kenntnis haben, um etwas (richtig) zu tun*	回答上来 - (richtig) be-antworten
上	3. *feste Fixierung* 4. *einen Zweck beharrlich ver-folgen* 5. *Bestehen einer Aufnahme-prüfung*	关上窗户 – das Fenster schließen (1)[11] 穿上 – anziehen (Klei-dung) (1) 买上汽车 - ein Auto kau-fen (2) 吃上饭 - essen, ernäh-ren (2) 穿上衣服 – sich kleiden (2) 考上大学 – Aufnahme-prüfung für die Univer-sität bestehen (3)
下	*Aufnehmen, Tragen von et-was in einem statischen Zu-stand als Folge einer Hand-lung*	坐下 - hinsetzen 住下 – aufnehmen, be-herben

An Hand der oben angeführten Beispiele kann man auch erkennen, dass die Rich-tungskomplemente in übertragener Bedeutung in erster Linie in Zusammenhang mit solchen verbalen Satzprädikaten vorkommen, die keine Verben der Bewegung sind und/oder deren Wortbedeutung nicht nahelegt, dass das betroffene Hand-lungsobjekt in seiner Lage durch die Handlung verändert wird.

So können auch Adjektive in prädikativer Verwendung mit Richtungskomplemen-ten in übertragener Bedeutung vorkommen:

(35) = (32) 天气热起来了。 *Das Wetter wird (jetzt) wärmer.*

---

[11] Die Ziffern hinter den deutschen Bedeutungsangaben geben an, auf welche Bedeutungskontexte sich die jeweiligen Beispiele beziehen.

4. Komplement der Möglichkeit (Potentialis)

Mit dem Komplement der Möglichkeit wird ausgedrückt, dass eine Handlung aus-geführt werden *kann*, wobei das Komplement selber ein Verb oder Adjektiv sein kann.

> Ein Komplement der Möglichkeit wird gebildet, indem an das verbale Satzprädikat 得 angeschlossen wird (wie im Falle des Gradkomplements), worauf dann das Kom-plement selber folgt. Die Verneinung erfolgt, indem anstelle von 得 dann 不 steht:

(1) 今天我<u>做得完</u>作业。   *Heute kann ich meine Hausaufgaben zu Ende machen.*

(2) 昨天<u>做不完</u>作业。   *Gestern konnte ich meine Hausaufgaben nicht abschlie-ßen.*

Verben mit einem Komplement der Möglichkeit sind mit der Verwendung der Aspektpartikel 了 oder mit 把-Satzmuster nicht kompatibel, da die Verwendung des Komplements der Möglichkeit von der Bedeutung her den perfektiven Handlungs-aspekt sowie das in 把-Satzmuster vorzugsweise bezeichnete Handlungsergebnis potentiell ausschließt. Ebenso ist aus den gleichen Gründen der semantischen In-kompatibilität die Verwendung von Adverbien der Art 非常, 很, usw., nicht mög-lich.

Fragesätze können bei Komplementen der Möglichkeit mit 吗 am Satzende oder nach dem Muster

V+得+Komplement   V+ 不+Komplement

gebildet werden.

Sehen Sie sich dazu bitte die nachfolgenden Satzbeispiele etwas genauer an:

Affirmative Aussagen mit dem Komplement der Möglichkeit:
1. 今天的 工作不多，两点以前一定<u>干得完</u>。
Heute gibt es nicht viel zu tun, wir werden sicher vor zwei Uhr fertig.

     (4) 这个桌子不重，你一个人<u>搬得动</u>。
     Dieser Tisch ist nicht schwer, du kannst ihn alleine umstellen.

2. 我一定<u>考得上</u>大学。
Die Aufnahmeprüfung für die Universität werde ich sicher bestehen.

Negative Aussagen mit dem Komplement der Möglichkeit:
1. 这些汉字真难写，我总是[12]<u>写不好</u>。
Diese Zeichen sind schwer zu schreiben, ich kann sie nicht gut schreiben.

2. 我的汉德词典<u>找不着</u>了[13]。
Ich kann mein Chinesisch-Deutsches Wörterbuch nicht mehr finden.

---

[12] 总是 in der bejahenden Aussageform hat die Bedeutung von „immer"; im negativen Aussagemodus heißt es dann sinngemäß dann immer „niemals".

[13] 了 hier nicht als Perfektpartikel, sondern als modale Satzpartikel, die Zustandsveränderung signali-siert und hier sinngemäß mit „*(nicht) mehr*" zu übersetzen ist.

3. 喝了咖啡以后，我就<u>睡不着</u>觉了[14]。
 Nach dem Kaffeetrinken kann ich nicht mehr einschlafen.

Fragesatzmuster mit 吗:
(9) 昨天学十个汉字，你<u>记得住</u>吗？ *Gestern hast du 10 (neue) Schriftzeichen ge-*
lernt; kannst du (die alle) behalten/erinnern?
(10) 他一个人<u>吃得了</u>怎么多饭吗？ *Wie kann er alleine/als einzelner so viel essen?*
(11) 你<u>听得懂</u>吗？ *Kannst du (das Gehörte) verstehen?*

Fragesatzmuster mit V+得+Komplement   V+ 不+Komplement:
(12) 山很高，你<u>上得去上不去</u>？ *Der Berg ist hoch; kannst du ihn besteigen*
(oder nicht)?
(13) 你明天<u>来得了来不了</u>？ *Kannst du morgen kommen (oder nicht)?*
(14) 你<u>跑得快跑不快</u>？ *Kannst du schnell rennen (oder nicht)?*

> Eine Besonderheit ist, dass Komplemente der Möglichkeit auch in Verbindung mit dem Modalverb 能 („können") vorkommen können. Dadurch wird die Bedeutung des Möglichkeitskomplements aber nicht verändert.

(15) 这么多作业 你<u>能</u>做<u>得完</u>？ *Kannst du (denn) so viele Hausaufgaben erledi-*
gen?[15]

> In den strukturellen Bildungsmustern sind sich das Gradkomplement und das Komplement der Möglichkeit durch die Verwendung von 得 in beiden Fällen bei bejahenden Aussagen zwar ähnlich, aber der hauptsächlichste strukturelle Unterschied zwischen den beiden Bildungsmustern zeigt sich im Falle der Negation:
> a) Gradkomplement: V +得 +不….
> b) Komplement der Möglichkeit: V +不 …..

Vergleichen Sie dazu noch einmal folgende Satzbeispiele:

(16) 他把汉字写<u>得不</u>好。 *Die chinesischen Zeichen schreibt er nicht gut.*
(17) 汉字他写<u>不</u>好。 *Chinesische Zeichen kann er nicht gut schrei-*
ben.

Die Verwendung von Möglichkeitskomplementen in übertragener Bedeutung
Wie im Falle der im vorherigen Abschnitt behandelten Richtungskomplemente gibt es auch im Falle der Möglichkeitskomplemente die Verwendung in übertragener Bedeutung.

Die Verwendungskontexte und ihre jeweilige Bedeutung gehen aus der folgenden Tabelle hervor:

---

[14] Vgl. die vorhergehende Anmerkung.
[15] Im Sinne von „abschließen", „zu Ende machen".

Komplement	Bedeutung	Beispiele
V + 得	*Essbar, genießbar*	吃得 *- essbar sein*[16] 吃不得 *- nicht essbar sein*
得 **+** 了 **(liǎo)**	*Eine Handlung kann weitergeführt werden oder mit einem positiven Ergebnis abgeschlossen werden*	做得了 *- tun können* 干得了 *- machen können* 办得了 *- erledigen können* 去得了 *- gehen können* 来得了 *- kommen können* 走得了 *- fortgehen können* 到得了 *- ankommen, erreichen können* 拿得了 *- nehmen können* 搬得了 *- bewegen können* 喝得了 *- trinken können* 学得了 *- lernen können* 写得了 *- schreiben können* 看得了 *- lesen können* 听得了 *- hören können* 说得了 *- sprechen können*
谈+得 +来	*Miteinander auskommen können*	谈得来 *- miteinander auskommen können* 谈不来 *- nicht miteinander auskommen können*
得 +起	*Sich (etwas) leisten können*	买得起 *- kaufen können*
对+ 得+ 起	*(jmd.) nicht im Stich lassen*	对得起 *- nicht im Stich lassen* 对不起 *- im Stich lassen*[17]

---

[16] Verben müssen in diesem Falle immer einsilbig sein.
[17] Bedeutet auch den Ausdruck eines Bedauerns im Sinne von „Tut mit leid", „Entschuldigung".

Es folgen nun wieder einige Satzbeispiele, die Sie sich bitte genauer ansehen sollten:

(18) 这 种蘑菇吃得， 那种吃不得。 *Diese Pilze sind genießbar, jene nicht.*
(19) 这张画见不得光。 *Dieses (gemalte) Bild verträgt kein Licht* [kann nicht dem Licht ausgesetzt werden]
(20) 这种工作他做得了吗？ *Kann er (denn) diese Art von Arbeit machen/ erledigen?*
(21) 我吃不了这么多饭。 *Soviel Essen bekomme ich nicht hinunter.*
(22) 我跟他谈得来。 *Ich komme mit ihm aus.*
(23) 你们跟他谈不来。 *Ihr kommt mit ihm nicht aus.*
(24) 这个汽车太贵， 买不起。 *Dieses Auto ist zu teuer; ich kann es mir nicht leisten (ich kann mir den kauf nicht leisten).*
(25) 那个汽车便宜一点，买得起。 *Das Auto dort ist etwas billiger, das kann ich mir leisten.*
(26) 请你对得起！ *Bitte lass mich nicht im Stich!*

5. Komplemente der Quantität

Hierbei handelt es sich um Mengenangaben, die dem Satzprädikat nachgestellt werden und hinsichtlich ihrer Struktur durchaus unterschiedlich sein können. Folgende Fälle sollen hier besonders erwähnt und dargestellt werden:

1. Mengenangaben als Vergleich
In solchen Sätzen gibt es zwei Entitäten A und B, die hinsichtlich ihrer Menge verglichen werden, wobei A das Verglichene ist und B der Bezugmenge entspricht, in Bezug auf die hinsichtlich der Mengenangaben verglichen wird:

(1) 他家比我家多两口人。 *In seiner Familie gibt es zwei Leute/ Personen mehr als in meiner.*
(2) 他比我大两岁。 *Er ist zwei Jahre älter als ich.*

Die Bezugsmenge B in (1) ist 比我家 und das Verglichene in (1) ist 他家. Das eigentliche Komplement der Menge (Quantität) in (1) ist unterstrichen und fett gedruckt. 多 ist das eigentliche Satzprädikat.

2. Mengenkomplemente können auch approximative und damit nur annähernde und somit auch nicht genau bezeichnete Mengenangaben beinhalten. Um nur geringfügig voneinander abweichende Mengenangaben zu bezeichnen, verwendet man 一点 *oder* 一些; *für signifikant voneinander abweichende Mengenangaben verwendet man hingegen* 得多.

(3) 他说汉语得比我好得多。 *Er spricht viel besser Chinesisch als ich.*
(4) 我比你大一点。 *Ich bin ein bisschen älter als du.*
(5) 我比你大一些。 *Ich bin um einiges älter als du.*

Beachten Sie bitte, dass in (3) das zuerst stehende, doppelt unterstrichene 得 ein Gradkomplementsmarker ist, während das fett markierte und einfach unterstrichene 得 hier das Mengenkomplement signalisiert.

6. Komplement der Häufigkeit

Ein solches Komplement bezeichnet die Häufigkeit, mit der eine Handlung ausge-führt wird oder stattfindet.

> Es wird gebildet, indem dem Satzprädikat ein entsprechendes Zahlwort und ein Zähleinheitswort für Handlungen wie 次 nachgestellt wird.
>
> Mit 一下 nach dem Satzprädikat wird nicht nur die Häufigkeit einer Handlung aus-gedrückt, sondern auch, dass die Handlung von kurzer Dauer ist und nur gelegent-lich stattfindet.

Vergleichen Sie dazu bitte die folgenden Satzbeispiele:

(1) 他找过我两次，(但是) 我都不在。 *Er hat zweimal nach mir gesehen, aber ich war nie da.*
(2) 你只来一次。 *Du bist nur einmal gekommen.*
(3) 请你等一下。 *Bitte warten Sie (noch) ein wenig!*
(4) 给你介绍一下。 *(Gestatten Sie, dass) ich michIhnen/Sie/ihn, sie kurz vorstelle?*

7. Das Komplement der Dauer

Wie die Komplementbezeichnung schon aussagt, wird damit die Dauer einer Hand-lung oder eines Zustandes bezeichnet.

(1) 他练了三个星期了。 *Ich habe drei Wochen lang geübt.*
(2) 他说一个小时。 *Er spricht eine Stunde.*

> Wenn dem Satzprädikat sowohl ein Objekt als auch ein Komplement der Häufigkeit folgt, wird das Satzprädikat nach dem Objekt mit dem folgenden Komplement der Dauer wiederholt.

(3) 他学英语学了三年了。 *Er hat drei Jahre (lang) Englisch gelernt.*
(4) 他们开会开了半个小时。 *Sie waren eine halbe Stunde auf der Sitzung.*

> Wenn es sich bei dem Objekt nicht um ein Personalpronomen handelt, kann das Komplement der Dauer auch zwischen Satzprädikat und Objekt gestellt werden, wobei dann 的 zwischen das Komplement der Dauer und das betreffende Objekt eingefügt werden kann. Das Komplement der Dauer mit 的 wird dann zu einer At-tributfügung mit dem betreffenden Objekt als Satzteil-Nukleus.

(5) 我每天看一个小时 电视。 *Ich sehen jeden Tag eine Stunde fern.*
(6) 今天我学了两个小时的汉语： *Heute habe ich drei Stunden Chinesisch gelernt.*

> Abweichend davon kann das Objekt auch an den Satzanfang gestellt werden, wenn es aus mehreren Worten besteht oder besonders hervorgehoben werden soll.

(7) 这本英文书我今天看了两个小时。 *In diesem englischen Buch habe ich heute drei Stunden lang gelesen.*

(8) <u>我好的朋友</u>我昨天晚上看了<u>两个小时</u>。
Gestern Abend hatte ich meinen guten Freund zwei Stunden (in seinem Haus) aufgesucht (besucht).

In Zusammenhang mit Komplementen der Dauer verlieren manche Bewegungsverben wie z. B. 来，去，到，下(课) oder 离开 ihre eigentliche Wortbedeutung, wie die folgenden Satzbeispiele zeigen:

---

(9) 他<u>来</u>北京已经<u>两年</u>了。 *Er ist schon seit zwei Jahren in Peking.*
(10) <u>下</u>课<u>十分钟</u>了。 *Der Unterricht ist schon seit 10 Minuten aus.*

Beachten Sie bitte, dass in diesen Fällen das Komplement der Dauer dem Objekt nachgestellt wird wie z.B. 两年 im Verhältnis zum Objekt 北京 in Satzbeispiel (9) oder 十分钟 im Verhältnis zum Objekt 课 in Satzbeispiel (10).

Aussagesätze

Unter „Aussagesätzen" sollen hier einfache (und damit keine komplexen, aus mehreren Teilsätzen) bestehende Satzstrukturen verstanden werden.

1. Sätze mit Nominalprädikat

Abweichend vom Deutschen bestehen diese Sätze in der Regel aus einem nominalen Subjekt als Satzglied am Satzanfang und einem weiteren nominalen Satzglied am Satzende in prädikativer Funktion. Verbale Elemente kommen ebenfalls abweichend vom Deutschen und anderen westlichen Sprachen hier ebenfalls nicht vor. Diese Satzmuster sind im Chinesischen in der Regel beschränkt auf Aussagen zu Zeit, Alter, Geburtsort oder Mengenangaben. Während im Deutschen (wie in den meisten anderen westlichen Sprachen) in solchen Fällen eine Form des Kopulaverbs „sein" verwendet wird, entfällt im Chinesischen hier 是 z. B. völlig.

(1) 今天星期六。   *Heute ist Freitag.*
(2) 我二十三岁。   *Ich bin 23 Jahre alt.*
(3) 他上海人。   *Er ist aus Shanghai (in Shanghai geboren).*
(4) *今天是星期六。

Abstrakt kann man sich die Struktur solcher vom Deutschen abweichenden Satzmuster etwa wie folgt vorstellen:

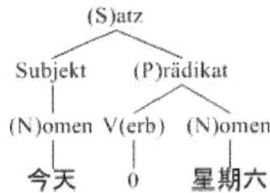

```
                    (S)atz
                   /      \
            Subjekt        (P)rädikat
               |          /    |    \
            (N)omen   V(erb)  (N)omen
               |        |        |
             今天       0      星期六
```

Wie man aus der vorstehenden syntaktischen Baumstruktur ersehen kann, besteht dieses chinesische Satzmuster aus zwei Hauptteilen: dem Subjekt und dem nominalen Prädikat; und ein verbales Element wie im Deutschen ist hier nicht vertreten. In diesem Fall würde die Hinzufügung eines typischen Kopulaverbs wie 是 den Satz im Chinesischen sogar „ungrammatisch", d.h., grammatisch falsch, machen:

---

2. Allgemeines zu Sätzen mit Verbalprädikat

Dies sind per definitionem Sätze, in denen der Hauptbestandteil des Satzprädikates ein verbales Element, also z.B. ein Verb, ist. Abweichend vom Deutschen und anderen mit ihm verwandten Sprachen sind auch Adjektive grammatisch eine Art von besonderen Verben und verhalten sich auch dementsprechend:

Bei Adjektiven in prädikativer Funktion in einem Satz wie „Die Blume ist rot" entfällt im Chinesischen das Kopulaverb; auch hier wäre die Verwendung von 是 ungrammatisch:

(4a) 这朵花红。   *Diese Blume ist rot.*

In einem syntaktischen Strukturbaum kann man diesen Sachverhalt wie folgt darstellen:

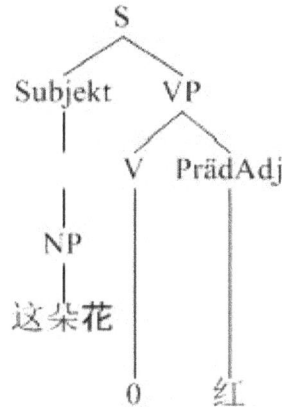

```
                    S
            ┌───────┴───────┐
        Subjekt            VP
           │            ┌───┴────┐
           │            V      PrädAdj
          NP            │         │
         这朵花          │         │
                        0        红
```

Innerhalb der Verbalphrase (Prädikat) findet sich also kein Kopulaverb, sondern lediglich das prädikative Adjektiv 红 *rot*.

Ein weiterer zu beachtender Punkt für prädikative Adjektive ist die wichtige Unterscheidung von *absoluten* und *relativen* Adjektiven. Diese Unterscheidung ist bedeutungsdeterminiert, wonach relative Adjektive auf Grund ihrer Wortbedeutung steigerungsfähig sind und absolute Adjektive eben nicht. So ist z.B. ein Adjektiv wie „rot" von seinem Sinn her eigentlich nicht steigerungsfähig, weil etwas entweder *rot* ist oder nicht, aber nicht **röter* oder **am rotesten* sein kann. Hingegen kann etwas *gut*, *besser* oder *am besten* sein.

Grammatisch ist diese Unterscheidung von relativen und absoluten Adjektiven in prädikativer Funktion im Chinesischen deshalb relevant, weil relative Adjektive wie *gut* im Positiv (also in ihrer jeweils nicht gesteigerten Bedeutungsform) in der Regel immer ein Adverb 很 *sehr* vor sich haben müssen. Im Deutschen wird diese Bedeutung von 很 meistens nicht übersetzt:

(5) 这本书很好。　　　　　　　　*Dieses Buch ist gut.*

Bei prädikativen Adjektiven mit absolutem Wortsinn wird 很 nicht verwendet.

Diese syntaktische Baumstruktur zeigt seht deutlich, dass das Adverb 很 hier ein untergeordneter Teil des Komplexes *PrädAdj* ist:

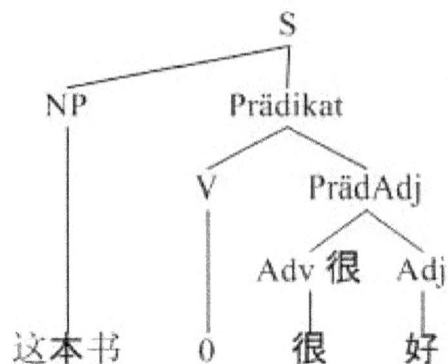

Allgemein zur Wortstellung im chinesischen Satz kann man sagen, dass eine grundlegende Wortstellungsregel von *Subjekt, Verbalprädikat* und *Objekt + sonstige satzer-
gänzende Teile* gilt. Adverbien stehen in der Regel VOR dem Verb. Auch hierzu noch
einmal zwei syntaktische Baumstrukturen, die dieses Wortstellungsprinzip visuell
veranschaulichen soll:

(6)

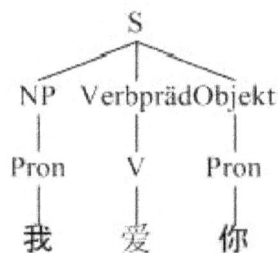

Ich liebe dich

(7)

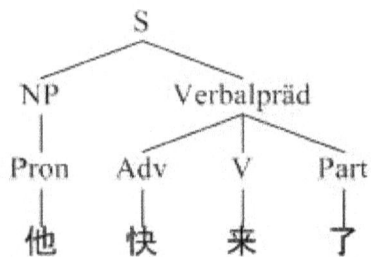

Er ist schnell gekommen.

Im Folgenden wollen wir uns mit den verschiedenen strukturellen Varianten von Aussagesatzmustern mit Verbalprädikat etwas genauer befassen und weitere Satzbeispiele dazu anführen.

(8) 我父母在家。   *Meine Eltern sind zu Hause.*
(9) 我们来。   *Wir (werden) kommen.*

> Diese Satzbeispiele zeigen die bereits schon erwähnte Wortstellungsfolge von Subjekt, Verbalprädikat und anderen Satzergänzungen dahinter.

(10) 现在是冬天了。 天气冷了。   *Jetzt ist es Winter. Das Wetter ist kalt geworden.*

> In dem obigen Satzbeispiel weist die Satzpartikel 了 auf einen veränderten Zustand, also eine Zustandsveränderung hin: Wenn es „jetzt" Winter ist, dann war dies vorher nicht der Fall, und somit ist dann eine Zustandsveränderung in Bezug auf die allgemeine Witterung eingetreten. Entsprechend ist es dann auch *kalt geworden*, also ebenfalls eine Zustandsveränderung, wenn es vorher eben nicht „kalt" war.

(11) 他现在不是学生， 是老师了。   *Jetzt ist er kein Student (mehr), sondern Lehrer.*

> In diesem Satzbeispiel steht für einen komplexen Satz die Satzpartikel 了, um die Zustandsveränderung von einem früheren Universitätsabsolventen zu einem Universitätsdozenten anzuzeigen.

(12) 我给你一本书。   *Ich gebe **dir *ein Buch**.*
(13) 他找我五块钱。   *Er wechselte mir **5 Yuan** (gab mir 5 Yuan Wechselgeld zurück).*

> In den beiden Satzbeispielen (12) und (13) haben wir es mit Satzmustern zu tun, in denen das verbale Satzprädikat zwei Objekte, ein direktes und ein indirektes, erfordert, um einen vollständigen und sinnvollen Satz zu ergeben. In den beiden chinesischen und deutschen Satzbeispielen oben sind die direkten Objekte fett und kursiv gesetzt, während die indirekten Objekte lediglich fett gesetzt sind. In den obigen Satzbeispielen deuten die indirekten Objekte den Rezipienten der Handlung an, also die, die etwas bekommen. Die direkten Objekte sagen hingegen aus, *was* genau diese Rezipienten im Verlaufe dieser Handlung erhalten.
> Im Hochchinesischen gilt die Grundregel, dass in der Wortstellungsfolge im Satz das indirekte Objekt immer dem direkten Objekt vorangeht; in einigen südchinesischen Dialekten ist es genau umgekehrt, was für diese Sprecher auch den Gebrauch in der Hochsprache entsprechend beeinflussen könnte (Interferenz).

(14) 他是我好朋友。   *Er ist ein guter Freund von mir.*
(15) 后边是一个图书馆， 不是学校。   *Dahinten ist die Bibliothek, und nicht die Schule.*

(16) 这所房子是新的。   *Dieses Haus ist groß.*

Die Sätze (14) – (16) zeigen die verschiedenen Verwendungsmöglichkeiten von 是, wenn dieses als verbales Satzprädikat Verwendung findet: In (14) wird eine Person identifiziert, in (15) wird in leicht abweichender Bedeutung von der eigentlichen Bedeutung von 是 als Kopulaverb eine Ortsangabe gemacht (hier wird dann im Gegensatz zur kopulativen Verwendung von 是 von einem „existentiellen" Sein gesprochen).

In solchen Fällen könnte dann auch 是 durch das explizit eine örtliche Lage bezeichnende Verbalprädikat 在 ersetzt werden.

In (16) wird eine zwar eine Eigenschaftsbeziehung ausgedrückt, wobei abweichend von Satzmustern mit genuinen prädikativen Adjektiven 是 Verwendung finden kann, wenn das betreffende Adjektiv durch die nachfolgende Partikel 的 nominalisiert ist, d.h. den Status eines Substantivs erhält.

(17) 这本书是我的。   *Dieses Buch ist meins /gehört mir.*

In Satz (17) wird eine Zugehörigkeitsbeziehung mit 是 als verbalem Satzprädikat ausgedrückt, indem das entsprechende Prädikatsnomen nach 是 mit der nachfolgenden Partikel 的 zusammensteht.

(18) 我有英文书。   *Ich habe ein englisches Buch.*

Sätze mit 有 als Verbalprädikat drücken entweder das deutsche „haben" aus oder haben auch die Funktion, die Lage von x an einem Ort y zu bezeichnen. 有 kann nur mit 没 verneint werden (siehe weiter unten).

(19) 他不来。   *Er kommt nicht.*
(20) 他没有钱。   *Er hat kein Geld.*

Die Verneinung von bejahenden Satzaussagen erfolgt im Falle von 有 als Satzprädikat immer mit 没; in allen anderen Fällen wird 不 als Negationsadverb verwendet.

(21) 他在学校。   *Er ist in der Schule.*
(22) 他不在。   *Er ist nicht da.*

Satzmuster mit 在 als Satzprädikat bezeichnen die Lage von x an einem Ort y und werden daher in der Regel mit „sich befinden an", „liegen an/am", „ist am/in" usw. übersetzt. Wie Satz (22) zeigt, wird in einem solchen Fall mit dem Negationsadverb 不 eine positive Satzaussage verneint.

3. Weitere Besonderheiten von Aussagesatzmustern
A. Satzmuster mit existentieller Satzbedeutung

Die Verwendung des Satzprädikats 有 kann auch existentielle Bedeutung signalisieren, wie die folgenden Satzbeispiele zeigen:

(23) 桌子上有一本汉德词典。   *Auf dem Tisch liegt ein Chinesisch-Deutsches*
                                       Wörterbuch.

Andere Beispiele von Satzmustern mit existentieller Satzbedeutung sind z.B.:

(24) 那边走来一个学生。   *Von dort kommt ein Student.*

(25) 上星期走了一个外国老师。   *Letzte Woche ist ein ausländischer Lehrer abge-*
reist.

Ein Merkmal solcher Satzmuster ist u.a., dass die Subjektsatzglieder dabei am Satzende nach dem jeweiligen Satzprädikat stehen.

B. Emphatische Rahmenkonstruktion mit 是。。。的
Der zwischen 是。。。的 befindliche Satzteil wird emphatisch hervorgehoben, um z.B. ausdrücken, wo oder wie eine Aktion durchgeführt wurde. Vergleichen Sie dazu bitte die nachfolgenden Satzbeispiele:

(26) 他是从柏林来的。   *Er kommt aus Berlin.*

(27) 我是坐飞机去中国的。   *Ich bin mit dem Flugzeug nach China gekommen.*

(28) 这本杂志是在德国买的。
Diese Zeitschrift wurde in Deutschland gekauft.

Satzmuster mit der emphatischen Rahmenkonstruktion 是。。。的 haben oft auch eine implizite perfektive Bedeutung oder eine solche, dass die Handlung oder das Ereignis zu einem bestimmten Zeitpunkt in der Vergangenheit stattfand.

C. Satzmuster mit mehreren Verben als Satzprädikat
Ein solcher Fall liegt in der Regel immer dann vor, wenn der prädikative Satzteil aus mehreren Verben besteht, aber das Subjekt immer das gleiche ist und sich in gleicher Weise auf die jeweiligen Verben als Handlungsträger bezieht:

(29) 我去问他。   *Ich gehe und frage ihn.*

(30) 妹妹常去看电影。   *(Meine) jüngere Schwester geht oft ins Ki-*
no. [wörtlich: „Film sehen"]

(31) 我去看他。   *Ich gehe und besuche ihn.*

Diese Satzmuster werden in der chinesischen Grammatikschreibung auch als „Satzmuster mit seriellen Verbkonstruktionen" (连动句) bezeichnet. Wie die deutsche Übersetzung der obigen chinesischen Satzbeispiele zeigt, wird damit oft der Handlungszweck bezeichnet, den man im Deutschen auch mit „um zu…" umschreiben kann. Das erste Verb bezeichnet dabei in den entsprechenden chinesischen Satzmustern die eigentliche Handlung selbst, mit der der durch das zweite Verb bezeichnete Handlungszweck erreicht werden soll.

Es kann damit aber auch ein bestimmter Handlungsumstand näher bezeichnet werden:

(32)我用 英语介绍你们。   *Ich stelle euch einander auf Englisch vor.*

D. Satzmuster, in denen das Objekt des Satzes zugleich auch Subjekt eines weiteren Satzprädikates ist

Solche Satzmuster sind auch z.B. aus dem Englischen, weniger aber aus dem Deutschen bekannt, wobei man in der chinesischen Grammatikschreibung von 兼语句, also Satzmustern mit „Doppelfunktion", nämlich einem Satzglied, das zugleich Objekt und Subjekt ist, gesprochen wird. Solche Satzmuster entsprechen im Lateinischen oder Englischen z.B. oft solchen Konstruktionen, die dort als „accusativus cum infinitivum" bezeichnet werden (im Englischen auch oft „pivotal sentences" genannt), z. B. in einem englischen Satz wie diesem:

(33) I saw him come.   *Ich habe ihn kommen sehen.*

[„him" bzw. „ihn" ist hier einerseits das das Akkusativ-Objekt von „saw/sehen" und andererseits auch gleichzeitig das (sinngemäße) Subjekt von „come/kommen",. „Him/ihn" wäre in dieser simultanen Doppelfunktion das „pivotale Element"].

Das grundlegende Wortstellungsmuster im Chinesischen wäre in diesem Fall:

Subjekt + Verbalprädikat + Pivotales Element + Prädikat des pivotalenElements (+ ggf. ein weiteres Objekt)

In den folgenden chinesischen Beispielsätzen ist das pivotale Satzelement unterstrichen:

(34) 我请他帮助你。   *Ich bitte ihn, dir zu helfen.*
(35) 玛丽问我告诉你这件事。   *Mali hat mich gebeten, dir dies mitzuteilen.*
(36) 里边有人等你。   *Drinnen erwartet dich jemand.*
(37) 老师让我们写汉字。   *Der Lehrer lässt uns chinesische Zeichen schreiben.*
(38) 公司让他回国。   *Die Firma hat ihn in sein Heimatland zurückgeschickt.*

Auffällig ist bei den oben angeführten chinesischen Satzbeispielen, dass das verbale Satzprädikat, das auf das Subjekt am Anfang des Satzes folgt, meistens die Bedeutung von „bitten", „veranlassen", usw. hat.

4. Satzmuster mit 把

In den folgenden Beispielsätzen hat 把 die Funktion einer Präposition, obwohl es in verbaler Verwendung eigentlich „ergreifen", „halten" bedeutet. Das auf 把 in präpositionaler Verwendung folgende direkte Satzobjekt steht in einem solchen Fall vor dem verbalen Satzprädikat, dem weitere Satzteile folgen müssen:

(39) 请 你把那本书还给我。   *Bitte gib mir das Buch da.*
(40) 我把这本杂志看完了。   *Ich habe die Zeitschrift ausgelesen.*
(41) 我已经把我的男朋友介绍给我父母了。 *Ich habe meinen Freund meinen Eltern vorgestellt.*
(42) 我把照片寄回国了。   *Ich habe das Foto nach Hause geschickt.*
(43) 你把门开开。   *Mach mal bitte kurz die Tür auf.*

(44) 我把这件事告诉他。   *Ich werde ihn darüber informieren.*
(45) 他把这封信给我了。   *Er hat mir diesen Brief gegeben.*

Die Satzbeispiele zeigen, dass Satzmuster mit 把 hier das Geschehen aus der Perspektive des „betroffenen" Objekts im Auge haben – mit dem Objekt geschieht etwas und das von daher rührende Resultat für das Objekt.

Dem verbalen Satzprädikat präponierte Objekte mit vorhergehender Präposition把 haben immer *definite,* also bestimmte Referenz und sind daher im Deutschen *immer* mit der entsprechenden Form des bestimmten Artikels zu übersetzen.

Das verbale Satzprädikat in einem solchen Satzmuster muss immer eine Wortbedeutung derart haben, dass dieses ein direktes Objekt zwingend erfordert und damit transitiv ist und über das Objekt durch die Handlung irgendwie „verfügen" bzw. „kontrollieren" kann – mit anderen Worten: das Objekt hat eine Patiens-Rolle und „erleidet" etwas (z.B. kann es durch die Handlung in seiner Lage verändert werden, vgl. z. B. Satz (45) oben. Insofern können normalerweise die meisten transitiven Handlungsverben, nicht aber Verben wie 是，在，喜欢， 来， 知道, etc., die eher „statischen" Bedeutungscharakter haben, in 把-Objekt-Satzmustern vorkommen. Des weiteren müssen dem Satzprädikat immer noch weitere Satzelemente folgen.

Fälle, in denen die Wirkung einer Handlung auf das mit 把 präponierte Objekt beschrieben wird, sind z. B. solche:

- a) Eine Sache oder Person hat durch die Handlung eine bestimmte Stelle oder Ort erreicht (vgl. Satz 46 unten),
- b) eine Sache geht vom Besitz des einen in den Besitz des anderen über (vgl. Satz (47) unten).

In solchen Fällen wie oben sollte immer das Satzmuster mit 把 verwendet werden.

(46) 我把地址写在本子上了。   *Ich habe die Adresse ins Notizbuch geschrie-*
ben.
(47) 他把汽车开到大学门口了。   *Er fuhr das Auto vor den Eingang der*
                                                  Universität.

> Die Negationsadverbien 不 und 没 sowie andere Adverbien (z.B. der Zeit) und auch Modalverben wie 要， 应该， 可以 usw. werden in Satzmustern mit 把 immer dem Satzteil mit 把 + Objekt vorangestellt. Vergleichen Sie dazu bitte die folgenden Satzbeispiele:

(48) 我没把这件事告诉他。   *Ich habe ihm das nicht erzählt.*
(49) 你不把书带来怎么上课？   *Wie kannst Du am Unterricht teilnehmen,*
                                                  wenn Du deine Bücher nicht mitbringst?

(50) 你明天把这件事告诉他。   *Du wirst ihm das morgen sagen.*
(51) 你可以把这件事告诉他。   *Du kannst es ihm morgen sagen.*

5. Satzmuster mit Subjekt- und Prädikatsteilen als Satzprädikat

In solchen Satzmustern gibt es typischerweise ein nominales Satzsubjekt sowie ein Satzprädikat, das seinerseits wiederum aus einem Subjekt und einem weiteren prädikativen Teil besteht:

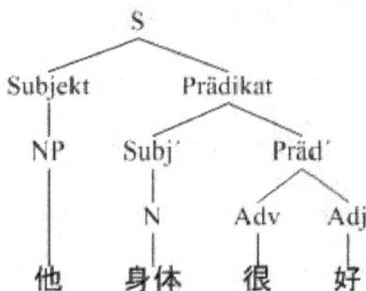

```
                    S
            ┌───────┴───────┐
        Subjekt           Prädikat
            │         ┌───────┴───────┐
           NP       Subj'            Präd'
            │         │         ┌──────┴──────┐
            │         N        Adv          Adj
            │         │         │            │
            他       身体       很           好
```

Sein Körper ist gesund.
Ihm geht es (gesundheitlich) gut.

Vergleichen Sie dazu weiter unten die entsprechenden Satzbeispiele:

(52) 他身体很好。   *Ihm geht es gesundheitlich gut.*
(52) 我工作很忙。   *Durch meine Arbeit bin ich sehr beschäftigt.*
(53) 星期天人很多。   *Am Sonntag sind da viele Leute.*

> Solche Satzmuster werden im Grunde genommen immer dann verwendet, wenn sinngemäß eine „y ist Teil von x"-Relation ausgedrückt werden soll, wobei „y" für das Subjekt im Prädikatsteil des Satzmusters steht und x für das eigentliche Satzsubjekt steht. Im Satzbeispiel (52) steht z.B. y=身体 in Teil-Relation zu x=他. Dabei gilt immer, dass faktisch immer y Teil von x ist, aber nie umgekehrt gelten kann, dass x Teil von y ist. Noch deutlicher wird das in folgendem Satzbeispiel:

(54) 象鼻子很长。   *Der Rüssel des Elefanten ist lang.*

Wir können uns das Satzbeispiel und das darin zugrunde liegende Teil-von-Relationsprinzip noch einmal zum besseren Verständnis in der folgenden Baumstruktur veranschaulichen:

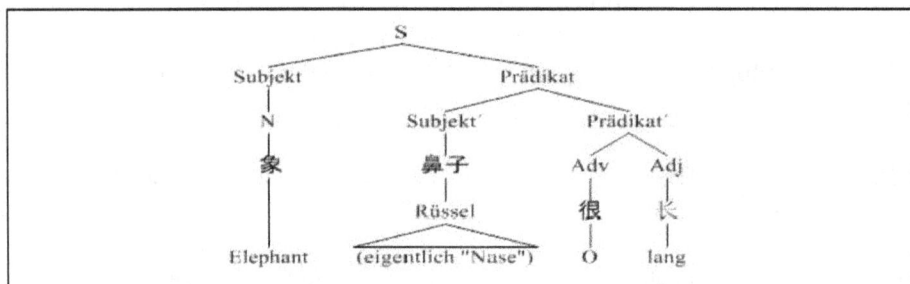

```
                        S
            ┌───────────┴───────────┐
        Subjekt                  Prädikat
            │             ┌──────────┴──────────┐
            N          Subjekt'              Prädikat'
            │             │              ┌───────┴───────┐
            象           鼻子            Adv            Adj
            │             │              │              │
         Elephant       Rüssel           很             长
                    (eigentlich "Nase")  │              │
                                         O             lang
```

Logisch dürfte doch klar sein, dass y=Rüssel Teil von x=Elephant ist und nicht umgekehrt.

Bei derartigen Satzmustern liegt ein Satzstrukturprinzip zugrunde, dass man THEMA-RHEMA-Prinzip nennt. THEMA ist das, worüber etwas ausgesagt wird (hier das Satzsubjekt ELEFANT) und RHEMA ist die Aussage selbst („der Rüssel ist lang"). Im Deutschen wie im Chinesischen wird THEMA meistens durch das Satzsubjekt bezeichnet, aber nicht ausnahmslos; THEMA können auch thematisierte Objekte oder andere Satzglieder sein, die an den Satzanfang gerückt werden wie etwa z.B. *Der Mutter* in einem Satz wie *Der Mutter habe ich bereits zum Geburtstag gratuliert.* Hier noch einmal ein weitere Baumstruktur zur Verdeutlichung des THEMA-RHEMA-Prinzips:

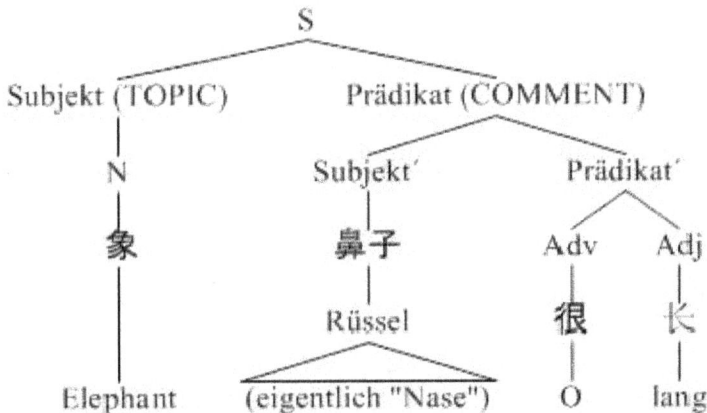

6. Satzmuster mit 被

Satzmuster mit 被 sind Sätze, in denen der eigentliche Handlungsträger als Objekt vor dem eigentlichen Satzprädikat in Bezug auf das betroffene Subjekt stehend bezeichnet wird und somit typischerweise einem Passivsatz entspricht. Strukturell steht dabei 被 als Präposition vor einem solchen Handlungsträger-Objekt. Satzmuster mit 被 werden also in der Regel passivisch aufgefasst und entsprechend ins Deutsche übersetzt.

(55) 桌子被他们搬走了。	*Der Tisch wurde von ihnen weggeschoben.*
(56) 书被他看完。	*Das Buch wurde von ihm durchgelesen.*
(57) 水果被我们在市场卖。	*Das Obst wird von uns auf dem Markt verkauft.*
(58) 你们被他们打了。	*Ihr seid von ihm geschlagen worden.*
(59) 你们不被他们打。	*Ihr werdet nicht von ihm geschlagen.*

In Beispielsatz (59) zeigt sich, dass wie im Falle der Satzmuster mit 把 weitere Adverbien wie 不，没 oder solche der Zeit vor dem Objektkomplex mit 被 stehen.

> Außer 被 können z.B. auch noch 让 und 叫 als Präpositionen vor einem Handlungsträger-Objekt in Passivsätzen vorkommen.

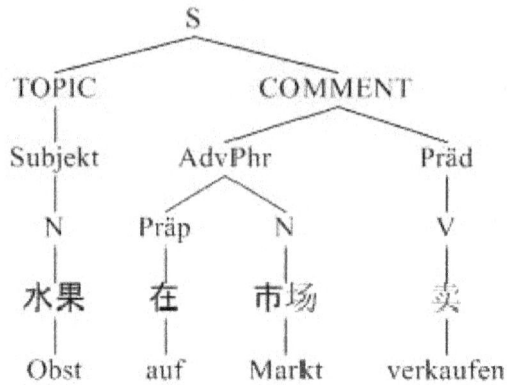

```
                        S
             ┌──────────┴──────────┐
          TOPIC                 COMMENT
            │              ┌────────┴────────┐
         Subjekt        AdvPhr             Präd
            │          ┌───┴───┐             │
            N        Präp      N             V
            │          │       │             │
          水果         在      市场           卖
            │          │       │             │
          Obst        auf    Markt       verkaufen
```

Außerdem gibt es davon abweichend Satzmuster mit passivischem Sinn, in denen der Handlungsträger nicht explizit angegeben ist und sich der passivische Sinn nur aus der eigentlichen Satzbedeutung „implizit" erschließen lässt:

---

(60) 水果在市场卖。   *Obst/das Obst wird auf dem Markt verkauft.*

Auch dies wollen wir uns noch einmal einer Baumstruktur für das Satzbeispiel (60) verdeutlichen:

Dass hier nur ein passivischer Satzsinn vorliegen kann, ergibt sich eigentlich schon aus der einfachen Überlegung, dass Obst sich nicht selbst auf dem Markt verkaufen kann, sondern nur von lebenden Personen auf dem Markt *verkauft wird*.

Dessen ungeachtet ist 水果 hier das formale Satzsubjekt, obwohl es keinen Handlungsträger bezeichnet, aber immerhin etwas, über das eine Aussage gemacht wird. Insofern ist dieser Fall wiederum ein Beispiel dafür, warum der THEMA-RHEMA-Begriff hier hilfreich sein kann:

Indem wir nicht nur für „Subjekt" gelten lassen, dass dies immer derjenige Satzteil sei, über den etwas ausgesagt wird, können wir dafür den erweitwerten Begriff THEMA verwenden. Das Gleiche gilt analog für den erweiterten Begriff RHEMA in Bezug auf „Prädikat", wenn es darum geht, das zu bezeichnen, was über THEMA ausgesagt wird.

In der Auseinandersetzung mit chinesischen Satzmustern ist ein solches erweitertes Begriffsverständnis hilfreich, weil es dazu beiträgt, auch solche Sätze wie (60) einwandfrei in Bezug auf ihren passivischen Sinn hin zu erkennen und damit eigentlich erst als solche zu „verstehen".

7. Subjektlose Sätze

Eine der Grundregeln der deutschen Grammatik und auch der für viele andere westliche Sprachen besagt, dass ein Satz mindestens immer ein Subjekt und ein Prädikat enthalten muss, um ein vollständiger Satz und damit grammatisch richtig und in der eigentlichen Satzbedeutung sinnvoll zu sein. Im Chinesischen gilt diese Regel nicht so stringent, wie sie im Deutschen oder mit ihm verwandten anderen westlichen Sprachen gelten würde.

Untenstehend folgen mehrere chinesische Satzbeispiele, die als „subjektlose Sätze" (无主句) klassifiziert werden:

(61) 有人等你在里边。	*Drinnen wartet jemand auf dich.*
(62) 有人请你看这本报。	*Jemand bitte dich, diese Zeitung zu lesen.*
(63) 下雨。	*Es regnet.*
(64) 下雪。	*Es schneit.*
(65) 刮风了。	*Es ist windig geworden.*
(66) 该上课了。	*Du musst (jetzt) zum Unterricht gehen.*

In den chinesischen Beispielsätzen (61) und (62) sehen wir den ersten Fall, wo subjektlose Sätze im Chinesischen zum Tragen kommen: Wörtlich übersetzt würde 有人 … in beiden Fällen mit „es gibt jemanden, der…." wiederzugeben sein, und da 有 ein Verb ohne davorstehendes Subjekt ist, wird hier in der chinesischen Grammatikschreibung von einem „subjektlosen Satz" gesprochen. Solche satzeinleitenden Strukturen mit 有 und darauf folgendem Substantiv werden u.a. immer dann verwendet, wenn man eine nicht näher bestimmte Person oder Sache bezeichnet.

Im Falle der Sätze (63) – (65) haben wir es bei 下 und 刮 mit sogenannten „Witterungsverben" zu tun. Auch diesen wird im Chinesischen kein Subjekt vorangestellt. Im Deutschen entspricht dies dem lexikalisch leeren „es" in den entsprechenden deutschen Satzäquivalenten. Diese Art von „es" bezieht sich nicht auf eine konkrete Sache oder Ding, sondern ist ein sogenanntes „in seiner Wortbedeutung leeres" es, das in diesem Fall einfach nur als formaler Platzhalter für ein sonst fehlendes Subjekt steht – im Deutschen muss es ja immer stehen. Das gleiche leere *Es* finden wir in solchen deutschen Sätzen wie *Es ist sehr wichtig, dass Du kommst.*

Das chinesische Satzbeispiel (66) demonstriert einen dritten, typischen Anwendungsfall subjektloser Sätze im Chinesischen: Das vom Kommunikationskontext her implizierte 你 *Du* in dem chinesischen Satzäquivalent ist hier vollkommen weggefallen, da in dem Fall, wo eine Mutter ihr Kind weckt, weil es zum Unterricht in die Schule muss, aus dem Zusammenhang heraus klar sein dürfte, um wen es sich handelt.

U. a. im Chinesischen besteht nämlich die Tendenz, Subjekte (und oft auch Objekte) im Satz wegzulassen, wenn aus dem allgemeinen situativen Zusammenhang heraus ohnehin ersichtlich ist, um wen oder was es sich handelt.

Abschließend sei noch einmal anhand einer Baumstruktur gezeigt, dass auch in solchen Fällen subjektloser Sätze die weitere Begriffsfassung von THEMA-RHEMA zum Verständnis solcher Satzmuster sinnvoll sein kann:

Die Angaben in der vorstehenden Baumstruktur zeigen, dass man wörtlich das Satzbeispiel etwa wie folgt ins Deutsche übersetzen könnte:

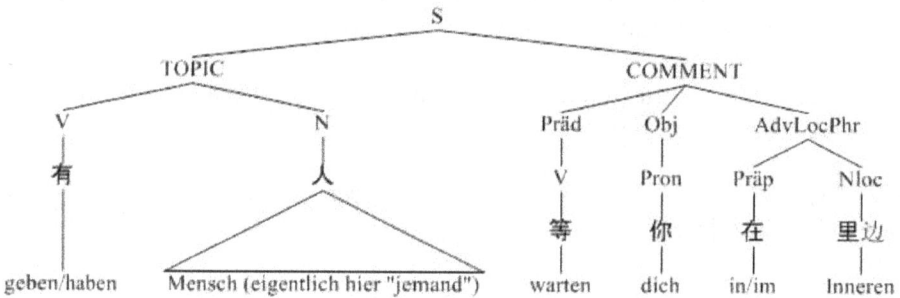

S
├── TOPIC
│   ├── V
│   │   └── 有 — geben/haben
│   └── N
│   └── 人 — Mensch (eigentlich hier "jemand")
└── COMMENT
    ├── Präd
    │   └── V
    │   └── 等 — warten
    ├── Obj
    │   └── Pron
    │   └── 你 — dich
    └── AdvLocPhr
        ├── Präp
        │   └── 在 — in/im
        └── Nloc
            └── 里边 — Inneren

Es gibt jemanden, der drinnen auch dich wartet.

Fragesatzmuster

Einem entsprechenden Fragesatz liegt in der Regel der entsprechende Aussagesatz strukturell zugrunde. Im Deutschen verändert sich dabei die Wortstellung im Satz, im Chinesischen aber nicht. Im Chinesischen unterscheiden sich hingegen die Fragesatzmuster strukturell auf andere Weise in Abhängigkeit von der jeweiligen Art des Fragesatzes.

1. Fragesatzmuster mit 吗

Hier wird ganz einfach die Fragesatzpartikel 吗 an die Form eines Nichtfragesatzes angehängt:

(1) 你 是 学生。   ----> 你 是 学生 吗?
Du bist Student.   *Bist du Student?*

(2) 你去 北京吗?
Fährst Du nach Peking?

(3) 他有自行车吗?
Hat er ein Fahrrad?

> Vom Sinn her kann auf diese Fragen entweder nur mit „Ja" oder „Nein" bzw. bejahend bzw. verneinend geantwortet werden. Beispiele für solche möglichen Antworten finden Sie weiter unten.

(4) a. 我是学生.   *Bist du Student?*
    b. 是。   *Ja.*

> In Falle von Satzbeispiel (1) oben ist die Antwort „Ja", indem einfach die Antwort mit der positiven Satzaussage erfolgt (4a) oder einfach mit dem positiven Satzprädikat bejahend geantwortet wird (4b). In Satz (5) sehen Sie unten ein weiteres Beispiel für eine bejahende Antwort in Bezug auf das Satzbeispiel (2) oben.

(5) a. 我去北京。
    b. 去。
       Ja.

> Verneinende Antworten auf solche Fragesatzmuster werden entweder in der jeweiligen verneinten Aussagesatzform (6a) gemacht oder indem einfach das negative Satzprädikat wiederholt wird (6b).

(6) a. 他没有自行车。
    b. 没有。
    Er hat kein Fahrrad.

(7) A: 你去北京吗?
    Fährt er nach Peking?
    B1: 我不去北京。

B2: <u>不去</u>。
Nein (ich fahre nicht nach Peking).

2. Zustimmung erheischende Frage mit 好吗

好吗 wird von der Form her einfach an einen bejahenden oder verneinenden Aussagesatz gehängt und bedeutet dann so viel wie „OK?". Die Absicht des Sprechers ist dabei dann, sich die Zustimmung oder Ablehnung seines Gegenübers für einen gemachten Vorschlag einzuholen. Von der Bedeutung her handelt es sich hier ebenfalls um den Typ eines Alternativfragesatzes, auf den man nur entweder mit „Ja" oder „Nein" antworten kann. Allerdings bezieht sich die Antwort dann nicht auf das eigentliche Satzprädikat (Verb des Satzes), sondern auf 好吗. Im Folgenden einige Satzbeispiele dazu:

(8) 我们　今天去饭馆吃饭，<u>好吗</u>?
　　Heute gehen wir ins Restaurant zum Essen, OK?

(9) 好。
　　OK.

(10) 不好。
　　Nein (nicht OK).

3. Fragesatz mit 吧

Wenn man sich hinsichtlich eines Sachverhaltes nicht ganz sicher ist, verwendet man auch die Partikel 吧 am Ende eines Fragesatzes. Im Deutschen würde das z. B. dem Sinn von „nicht wahr?" in einem Fragesatz entsprechen. Allgemein wird damit auch eine fragende Vermutung ausgedrückt.

(11) 汉语很　　难学<u>吧</u>?
　　Chinesisch muss schwer zu lernen sein, nicht wahr?

　　对，很难学。
　　Richtig, es ist schwer zu lernen.

(12) 你最近　　很忙<u>吧</u>?
　　Du bist wohl in letzter Zeit schwer besch?ftigt?

　　不太忙。
　　Nein, nicht so sehr.

(13) 你身体　　好<u>吧</u>?
　　Es geht Dir sicher gut, oder?

　　对，好极了。
　　Oh ja, ausgezeichnet.

4. Affirmatives und negatives Prädikat in Fragesätzen

Ein anderer struktureller Typ des Alternativfragesatzes wird gebildet, indem dem nicht verneinten Prädikat des Satzes ein entsprechend verneintes Prädikat unmittelbar folgt. Von der Bedeutung her entspricht dieses Satzmuster dem mit der Fragepartikel吗.

(14) 今天你　　好 不好?
Geht es dir heute nicht gut?
不太好。
Nein, nicht so gut.

(15) 今天你去不去北京?
Fährst Du heute nach Peking?

去。
Ja.

(16) 他是不是中国人?
Ist er Chinese?

不是，他是日本人。
Nein, er ist Japaner.

(17) 他明天来不来?
Kommt er morgen?

不来。
Nein.

5. Fragesatz mit 是不是

是 不是 kann in einem Fragesatz entweder am Satzanfang oder am Satzende oder direkt vor dem Prädikat eines Satzes stehen. Mit diesem Fragesatzmuster wird insbesondere um die Bestätigung einer Vermutung des Sprechers nachgesucht.

(18) 是不是,　　你的自　　行车坏　　了?
Dein Fahrrad ist kaputt (gegangen), nicht wahr?

是。
Ja.

(19) 他是不是回国了?
Ist er(schon) in sein Heimatland zurückgekehrt?

是, 回国了。
Ja, das ist er.

(20) 就是 你是德国人, 是不是?
Dann sind Sie sicher Deutscher, oder?

不是。
Nein, das bin ich nicht.

6. Alternativfragesätze mit 还是

Wie bereits schon am Anfang dieses Kapitels erwähnt, unterscheiden sich von der Bedeutung Inhaltsfragesätze von Alternativfragesätzen u.a. dadurch, dass auf Inhaltsfragesätze nicht mit „Ja" oder „Nein" geantwortet werden kann. Es gibt aber auch Inhaltsfragesätze, auf die mit mindestens zwei verschiedenen Inhaltsangaben geantwortet werden kann. Vergleichen Sie dazu die untenstehenden Satzbeispiele.

(21)　　　你今天去还是明天去?
　　　　　Fährst Du heute oder morgen?

　　　　　明天去。
　　　　　Morgen.

(22)　　　他说英语, 是英国人还是美国人?
　　　　　Er spricht Englisch; ist er nun Engländer oder Amerikaner?

　　　　　是美国人。
　　　　　Er ist Amerikaner.

(23)　　　你喝咖啡还是喝茶?
　　　　　Trinkst du Kaffee oder Tee?

　　　　　喝茶。
　　　　　Ich trinke Tee.

> Beachten Sie bitte, dass bei diesem Fragesatztyp nicht nur das komplette Prädikat, sondern auch zu ihm gehörige Adverbien, Objekte, usw. nach 还是 wiederholt werden müssen.

7. Inhaltsfragesätze mit Interrogativpronomen 谁, 什么, 怎么 , 怎么样, etc.

Einige typische Interrogativpronomen im Chinesischen sind z. B. folgende:

谁?	*Wer?*
什么?	*Was?*
什么 时候?	*Wann?*
怎么?	*Wie?*
怎么样?	*Wie?*
哪里?	*Wo?*
为什么?	*Warum?*
多少?	*Wieviel(e)?*
几?	*Wieviel(e)?*

Im Chinesischen steht das entsprechende Interrogativpronomen immer an der Stelle im Satz, wo auch das entsprechende Wort für die Antwort stehen würde.

(24) 你是<u>谁</u>?
Wer bist du?

我是<u>武苹</u>,你的中国朋友。
Ich bin Wu Ping, deine chinesische Freundin.

(25) 这个是<u>什么</u>?
Was ist das?

这个是 <u>一本书</u>。
Das ist ein Buch.

(26) 到北大路,<u>怎么</u>走?
Wie komme ich zur Beida-Straße?

<u>往前</u>走。
Sie müssen (immer) geradeaus gehen.

(27) 我们<u>什么时候</u>去中国饭馆吃饭?
Wann gehen wir (denn) ins China-Restaurant zum Essen?

<u>今天晚上</u>去,好吧?
Wie wäre es mit heute Abend?

(28) 他的业务水平<u>怎么样</u>?
Wie ist seine fachliche Kompetenz?

他的业务水平<u>很高</u>。
Seine fachliche Kompetenz ist sehr hoch.

(29) 图书馆在<u>哪里</u>?
Wo befindet sich die Bibliothek?

图书馆在<u>学校后边</u>。
Die Bibliothek befindet sich hinter der Schule (Schulgebäude).

(30) 这本书是<u>多少钱</u>?
Wieviel kostet dieses Buch?

这本书是<u>五块钱</u>。
Dieses Buch kostet 5 RMB.

(31) 今天星期<u>几</u>?
Welcher Tag ist heute?

今天星期<u>六</u>。
Heute ist Freitag.

Beachten Sie bitte, dass die im Deutschen bei diesen Satzmustern übliche Inversion der Satzglieder im Chinesischen entfällt und dort die gleiche bleibt wie in der entsprechenden Aussagesatzform (wie in den Beispielen oben in der Regel immer am Satzende).

8. Fragesätze mit 呢

Als Satzfragepartikel hat 呢 *ne* den Unterton einer Erwartungshaltung. In Sätzen wie (33) hat sie außerdem elliptische Funktion.

(32)   谁去呢？
Wer geht (denn) dahin?

我们都去。
Wir alle gehen dahin.

(33)   我在看电视，你呢？
Ich sehe gerade fern, und du?

我也在看电视。
Ich sehe auch gerade fern.

Einige besondere Satzmuster I

In diesem Kapitel werden eine Reihe verschiedener Satzmuster in einfachen und komplexen Sätzen behandelt, u. a. auch solche, die sich durch sogenannte „Korrelative" der verschiedensten Art auszeichnen. „Korrelative" können hier Adverbien, Konjunktionen u. a. sein.

Einleitende Vorbemerkungen zu komplexen Satzstrukturen

Unter „komplexen Sätzen" sollen hier solche verstanden werden, die aus mehreren Teilsätzen bestehen, z. B. aus einem Hauptsatz und einem Nebensatz oder aus mehreren Hauptsätzen. Dabei wird von den Grammatikern im Allgemeinen der Unterschied zwischen koordinierenden und untergeordneten Teilsätzen bei komplexen Sätzen gemacht.

Des Weiteren lassen sich Nebensätze danach unterscheiden, ob diese als Objekt oder Subjekt auftreten können oder nicht. Ist dies der Fall, wird dies durch die Wortbedeutung des Satzprädikats nahegelegt.

Ein *koordinierender komplexer Satz* besteht aus mehreren Teilsätzen (in der Regel sind dies mindestens zwei Teilsätze), die ohne gravierenden Bedeutungsverlust in ihre jeweiligen einfachen Teilsätze, d. h., in selbstständige einfache Sätze, zerlegt werden können, sie befinden sich sozusagen auf gleicher Ebene innerhalb der Satzhierarchie:

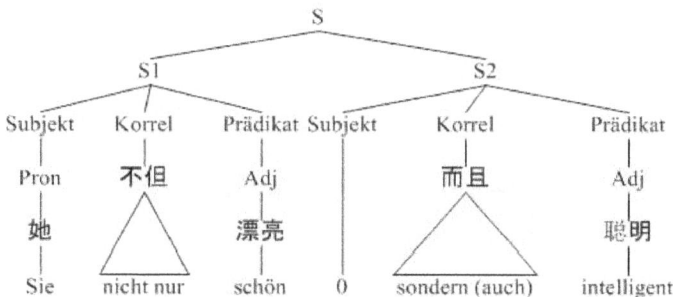

(1) 她不但漂亮，而且聪明。　　　　*Sie ist nicht nur schön, sondern auch intelligent.*

Hier besteht der komplexe Satz S aus zwei Teilsätzen S1 und S2. Beide stehen auf einer hierarchisch gleichen Satzebene, indem sie sich direkt von S ableiten. In solchen Sätzen kommen sogenannte Korrelative vor, die die beiden Sätze zu einem sinnvollen Ganzen miteinander verbinden, indem S2 die Bedeutung der Aussage von S1 „erweitert" und eine neue wesentlich erscheinende Information hinzufügt. Korrelative können hier im Chinesischen Adverbien und/oder Konjunktionen u. a. sein. Der Einfachheit halber sprechen wir zusammenfassend von Korrelativen.

Es gibt aber auch *subordinierende (unterordnende) Teilsätze eines komplexen Satzes*, wo ein S1 oder S2 von dem anderen Teilsatz in einer bestimmten Weise „abhängig" ist

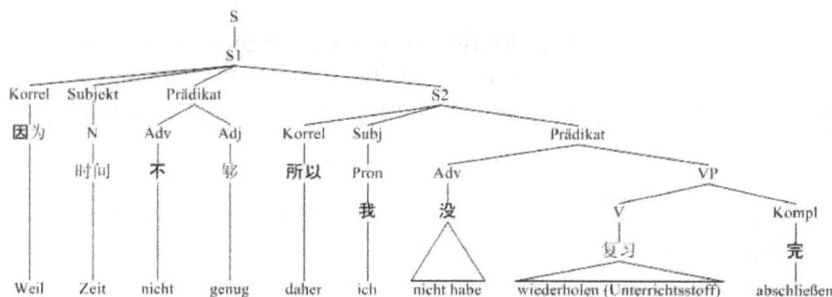

```
                              S
                              |
                              S1
        ┌──────┬─────────┬─────────────────────────┴──────────────────────┐
      Korrel  Subjekt  Prädikat                                           S2
        |       |      ┌──┴──┐              ┌──────┬───────────┬───────────────────┐
       因为      N     Adv   Adj          Korrel  Subj                   Prädikat
                |      |     |              |      |      ┌──────┴──────────────────┐
               时间     不    够            所以    Pron   Adv                       VP
                                                    |      |                  ┌──────┴──────┐
                                                    我     没                  V            Kompl
                                                                             复习            完
       Weil    Zeit  nicht genug          daher   ich  nicht habe   wiederholen (Unterrichtsstoff)  abschließen
```

und sich damit dann eben nicht auf der gleichen hierarchischen Satzebene befände.

(2) <u>因为</u>时间不够，<u>所以</u>我没复习完。   *Weil nicht genug Zeit war, habe ich nicht alles bis zum Schluss (im Unterricht) wiederholt.*

Die oben abgebildete Baumstruktur zeigt, dass S2 hier nicht aus S folgt, sondern aus S1. S1 wäre damit kein grammatisch wohlgeformter und sinnvoller Satz, wenn S2 entfiele und nur S1 dort stehen würde.

S1 ist ein typischer Nebensatz, der einem weiteren Teilsatz von S, nämlich S2, in eben diesem Sinne untergeordnet ist. Während S2 auch alleine (ohne das Korrelativ 所以 allerdings), also als einfacher Satz, stehen kann, gilt dies für S1 nicht. Im Chinesischen stehen solche Nebensätze in einem komplexen Satz in der Regel immer *satzeinleitend*.

Nun gibt es noch eine weitere Unterart von Nebensätzen, die von ihrer jeweiligen

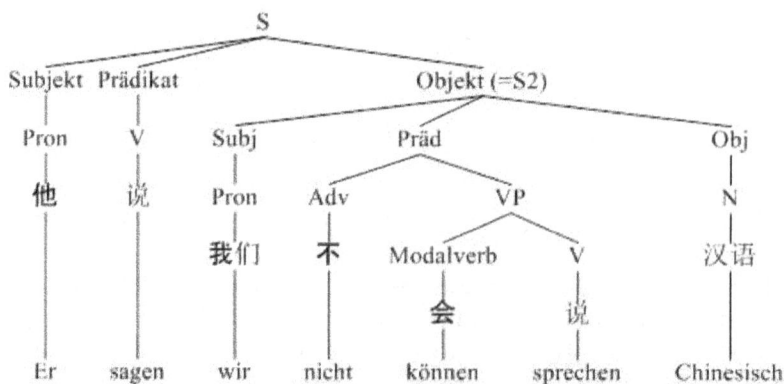

```
                                      S
        ┌──────┬─────────────────────────────────┴────────────────────────────────┐
      Subjekt Prädikat                                     Objekt (=S2)
        |       |         ┌──────────┬───────────────────────────────────┬─────────┐
       Pron     V        Subj       Präd                                 Obj
        他      说         Pron    ┌──┴──────────────┐                      N
                          |       Adv               VP                   汉语
                         我们       不       ┌────────┴────────┐
                                          Modalverb          V
                                            会               说
        Er    sagen     wir    nicht    können          sprechen     Chinesisch
```

Satzbedeutung her gesehen eigentlich gar keine sind, weil sie z.B. als Objekt durch die Wortbedeutung des jeweiligen Satzprädikates bedingt sind und hier auch das entsprechende zugrundeliegende Abhängigkeitsverhältnis innerhalb einer syntaktischen Baumstruktur ein anderes wäre:

(3) 他说我们不会说汉语。 *Er sagt, dass wir nicht Chinesisch sprechen kön-nen.*

Aus der oben angeführten Baumstruktur ergibt sich, dass S2 in S1 *Er sagt...sozusa-gen* „eingebettet" ist. Das, was gesagt wird, ist Objekt des eigentlichen Satzprädi-kats 说. In einem solchen Sonderfall von „Nebensätzen" stehen im Chinesischen diese immer nach dem Satzprädikat und damit nicht satzeinleitend.

Diese Vorbemerkungen sollen hier genügen, um nun zu weiteren Einzelheiten von komplexen und nicht-komplexen Sätzen mit Korrelativen zu kommen.

Satzmuster mit Korrelativen und anderen Strukturhilfswörtern im Chinesischen

1. Satz + 好吗
Strukturell kann 好吗 an einen in der Regel einfachen Aussagesatz gehängt werden, womit es die Absicht des Sprechers ist, die Meinung seines Gegenüber einzuholen. Die Antwort könnte in einem solchen Fall positiv mit 好 oder 好啊 gegeben werden:

(1) 你来我家, <u>好吗</u>? *Du kommst zu mir nach Hause, in Ordnung?*
(2) 明天到北京去, <u>好吗</u>? *Morgen fahren wir nach Peking, wie wäre das?*

2. 还没(有) + Satz + 呢
Mit diesem Satzmuster wird auf einen Sachverhalt Bezug genommen, der noch nicht stattgefunden hat oder dessen Handlung bis zum Sprechzeitpunkt noch nicht abgeschlossen ist, aber möglicherweise erwartet werden kann.

Vergleichen Sie dazu bitte die folgenden Satzbeispiele:

(1) 这件事我<u>还没</u>知道<u>呢</u>。 *Das kenne ich noch nicht/Das ist mir noch nicht bekannt.*

(2) 你<u>还没</u>来<u>呢</u>。 *Du bist (ja) noch nicht gekommen.*

3. 要+ andere Satzteile + 了
Diese Satzkonstruktion drückt aus, dass ein Zustand kurz davor ist, einzutreten bzw. dass eine Handlung in Kürze stattfinden. Es handelt sich von der Bedeutung her also um ein Ereignis, das in naher Zukunft erwartet wird.

(1) 火车<u>要</u>开<u>了</u>。 *Der Zug wird bald/in Kürze abfahren/fährt gleich ab.*
(2) 天气<u>要</u>冷<u>了</u>。 *Es/das Wetter wird bald kalt werden.*

In Zusammenhang mit Adverbien, die einen zukünftigen Zeitpunkt (z.B. *morgen*, *nächstes Jahr*, usw.) bezeichnen, ist diese Satzkonstruktion nicht kompatibel. Wäh-rend mit 要。。。了 zwar ein naheliegender zukünftiger Zeitpunkt bezeichnet wird, so ist dieser doch nicht näher bestimmt, also unbestimmt. Adverbien wie 明天

morgen oder下星期 *nächste Woche* bezeichnen jedoch einen ganz bestimmten Zeitpunkt in der näheren Zukunft.

4. 一 + S1 + 就 + S2

Zwei mit einander durch die Korrelative 一 und就 verbundene Teilsätze S1 und S2 können zwei Ereignisse, die in kurzer Zeit aufeinander folgen oder aber eine in S1 enthaltene Bedingung mit dem in S2 bezeichneten Ergebnis bezeichnen.

Vergleichen Sie bitte dazu die folgenden Satzbeispiele:

(1) 他一下车**就**看见小王了。   *Sobald er aus dem Zug stieg, sah er Xiao Wang.* [Ereignisfolge]

(2) 他一累**就**头疼。   *Immer wenn er müde ist, hat er Kopfschmerzen.* [Ursache und Wirkung]

5. ...又...+又...

Diese Korrelative bezeichnen das gleichzeitige Vorhandensein von zwei verschiedenen Zuständen oder Ereignissen:

(1) 他汉字写得**又**好**又**快。   *Er schreibt die chinesischen Zeichen sowohl gut als auch schnell.*

(2) 这个汽**又**便宜**又**好。   *Dieses Auto ist preiswert und gut.*

Sätze mit diesen Korrelativen könnte man im Deutschen am besten mit „sowohl...als auch..." wiedergeben.

6. ₀₀₀ 了 ₀₀₀ 就 ₀₀₀

Diese Korrelative zeigen an, dass auf das in S1 ausgedrückte Ereignis unmittelbar das in S2 bezeichnete weitere Ereignis folgt:

(1) 我做**了**作业，**就**看电视。   *Sobald ich die Hausaufgaben gemacht habe, sehe ich fern.*

(2) 昨天我们下**了**课，**就**去城市了。   *Sobald wir gestern mit dem Unterricht fertig waren, gingen wir in die Stadt.*

7. 要是 ₀₀₀ 就 ₀₀₀

In einem Teilsatz S1 bezeichnet 要是 eine Bedingung, während der mit 就 eingeleitete Teilsatz S2 die Wirkung bezeichnet (unter der Voraussetzung, dass die Bedingung erfüllt ist):

(1) 他要是有时间，他就看电视。   *Wenn er Zeit hat, sieht er fern.*

(2) 要是明天不上课，我们都去西湖公园。   *Wenn morgen kein Unterricht ist, gehen wir all in den Park am Westsee.*

8. 除了。。。以外

In Deutschen wären chinesische Sätze mit diesen Korrelativen am besten mit „außedem" oder „außer" wiederzugeben:

(1) 除了老王以外， 老张、老许、老李来了。 *Außer Lao Wang, kamen Lao Zhang, Lao Xu und Lao Li.*

Sätze mit dieser Bedeutung könne außerdem durch die Adverbien 还 oder也 in Satzteilen nach 以外 ergänzt werden.

(2) 除了老王以外，老张、老许、老李还 来了。
Außer Lao Wang kamen noch Lao Zhang, Lao Xu und Lao Li.

(3) 除了他以外，我也去了。
Außer ihm bin ich auch ich gegangen.

Mit 除了。。。以外 kann außerdem der Ausschluss der innerhalb除了。。。以外 genannten Person oder Sache bezeichnet werden. Hier liegt die Wiedergabe im Deutschen durch „mit Ausnahme von…" nahe.

(4) 除了约翰以外， 我们都去过长城了
Mit Ausnahme von John sind wir alle zur Großen Mauer gefahren.

9. Fragesätze mit 不是。。。吗

In dieser Art von Fragesätzen handelt es sich um Fragen von ausgesprochen rhetorischer Art, mit denen entweder etwas besonders hervorgehoben werden soll oder ein Sachverhalt bejahend bekräftigt werden soll.

Vergleichen Sie dazu die folgenden Satzbeispiele:

(1) 小李不是去了吗？   *Xiao Li ist doch gegangen?* [Er ist gegangen.]
(2) 你不是喜欢他吗？   *Du magst ihn doch?* [X mag Y.]

10. 有的 **und**有的。。。有的。。。

有的 (。。。有的。。。) bedeutet „einige(s)", wenn es attributiv zu einem Nomen als Nukleus verwendet wird. Bezieht sich das zweite有的 auf das gleiche, bereits durch das dem ersten 有的 folgende Nomen, kann es aus Kontextgründen nach dem zweiten有的 entfallen.

Vergleichen Sie dazu bitte die folgenden Satzbeispiele:

(1) 有的话我听不懂。
Einiges, was gesprochen wird, kann ich nicht verstehen.

(2) 他的外国朋友很多， 有的是英国人，有的是美国人， 有的是德国人。
Er hat viele ausländische Freunde; einige sind Engländer, einige andere sind Amerikaner, andere sind Deutsche.

11. 虽然。。。但是。。。

Sätze mit den Korrelativen 虽然 und 但是 sind komplexe Sätze, die den Sinn von „Obwohl S1, (trotzdem) S2" ausdrücken. Dabei kann 虽然 als Konjunktion sowohl am Satzanfang von S1 vor dem Subjekt oder unmittelbar danach stehen. 但是 leitet S2 ein und steht dann in der Regel vor dem Subjekt von S2. 但是 kann auch durch 可是 ersetzt werden.

Vergleichen Sie bitte dazu die Beispielsätze unten:

(1) 虽然下雨，可是天气不太冷。   *Obwohl es regnete, war das Wetter nicht so kalt.*
(2) 他虽然很累，但是看完书。   *Er war (zwar) sehr müde, las aber doch das Buch (noch) bis zum Ende durch.*

但是 und 可是 können auch *aber* bedeuten, können aber nicht in jedem Fall im Deutschen so in Zusammenhang mit 虽然 in Teilsätzen von S1 übersetzt werden, wie das Satzbeispiel von (1) oben zeigt. Andere Übersetzungsmöglichkeiten für 但是 und 可是 wären hier auch *dennoch, trotzdem*, deren Sinn aber in deutschen S2-Teilsätzen meistens implizit enthalten sind, wenn der entsprechende vorhergehende Teilsatz S1 mit *obwohl* oder einem ähnlichen Korrelativ eingeleitet ist, das in etwa dem Sinn von 虽然 in entsprechenden Teilsätzen von S1 im Chinesischen entspricht. Während also die Wiedergabe von 但是 und 可是 in der deutschen Übersetzung von entsprechenden S2-Sätzen des Chinesischen oft entfallen kann, müssen die Korrelative 但是 und 可是 in den entsprechenden chinesischen Teilsätzen S2 in diesen Fällen immer stehen, wenn der Gesamtsatz insgesamt ein grammatisch wohlgeformter und sinnvoller Satz im Chinesischen sein soll.

12. 不但。。。而且。。。。

不但。。。而且。。。 sind zwei Korrelative, die dem Sinn von *Nicht nur...,...sondern...* in der deutschen Wiedergabe solcher chinesischen Sätze mit diesen beiden Korrelativen entsprechen würden.

不但 steht in im Chinesischen in einem Teilsatz S1 eines komplexen Satzgebildes nach dem Subjekt des Teilsatzes S1, wenn beide Teilsätze S1 und S2 sich auf das gleiche Subjekt beziehen. Ansonsten muss 不但 vor dem Subjekt von Teilsatz S1 stehen.

(1) 他不但很累，而且有病。   *Er ist nicht nur müde, sondern auch krank.*
(2) 不但天气不好，而且他们都来了。   *Das Wetter war zwar schlecht, dennoch sind alle gekommen.*

Einige besondere Satzmuster II

In diesem Kapitel sollen einige weitere besondere Satzmuster des Chinesischen wie die emphatische Rahmenkonstruktion mit 是。。。的 und Sätze mit präponierten 把-Objekt u.a. etwas ausführlicher behandelt werden, da diese Strukturmuster mit zu den strukturellen Besonderheiten der chinesischen Sprache gehören und westlichen Lernern des Chinesischen daher auch besondere Lernerprobleme vor allem hinsichtlich ihrer praktischen Anwendung im praktischen Sprachgebrauch bereiten dürften. Außerdem sind gerade solche Strukturmuster zumeist in den bisher vorhandenen grammatischen Darstellungen bislang nur ungenügend berücksichtigt worden. In anderen Teilen dieses Buches mögen diese Themen schon im Ansatz dargestellt und besprochen worden sein; hier aber sollen u.a die Inhalte zu diesen Themen noch einmal zusammenfassend in übersichtlicher Form dargestellt werden.

1. Die Anwendung der emphatischen Rahmenkonstruktion 是。。。的

Die mit 是。。。的 eingerahmten Satzteile sollen besonders hervorgehoben und betont werden – soweit zu ihrer kommunikativen Funktion, die damit also eine besondere Emphase der mit 是。。。的 hervorgehobenen Satzteile beinhaltet. Strukturell hingegen dürften wir es mit einer Art Nominalisierung des betreffenden durch 是。。。的 eingerahmten Satzteils zu tun haben, der dadurch eben aus Sprechersicht besonders fokussiert wird:

(1) 小青是什么时候去上海的?   *Wann ist Xiao Qing denn nach Shanghai gefahren?*
(2) 小青是跟谁去上海的?   *Mit wem ist denn Xiao Qing nach Shanghai gefahren?*
(3) 小青是怎么去上海的?   *Wie ist denn Xiao Qing nach Shanghai gefahren?*
(4) 小青是今天去上海的吗?   *Ist Xiao Qing heute nach Shanghai gefahren?*
(5) 小青是一个人去上海的吗?   *Ist Xiao Qing allein nach Shanghai gefahren?*
(6) 小青是坐火车去上海的吗?   *Ist Xiao Qing mit dem Zug nach Shanghai gefahren?*

Mögliche Antworten wären dann z. B.

(7) 她是昨天去上海的。   *Sie ist gestern nach Shanghai gefahren.*
(8) 她是跟小王去上海的。   *Sie ist mit Xiao Wang nach Shanghai gefahren.*
(9) 她是坐飞机去上海的。   *Sie ist mit dem Flugzeug nach Shanghai geflogen.*

Bitte beachten Sie, dass in den obigen Satzbeispielen (1) – (6) mindestens zwei Arten von Fragesatzmustern zur Anwendung kommen: solche, die nach bestimmten Inhalten fragen (vgl. (1), (2) und (3)) sowie solche, die Entscheidungsfragesatzmuster mit der Partikel 吗 am Satzende beinhalten und folglich nur bejahend oder verneinend beantwortet werden können.

Kommunikative Funktionen
Die Verwendung dieser beiden unterschiedlichen Fragesatzmuster mit der emphatischen Rahmenkonstruktion 是。。。的 beinhaltet zwei unterschiedliche kommunikative Funktionen in eben diesem Zusammenhang:

- Es werden bestimmte Informationen über das *wer, wo, wann* usw. nachgefragt und beantwortet (bei der Verwendung der Satzmuster von Inhaltsfragesätzen).
-Es sollen bestimmte Umstände in Bezug auf ihren Wahrheitsgehalt (die Antwort wäre dann entweder *Ja* oder *Nein* zu geben) geklärt werden.

> In beiden Fällen liegt der kommunikative Fokus aus Sprechersicht auf der jeweiligen Information, weshalb eine solche Information mit Hilfe der emphatischen Rahmenkonstruktion 是。。。的 nachgefragt und in der Antwort dann auch gegeben wird.

Strukturelle Grundprinzipien

Aus struktureller Sicht ließe sich ein Satz wie 小青是跟谁去上海的? am ehesten noch nominal in etwas unbeholfenem Deutsch als *Mit wem ist Xiao Qing eine nach Shanghai Abgereiste?* wiedergeben. Denn strukturell ist 是。。。的 als emphatische Rahmenkonstruktion einfach nichts anderes als ein Satz mit einer nominalisierten Ergänzung von 跟谁去上海的 mit 小青 als Subjekt und 是 als verbalem Satzprädikat:

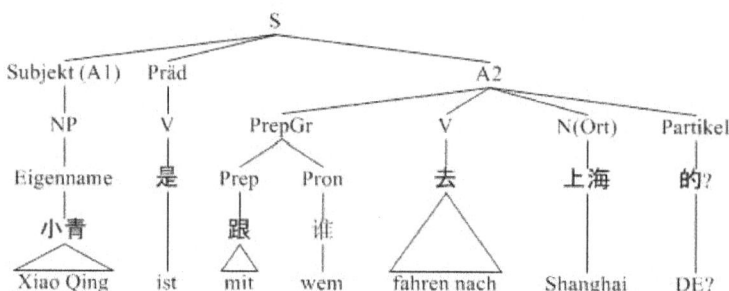

Will man also diesen Satz wie oben beschrieben als einen solchen analog zu dem Satzmuster N1 +是 + N2 auffassen, so ergibt sich aus valenzbedingter Sicht folgende Abhängigkeitsstruktur:

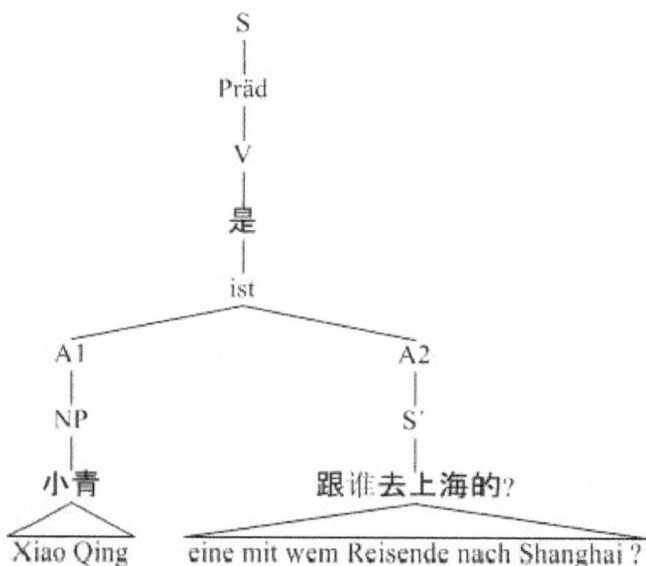

Für die jeweiligen Informationswerte des Satzes hinsichtlich von THEMA und RHE-MA bedeutet dies:

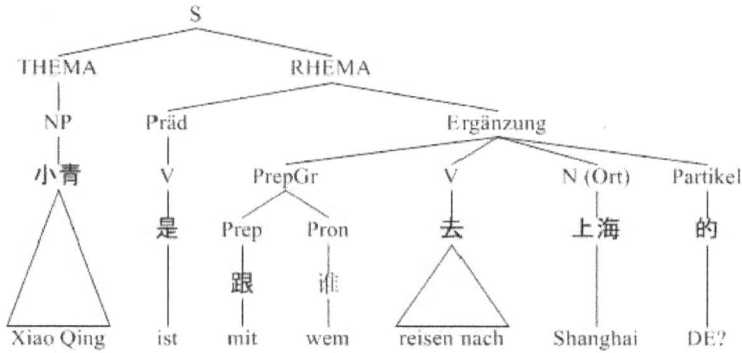

In der obigen Strukturbaumdarstellung ist das Rhema mit dem Fokus auf der Frage *mit wem* denn *nach Shanghai gereist* wird. Strukturell steht 是 also vor demjenigen Satzteil, der besonders hervorgehoben werden soll mit的 an dessen Ende und damit auch (meistens) am eigentlichen Satzende.

Wortstellung von 是 *und* 的

Hierzu sind einige besondere Wortstellungsregeln in der linearen Satzsequenz zu beachten:

1. 是 kann dabei vor solchen Satzteilen stehen, die inhaltlich Informationen zu einem Zeitpunkt, einem Ort, der Art und Weise, einem Handlungsausführenden oder einem Handlungsbetroffenen einer Aktion, die durch das innerhalb der emphatischen Rahmenkonstruktion是。。。的beinhaltete Verb ausgedrückt wird, erfragen und/oder beantworten.

2. 的 befindet sich am eigentlichen Satzende, wenn das Verb kein direktes Objekt nach sich hat oder wenn das Objekt ein Personalpronomen ist. Abweichend davon kann bei einem Ortsnomen als Objekt的 nur vor einem solchen Objekt stehen.

In den folgenden Beispielsätzen werden diese Regeln und weitere genauer illustriert:

(10) 他是昨天走的。   *Er ist gestern gegangen.*
Hier hat das Verb kein Objekt, und somit steht 的 am Satzende.

(11) 他是在中国认识我的。   *Er hat mich erst in China kennengelernt.*
Hier ist das Objekt ein Personalpronomen, somit steht 的 ebenfalls am Satzende.

(12) 我是坐火车来北京的。   *Ich bin mit dem Zug nach Peking gekommen.*
Hier ist das Objekt ein Ortsnomen, somit kann 的 am Satzende stehen <u>oder</u> alternativ wie in (12a) auch vor dem Objekt:

(12a) 我是坐火车来<u>的</u>北京。   *Ich bin mit dem Zug nach Peking gekommen*

(13) 我是在学校前头卖<u>的</u>票。   *Es war vor der Schule, wo ich das Ticket*
                                              verkauft habe.

Hier ist das Objekt kein Ortsnomen, folglich muss 的 <u>vor</u> dem Objekt stehen.

(14) 我太太是今年搬到北京<u>的</u>。   *Meine Tante ist <u>heute</u> nach Peking umgezogen.*

Hier hat das Verb ein Richtungskomplement und ein Objekt, so dass 的 am Satzende stehen muss. Eine Stellung von 的, die diesen Regeln nicht genau folgt, kann den Fokus der Satzbedeutung ändern.

Vergleichen Sie dazu bitte die beiden folgenden Satzbeispiele:

(15) 这个是去年买来汽车<u>的</u>。   *Es war im letzten Jahr, als er das Auto*
                                           gekauft hatte.

(16) 这个是去年买来<u>的</u>汽车。   *Dies ist das Auto, das er letztes Jahr*
                                           gekauft hatte.

> In (15) liegt der Fokus auf dem Zeitpunkt *letztes Jahr*, zu dem das Auto gekauft wurde, in (16) hingegen auf *dem Auto selbst*, das im letzten Jahr gekauft wurde.

Anwendungsbereiche der emphatischen Rahmenkonstruktion mit 是。。。的
Verwendet wird die emphatische Rahmenkonstruktion mit 是。。。的 insbesondere dann, wenn zu folgenden Informationsinhalten die entsprechenden Satzteile besonders hervorgehoben werden sollen:

- Zeitpunkt
- Art und Weise
- Hilfsmittel zur Durchführung einer Handlung
- Verhalten, Gebaren
- Handlungsträger
- Handlungsempfänger

Sehen wir uns dazu folgende Satzbeispiele an:

(17) 李先生是<u>什么时候</u>毕业的？   *Wann hat Herr Li sein Studium abgeschlossen?*
    李先生是<u>去年</u>毕业的。   *Im letzten Jahr hat er es abgeschlossen.*
(Zeitpunkt)

(18) 李先生是<u>在哪儿</u>毕业的？   *Wo hat denn Herr Li sein Studium abgeschlossen?*
    李先生是<u>在北京大学</u>毕业的。 *An der Peking-Universität hat er es abgeschlossen.*
(Ort)

(19) 李先生跟谁毕业的？   *Mit wem hat Herr Li sein Studium abgeschlossen?*

李先生跟王先生毕业的。¹   *(Zusammen) mit Herrn Wang hat er es abgeschlossen.*

(Art und Weise, hier: *gemeinsam mit…*)

(20) 李先生是怎么去大学的？   *Wie ist Herr Li zur Universität gefahren?*

李先生是骑自行车去大学的。   *Er ist mit dem Fahrrad zur Universität gefahren.*

(Art und Weise, hier Antwort auf die Frage *wie?*)

(21) 李先生是怎么写的信？   *Wie hat Herr Li den Brief geschrieben?*

李先生是用毛笔写的信。   *Herr Li hat den Brief mit einem Schreibpinsel*
                                    geschrieben.

(Gebrauchsgegenstand, mit dem eine Handlung durchgeführt wird)

(22) 李先生去那儿，他的老师怎么不知道？

Wie konnte sein Lehrer nichts davon wissen, dass Herr Li dorthin gegangen ist?

他是偷偷去的？   *Ist er da (etwa) heimlich hingegangen?*

(Verhalten, Gebaren)

(23) 这件事情是李先生告诉你的吗？   *Hat Herr Li es dir gesagt?*

(Handlungsträger)

(24) 这幅画他是为我画的。   *Dieses Bild hat er für mich gemalt.*

(25) 这个饭是给你做的。   *Dieses Essen habe ich für Sie zubereitet.*

(Handlungsempfänger)

Beachten Sie bitte, dass in den beiden letzten Beispielsätzen das direkte Objekt an den Satzanfang gestellt und damit in THEMA-Position des Satzes gebracht wurde. Die thematisierten Objekte sind dort entsprechend doppelt unterstrichen.

> Wenn in einem chinesischen Satz mit der emphatischen Rahmenkonstruktion 是。。。的 ein direktes Objekt vorkommt, das einen handlungsbetroffenen Gegenstand oder eine handlungsbetroffene Person bezeichnet, wird dieses oft an den Satzanfang gestellt.

Negation eines Satzes mit 是。。。的

Verneint wird mit 不, das vor 是 in 是。。。的 gestellt wird:

(26) 他不是在英国学的英文，他在中国学的。

Nicht in England hat er Englisch gelernt, sondern in China.

不 ist ein Negationsadverb, und Adverbien stehen ja grundsätzlich immer vor dem Satzprädikat.

---

¹ Dies setzt voraus, dass Herr Wang ein Studienkollege von Herrn Li aus dem gleichen Jahrgang an Universitätsabsolventen in einer bestimmten Fachrichtung war.

Die Stellung von Adverbien in Sätzen mit 是。。。的

Ebenso stehen Adverbien anderer Art grundsätzlich vor是, wenn sie sich auf den mit 是。。。的fokussierten Satzteil beziehen; ansonsten stehen sie vor dem verbalen Satzprädikat innerhalb der 是。。。的-Satzklammer:

(27) 我也是在中国学的英文。   *Auch ich habe in China Englisch gelernt.*
(28) 今天王先生是十点半才起床的。 *Heute ist er Li erst um halb zehn aufgestanden.*

Wegfall von 是 *in Sätzen mit*是。。。的

Meistens kann是 in Sätzen mit是。。。的 entfallen, in folgenden Fällen aber keinesfalls:

1) wenn das Subjekt ein Demonstrativpronomen wie这 oder 那beinhaltet;
2) in einem negierten Satz;
3) wenn die angesprochene Situation Ursache war für eine Wirkung.

Vergleichen Sie dazu bitte die folgenden Satzbeispiele:

(29) 李先生坐飞机来的。   *Herr Li kam mit dem Flugzeug.*
(30) 王先生不是在上海打的电话。 *Herr Wang hat seinen Anruf nicht aus Shanghai gemacht.*
(31) 那是在北京买的。   *Das wurde in Peking gekauft.*
(32) 他人很黑，是晒的。   *Er ist braungebrannt, nachdem er der Sonne ausgesetzt war.*

In (29) ist 是 entfallen; in (30) – (32) hingegen nicht (Negationsadverb 不 vor 是 in (31), Demonstrativpronomen 那 in (31) und Ursache-Wirkung-Aussage in (32)).

是。。。的 *bei einigen besonderen Fragesatzmustern*

Bei einem Alternativfragesatz mit 还是 steht 是。。。的 einmal vor dem ersten zu fokussierenden Satzteil, worauf 还是 folgt. Vor dem zweiten zu fokussierenden Satzteil wird 是 von 是。。。的 nicht noch einmal wiederholt, sondern lediglich mit 的 abgeschlossen:

(33) 你是走路来的还是坐汽车来的?   *Bist du zu Fuß oder mit dem Auto gekommen?*
      |———| |———|
         I   II

I = erster zu fokussierender Satzteil in einem Alternativfragesatz mit 还是
II = zweiter zu fokussierender Satzteil in einem Alternativfragesatz mit 还是

In einem Fragesatz mit der Partikel 吧 am Satzende:

(34) 你们是在北京认识的吧?   *Ihr habt euch doch in Peking kennengelernt, oder?*

In solchen Sätzen steht 吧 am Satzende nach der emphatischen Rahmenkonstruktion mit 是。。。的.

Die emphatische Rahmenkonstruktion 是。。。的 *gegenüber Sätzen mit der Aspektpartikel* 了

Vielfach legt die Verwendung der emphatischen Rahmenkonstruktion mit 是。。。的 von der Gesamtheit des Bedeutungszusammenhanges her gleichzeitig auch das Vorliegen des perfektiven Aspekts nahe. Denn fokussiert gefragt und geantwortet wird zumeist auf im Vollzug abgeschlossene Handlungen, Ereignisse und Vorgänge. Denn aus Sprecherperspektive muss – zumindest implizit – eine Handlung, ein Ereignis oder ein Vorgang abgeschlossen sein, um ihn überhaupt erst fokussiert erfragen bzw. entsprechend beantworten zu können. Man sollte jedoch nicht den Fehler machen, die 是。。。的-Rahmenkonstruktion anstelle des perfektiven Aspekts mit 了 zu verwenden, denn beide Strukturmuster sind in ihrer Verwendung nicht bedeutungsgleich.

Das kann man an Hand des folgenden Dialogs sicher leicht nachvollziehen:

(35) (I)   A： 他买汽车了吗？   *Hat er jetzt ein Auto gekauft?*
         B： 买了。   *Ja.*
  (II) A： 是什么时候买的？   *Wann hat er es denn gekauft?*
         B： 是昨天买的。   *Er hat es gestern gekauft.*
 (III) A： 是在哪儿买的？   *Wo ist es denn gekauft worden?*
         B： 是在北京买的。   *Es ist in Peking gekauft worden.*

In (35) wird der Dialogverlauf in drei Phasen I, II und III unterschieden, von denen nur Phase I eine Satzstruktur mit 了 ohne die emphatische Rahmenkonstruktion mit 是。。。的 enthält. In dieser Phase wird nämlich der Fakt des abgeschlossenen Autokaufs erfragt und bejahend beantwortet, der quasi die situationelle Vorbedingung für den weiteren Dialogverlauf mit den Phasen II und III darstellt. Die Phasen II und III dieses Dialogverlaufes wären ohne die Phase I ja sinn-, weil zusammenhanglos: Wenn das Auto *von ihm* nämlich nicht bereits gekauft wurde, erübrigen sich die weiteren Nachfragen nach dem Zeitpunkt und Ort, zu dem und an dem der Kauf getätigt wurde. In den Dialogphasen II und III stellen die entsprechenden Satzmuster mit der emphatischen Rahmenkonstruktion 是。。。的 die Fokussierung auf den Ort und Zeitpunkt des bereits vollzogenen Autokaufs ab, nicht aber auf das Ereignis des bereits vollzogenen Autokaufs selbst.

2. Besonderes zu Sätzen mit 把

Sätze mit präponiertem 把-Objekt sind relativ häufig in gesprochenen und geschriebenen chinesischen Texten anzutreffen. Hierbei handelt es sich um eine grammatische Erscheinung der chinesischen Sprache, die im Deutschen und anderen verwandten westlichen Sprachen unbekannt ist und daher besonderer Beachtung in der grammatischen Darstellung bedarf. Auch zu diesem Punkt sind die Darstellungen in den bislang vorliegenden Grammatikbeschreibungen aus westlicher Lernerperspektive unbefriedigend und wenig hilfreich. Aus diesem Grunde soll hier eine ausführlichere und damit hoffentlich auch hilfreiche Darstellung versucht werden.

Die wichtigsten strukturellen und funktionalen Eigenschaften zu diesem Thema wurden bereits früher in diesem Buch an anderer Stelle angesprochen, so dass wir uns hier vor allem auf Einzelheiten zur kommunikativen Anwendung beschränken können.

Die bei 把-Objekten zugrunde liegende Grundfunktion ist die, die Verfügbarkeit über ein von der Handlung betroffenes Objekt genauer zu umschreiben – was damit geschehen ist oder geschehen wird, wenn die Handlung auf eine bestimmte Weise durchgeführt wird oder wurde. Die Verbzusätze, in der Regel bestimmte Komplemente, beschreiben im Chinesischen die Einwirkung auf das handlungsbetroffene Objekt genauer. Aussagen dazu können sich dann hier immer nur auf das handlungsbetroffene Objekt und nicht z.B. auf das Subjekt beziehen. Manchmal ist die Verwendung des 把-Objektes sogar zwingend erforderlich, damit der entsprechende Satz grammatisch richtig und sinnvoll ist.

Kommunikative Verwendungskontexte
Im Folgenden werden die Verwendungskontexte unter dem Aspekt der jeweils möglichen Verbzusätze genauer dargestellt.

a) Beseitigung, Veräußerung, Verfügbarkeit über ein Objekt als Handlungsergebnis

(1) 他把今天的作业做完。　　　*Er hat seine Hausaufgaben für heute erledigt.*

> Das, was mit den Hausaufgaben geschehen ist, nämlich deren vollständige Erledigung, signalisiert, dass es keine mehr gibt, die noch zu machen sind. Insofern wurde ihre „Verfügbarkeit beseitigt" oder „veräußert".

b) Verbzusatz mit Ergebniskomplement als Handlungsergebnis allgemein

(2) = (1) 他把今天的作业做完。　　　*Er hat seine Hausaufgaben für heute erledigt.*

Manche Sätze mit 把-Objekt sind grammatisch falsch und auch nicht sinnvoll, wenn sich das Komplement als Verbzusatz auf das Subjekt anstelle des direkten Objekts bezieht:[2]

(2) * 我把饭吃饱了。　　　*Ich habe mich satt gegessen.*

Hier bezieht sich das Komplement 饱 *voll, satt* auf den Handlungsträger, das Subjekt. Die grammatisch korrekte und damit sinnvolle Version dieses Satzes würde daher dann z.B. lauten:

(3) 我把饭吃完了。　　　*Ich habe das Mahl (bis zum Ende) aufgegessen.*

c) Richtungskomplement mit folgender Ortsangabe zeigt z.B. das Ziel der Bewegungsrichtung in Bezug auf das handlungsbetroffene Objekt an:

(4) 昨天她把孩子从北京带来了。　　　*Gestern hat sie ihr Kind aus Peking mitgebracht.*
(5) 他把椅子搬到楼上去了。　　　*Er hat den Stuhl nach oben gebracht.*

d) mit 在 als Ergebniskomplement, um anzuzeigen, dass ein an ein bestimmtes Ziel bewegtes Objekt dort verbleibt:

---

[2]Falsche grammatische Sätze sind zur Kenntlichmachung am Anfang mit einem * versehen.

(6) 他把书忘在图书馆了。 *Er hat sein Buch in der Bibliothek vergessen.*

e) 给 als Ergebniskomplement in Zusammenhang mit anderen Verben wie 交，送，卖，还，寄，带，传, usw., die alle von ihrer jeweiligen Wortbedeutung her auch den Wortsinn der Übergabe eines Objektes x von y an z mit beinhalten. Wenn ein solcher Übergabevorgang mit einem dieser Verben angedeutet werden soll, muss 给 zwingend als Ergebniskomplement und das handlungsbetroffene Objekt im Satz als präponiertes 把-Objekt stehen:

(7) 把这些书卖给他吧。 *Verkauf ihm doch diese Bücher.*

f) 成 als Ergebniskomplement, das einen qualitativen Übergang in Bezug auf das handlungsbetroffene Objekt signalisiert:

(8) 请你把这个句子翻译成德语。 *Bitte übersetzen Sie diesen Satz ins Deutsche.*

g) 作 als Ergebniskomplement, das die Einschätzung einer Person oder Sache signalisiert:

(9) 他把我当作好朋友。 *Er hält mich für einen guten Freund.*

h) 了 als Ergebniskomplement einer abgeschlossenen Handlung, die von ihrem Wortsinn her Endgültigkeit beinhaltet, weil die Aktion, wenn sie denn einmal durchgeführt wurde oder sich ergeben hat, nicht mehr rückgängig gemacht werden kann (z. B. bei Verben wie 丢，忘，扔，撕，摸，摔，喝，取消，还 u.a.):

(10) 别把钥匙丢了。 *Verliere nicht den Schlüssel!*

i) verdoppeltes Verb, um anzuzeigen, wie mit dem handlungsbetroffenen Objekt umzugehen ist:

(11) 请把这块表修修。 *Bitte reparieren Sie mal diese Uhr.*

j) Komplement des Grades, um anzuzeigen, in welchem Ausmaß auf das handlungsbetroffene Objekt eingewirkt wird:

(12) 工作和家务把她累得病倒了。 *Die Arbeit und der Haushalt haben sie so ausgelaugt, dass sie davon krank geworden ist.*

k) Komplement der Häufigkeit, das signalisiert, wie oft man sich mit dem handlungsbetroffenen Objekt befasst hat oder befasst bzw. befassen wird:

(13) 把这篇课文念三遍。 *Lesen Sie den Text dreimal laut vor.*

l) Quantitätskomplement, das anzeigt, welche Mengen dem handlungsbetroffenen Objekt durch die Handlung beigefügt oder entnommen werden:

(14) 我们一定要把产量提高百分之二。 *Wir müssen die Produktion um zwei Prozent steigern.*

m) Andauernde Handlung mit der Aspektpartikel 着, die anzeigt, dass über das handlungsbetroffene Objekt weiterhin (kontinuierlich) verfügt wird:

(15) 你睡觉怎么还把灯开着？ 太费电了！
Wie kannst du bei brennendem Licht schlafen? Was für eine Verschwendung von/an Strom!

n) Komplement der Dauer, das anzeigt, wie lange eine Einwirkung auf das handlungsbetroffene Objekt andauert:

(16) 我已经把肉烤了五分钟了，在烤就该烤糊了。
Ich habe das Fleisch bereits fünf Minuten lang gegrillt; wenn ich es weiter grillen lasse, wird es verbrannt.

Nur solche Verben wie 烧，烤，热，煮，冷却, die das Zubereiten von Speisen in irgendeiner Form vom Wortsinn her beinhalten, können ein Komplement der Dauer in Sätzen mit 把-Objekten annehmen; die Verwendung anderer Verben als der hier genannten würde nämlich einen grammatisch falschen und sinnlosen Satz ergeben.

Sätze mit 把-Objekten im Zusammenspiel mit anderen Satzteilen
Modalverben und Negationsadverbien stehen immer vor dem mit 把 präponierten Objekt, die sich somit auf das Subjekt als Handlungsträger beziehen. Bestimmte Adverbien stehen nach dem mit 把 präponierten Objekt und vor dem Satzprädikat, wenn sie sich auf das durch die Handlung betroffene Objekt beziehen. Adverbien, die sich nur auf Satzprädikat beziehen, können wahlweise vor dem mit 把 präponierten Objekt oder hinter ihm, aber immer vor dem Satzprädikat stehen:

(17) 我没把汽车卖给他的朋友。 *Ich habe seinem Freund das Auto nicht verkauft.*
(18) 我不想把这件事告诉他。 *Ich möchte ihm das nicht sagen.*
(19) 我们都把中文作业做完了。 *Wir alle haben unsere Hausaufgaben für das Fach erledigt (= alle von uns).*
(20) 我们把中文作业都做完了。 *Wir haben unsere Hausaufgaben für das Fach alle erledigt. (= alle Hausaufgaben).*

Es gibt eine Reihe von Verben, die als Satzprädikate von ihrer Wortbedeutung her in Sätzen mit 把-präponiertem Objekt nicht kompatibel sind. Dies sind u.a. solche, die von ihrer Wortbedeutung her u.a. Folgendes signalisieren:

- Modalverben, die Wunsch, Absicht, Müssen, Sollen, Möglichkeit, Erlaubnis, Beurteilung oder Wahrscheinlichkeit andeuten;
- Intransitive Verben, die von ihrer Valenz her einwertig sind, d.h. nur ein Subjekt, aber kein handlungsbetroffenes Objekt zwingend erfordern;
- Bestimmte Verben, die in ihrer Wortbedeutung bestimmte mentale und kognitive Eigenschaften wie Zustimmung, Wissen, Sinneswahrnehmung u.ä. beinhalten;
- Einige Richtungsverben, die zwar eine Ortsangabe, aber kein direktes, handlungsbetroffenes Objekt erfordern (z.B. 进，去，下 usw.) erfordern (dies bezieht sich hier

nur auf die Fälle, wo solche Verben als Hauptverben das Satzprädikat ergeben und nicht selber lediglich als Verbzusätze als Komplemente fungieren);
- Verben, die Klassifizierung, Existenz, Zustand oder Zuordnung von ihrer jeweiligen Wortbedeutung her beinhalten (z.B. 是，叫，姓，象，成为，在 u.a.).

Mit anderen Worten: Die Verben, die von ihrer Wortbedeutung her mit 把-Objekt-Sätzen kompatibel sind und daher in ihnen als Satzprädikat vorkommen können, sind typischerweise alle diejenigen, die von ihrer Wortbedeutung her immer eine aktives dynamisches Tun und Einwirken auf ein bestimmtes handlungsbetroffenes Objekt nahelegen.

Ebenso können Verben mit einem Komplement der Möglichkeit (Potentialis) in 把-Objekt-Sätzen nicht vorkommen:

(21) *你把 工作<u>做得完</u>。   *Du kannst die Arbeit abschließen.*

3. Die Stellung der Adverbien 都 und 也 im Satz
都 und 也 sind Adverbien, die jeweils unterschiedliche Funktionen haben:

a) 都 kann auch mit *alle* übersetzt werden und referiert damit auf ihm vorangestellte Nomen oder Nominalgruppen in Subjektfunktion im Satz. Voraussetzung ist, dass das vorangehende Nomen/Nominalgruppe implizit oder explizit eine pluralische Bedeutung hat, weil es mit Nomen im Singular von der Bedeutung her nicht kompatibel wäre. Die chinesische Grammatikschreibung bezeichnet 都 zwar als *Adverb* - aus strukturellen Gründen, weil es dem betreffenden Nomen nachgestellt ist und wie andere Adverbien vor dem Satzprädikat steht, wenn es sich auf Nomen in Subjektfunktion bezieht. Von der Bedeutung her bezieht sich es jedoch weniger auf das Satzprädikat, wie man das bei genuinen Adverbien eigentlich erwarten dürfte, sondern auf das pluralische Nomen in Subjektfunktion. Außerdem scheint 都 nur mit Nomen in Subjektfunktion bzw. thematisierten Objekten, die am Satzanfang stehen, verwendet werden zu können und nicht mit Objektnomen in der Stellung hinter dem Satzprädikat.

Hier einige Satzbeispiele:

(1) 我们<u>都</u>是学生。   *Wir sind alle Studenten.*
(2) 他们 <u>都</u>来了。   *Sie sind alle gekommen.*
(3) 汽车<u>都</u>卖 了。   *Alle Autos sind verkauft.*
(4) *书、报、 杂志，我<u>都</u>要买。   *Bücher, Zeitungen, Zeitschriften – alle die möchte ich kaufen.*
(5) 书、报、 杂志<u>都</u>我要买。   *Bücher, Zeitungen, Zeitschriften – alle die möchte ich kaufen.*

Satzbeispiel (4) wäre nach den oben genannten Regeln ungrammatisch, da es hinter 我 *ich* mit impliziter singularischer Bedeutung steht und sich eigentlich auf die thematisierten Objekte 书、报、 杂志 am Satzanfang beziehen müsste.

a) 也 *auch, ebenfalls* steht immer vor dem Satzprädikat:

(6) 他们也来了。 *Sie sind auch gekommen.*

b) Kommen 都 und 也 zusammen in einem Satz vor, muss 也 vor 都 stehen:

(7) 我们都是中国人， 他们也 都是中国人。*Wir alle sind Chinesen, und auch sie alle sind Chinesen.*

(8) 他们也都是男人。 *Auch sie sind alle Männer.*

(9) 我很好， 他们也都很好。 *Mir geht es gut, und ihnen geht es allen auch gut.*

(10) 你来，希望他们也都来。 *Du kommst, und ich hoffe, sie werden auch alle kommen.*

4. Besondere Satzmuster zum Ausdruck des Vergleichs

Im Chinesischen gibt es verschiedene Satzmuster zum Ausdruck eines Vergleichs, die hier noch einmal zusammenfassend dargestellt werden sollen.

a) Vergleich mit präponiertem 比-Objekt vor dem Satzprädikat:

(1) 李先生比王先生忙。
    Herr Li hat mehr zu tun als Herr Wang.

(2) 小李二十一岁， 小王十九岁； 小李比小王大。
    Xiao Li ist 21, und Xiao Wang ist 19; Xiao Li ist (daher) älter als Xiao Wang.

(3) 小王跳舞跳得比小李好。
    Xiao Wang tanzt besser als Xiao Li.

> Sätze zum Ausdruck des Vergleichs mit präponiertem 比-Objekt drückt einen Vergleich zwischen zwei Dingen oder Personen A und B aus, aber auch den Grad, in dem sie sich unterscheiden. Gradadverbien wie 很, 非常, 太, usw. können hier nicht vor dem prädikativen Adjektiv stehen. Dieses Satzmuster ist auch als Teil eines Gradkomplements möglich (vgl. Satzbeispiel (3).

b) Vergleich mit 有 und 没有: 有 kommt in affirmativen (bejahenden) Satzaussagen vor, 没有 bei negierten Satzaussagen, und wird oft in Entscheidungsfragesätzen verwendet:

(3) 我有你唱得 好。 *Ich kann so gut singen wie du.*
(4) 我没有你唱得 好。 *Ich kann nicht so gut singen wie du.*

> In diesem Satzmuster wird ein Vergleich zwischen A und B im Sinne von *A ist/ist nicht wie B* ausgedrückt. Hier muss also immer mit ....*so wie*.... bzw. *nicht so wie* übersetzt werden.

(5) 你有我高吗？ *Bist du so groß wie ich?* [wörtlich auch: *hast meine Höhe*]

c) Vergleich zwischen A und B mit 不如:

不如 kann man mit *nicht so **Adj** wie* übersetzen. Hier sind einige Satzbeispiele:

(6) 他的汉语水平<u>不如</u>你高。　　　*Sein Chinesisch ist nicht so gut wie deins.*
(7) 这个汽车<u>不如</u>那个汽车便宜。　*Dieses Auto ist nicht so billig wie das da.*

d) Vergleich mit dem Adverb 更 *immer noch (mehr)*:

(8) 他汉语说得很好，他妹妹说得<u>更</u>好。*Sein Chinesisch ist ganz gut, aber das seiner älteren Schwester ist immer noch besser.*

e) Vergleich mit dem Adverb 最 *am meisten*

(9) 这次考试她的成绩<u>最</u>好。　　　*Sie hat (von allen anderen) das beste Ergebnis im Test erzielt.*

f) Ausdruck eines Vergleichs mit 跟。。。一样 *gleich wie*:

(10) 今天的天气跟昨天一样。　　　*Heute ist das Wetter das gleiche wie gestern.*
(11) 我买的汽车跟你的一样贵。　　*Das Auto, das ich gekauft habe, ist so teuer wie deins.*

Beachten Sie bitte, dass man mit Satzmustern zum Ausdruck des Vergleichs gemäß Punkt b), d), e) und f) zwar Gemeinsamkeiten und Unterschiede zwischen mindestens zwei Vergleichsgrößen A und B ausdrücken kann, jedoch keine spezifischen Unterschiede.

GLOSSAR DER WICHTIGSTEN FACHTERMINI

In diesem Glossar sind die wichtigsten linguistische Fachtermini mit kurzen Erläuterungen zusammengestellt, wie sie in dem vorliegenden Werk verwendet werden. Eine jeweils allumfassende und im wissenschaftlichen Meinungsstreit immer neutrale Begriffsdefinition wurde hier nicht angestrebt.

A

Alternativfragesätze: Fragesätze mit 还是, die danach fragen, ob eine Aussage P für die Entitäten A *oder* B zutrifft.

Aktanten: die valenzbedingten Ergänzungen eines Satzes.

Argument: --------> Funktion.

Attributskonstruktion: Unterschieden werden *komplexe* und *nicht-komplexe*: a) komplexe: durch mehrere, aber mindestens durch zwei Einzelworte repräsentierte mit oder ohne 的. b) nicht-komplexe: durch ein Einzelwort repräsentiert mit oder ohne 的.

Attributsstatus: a) eingebettet: Attributfügung zu einem Kernwort (Attrib 1), wobei der gesamte Komplex wiederum untergeordnetes Attribut zu einem weiteren rechts stehenden Attribut (Attr 2) ist. Das Kernwort von Attrib 1 ist *nicht* Satzgliedkernwort, das Kernwort von Attr 1 ist jedoch Satzgliedkernwort. b) nicht eingebettet: Attributsfügung, die unmittelbar vor dem *Kernwort des Satzgliedes* steht.

Attributsrelation: grammat. Relation unterhalb der Satzgliedebene, Sonderfall der ----> Modifikationsrelation: z.B.: zwischen *schöne* und *Haus* in *Hermann betrachtete das schöne Haus.*

Adverbialrelation: grammat. Relation unterhalb der Satzgliedebene; Sonderfall der ----> Modifikationsrelation; z. B.: *sehr* in *sehr schön* von *Dieses Haus ist sehr schön.*

B

Bedeutungshierarchie: die einzelnen Komponenten von Sachverhaltsbedeutungen in einem Satz: sie sind hierarchisch gegliedert, weil allein die Reihenfolge der Wörter in einem Satz noch nichts über den bedeutungsmäßigen Zusammenhang der Wörter in einem Satz untereinander aussagt, z.B. in *Ich esse meine Suppe auf* ist *auf* enger an *esse* gebunden als *meine* und *meine* ist bedeutungsmäßig enger an *Suppe* gebunden als *auf*. Das kann durch sogenannte Baumstrukturen am besten verdeutlicht werden:

```
          Ich  esse meine Suppe auf
           |    |    |     |    |
          Pron  V  Pron Subst Präp
           |    |    |_____|    |
           |    |       NGr     |
           |    |_____|_____|
           |      Verbal-  gruppe
           |         |
          Subj     Präd Obj
                    S
```

Die lineare Wortfolge in einem Satz ist ein strukturelles Kriterium und sagt noch nichts über derartige Bedeutungshierarchien aus.

C

COMMENT: ein anderer Terminus für -----> RHEMA.

D

Disambiguierung: Herstellung von Eindeutigkeit in der Bedeutung bei potenziell in der Bedeutung vieldeutigen Worten und Strukturen.

diskontinuierliche Konstituente: in der linearen Wortfolge im Satz unter dem Aspekt der -----> Bedeutungshierarchie zusammengehörige Teile eines Satzgliedes, die nicht direkt aufeinander folgen und durch andere eingeschobene Konstituenten anderer Satzglieder unterbrochen werden. Z. B. *esse* und *auf* von *aufessen* in dem Satz *Ich esse meine Suppe auf* gehören strukturell und semantisch eng zusammen, obwohl das Satzgliedobjekt *meine Suppe* zwischen beiden steht.

E

Elementbeziehung: -----> Zuordnungsbeziehung. Das Subjekt hat Individualreferenz und der Zweitaktant ------> generische Referenz; z.B. ist der Begriff *Ina* in *Ina ist ein Mensch* ein Element aus der Menge aller Menschen.

emphatische Rahmenkonstruktion *(im Chinesischen)*: Einrahmung von chinesischen Satzteilen in 是。。。的. -----> Diskontinuierliche Konstituente. Dient der emphatischen Hervorhebung der eingerahmten Satzteile mit impliziten Bezug auf perfektiven Handlungsaspekt. Terminus eingeführt in die chinesische Grammatikschreibung von SCHMIDT, Bochum 1990a.

Enthaltenseinsbeziehung: ------> Zuordnungsbeziehung. Subjekt als auch Zweitaktant haben jeweils -----> generische Referenz; die durch den Zweitaktanten bezeichnete Menge B ist jedoch größer als die durch das Subjekt bezeichnete Menge A, z. B. *Alle Chinesen (A) sind Asiaten (B)*, aber: *Nicht: (alle Asiaten sind Chinesen)*

Entscheidungsfragesatz: Fragesatz, auf den man sinngemäß entweder nur mit *ja* oder *nein* antworten kann.

Ergänzungen: minimal notwendige Konstituenten eines Satzes, um den Satz grammatisch vollständig und semantisch sinnvoll und damit zu einem wohlgeformten Satz zu machen.

F

Funktion: aus der Mathematik entlehnter Begriff für Prädikatoren-Argument-Ausdrücke, z. B.: *Ich sehe ein Haus* kann darsgestellt werden als :

   SEHE (ich, ein Haus)

SEHE ist der Prädikator, vor dem Klammerausdruck stehend, mit den Argumenten *ich* und *ein Haus* innerhalb der Klammer. Argumente werden durch Kommata innerhalb der Klammer getrennt. Der Prädikator SEHE ist zweistellig auf Grund seiner Valenz von A1 und A2. Das erste Argument ist ICH und entspricht A1, das zweite Argument ist EIN HAUS und entspricht A2. Auch Relationen unterhalb der Satzgliedebene lassen sich als Funktionen darstellen.

G

generische Referenz: bei zählbaren Substantiven der Bezug (das Gemeinte) auf eine Menge des durch das Substantiv Bezeichneten im Sinne von *alle x*.

grammatische Relationen: zwischen den Konstituenten eines Satzes auf Satzglied-

und unterhalb der Satzgliedebene; z.B. sind alle Satzglieder eigentlich grammatische Relationen, indem z.B. Subjekt immer in Bezug auf das Satzprädikat definiert wird, das Prädikat in Bezug auf den gesamten Satz, usw.

grammatische Kategorie: Bereiche der Grammatik mit verschiedenen Optionen: z.B. im Deutschen die Kategorie NUMERUS mit den Optionen Singular/Plural im Bereich der Nomen, die Kategorien TEMPUS und MODUS z.B. mit den Optionen Präteritum, Präsens u.a. bzw. Indikativ/Konjunktiv u.a. im Bereich des Verbs.

H

Handlungscharakter *(vs. konkrete Einzelhandlung)*: Handlungsverben bezeichnen in der Regel konkrete Einzelhandlungen, die an einem bestimmten Ort zu einem bestimmten Zeitpunkt stattfinden. Daher sind konkrete Einzelhandlungen zu bestimmten Zeitpunkten an einem bestimmten Ort in ihrer Einzigartigkeit nur einmalig und nicht wiederholbar. Der Handlungscharakter, so wie er in der Wortbedeutung des betreffenden Verbs angelegt ist, bleibt jedoch konstant und grenzt diese von der Wortbedeutung von anderen Verben ab. Ob eine konkrete Einzelhandlung oder der Handlungscharakter generell gemeint ist, ist eine Frage des jeweiligen ----> Kontextes. Im Deutschen und Chinesischen gibt es hierfür unterschiedliche Möglichkeiten der ----> Markierung.

I

Identitätsbeziehung: -------> Zuordnungsbeziehung. Subjekt als auch Zweitaktant haben jeweils -----> Individualreferenz, z.B. in dem Satz *Dieser Herr ist unser Hausmeister, Herr Müller.*

Individualbegriff: ---------> Individualreferenz.

Individualreferenz: Ggt. von ----> generischer Referenz. Bei zählbaren Substantiven der Bezug (das Gemeinte) auf ein ganz spezifisches einzelnes Individuum aus der Menge aller x. Nennt man dann auch Individualbegriff.

Inhaltsfragesatz: mit Fragepronomen wie *wo, wann, warum, wer*, usw. Im Chinesischen mit eigenem Satzmuster im Unterschied zum ----> Entscheidungsfragesatz.

K

Kernwort: in Modifikationsrelationen das durch Modifikatoren bestimmte Wort, z. B. *Buch* in *das gute Buch* oder *gehen* in *nicht gehen* oder *schön* in *sehr schön*.

Kommunikationskontext: 1. Zusammenhang von bestimmten sprachlichen Äußerungen mit anderen: Z.B. *Ich sehe ein Haus (1). Das Haus ist schön (2).* In Satz (1) ist *Haus* noch nicht zum ersten Male erwähnt, wohl aber in (2) im Blick auf (1). Insofern besteht ein Kommunikationszusammenhang zwischen (1) und (2). Im Chinesischen gibt es noch andere solcher Fälle. Vgl. --------> kontextsensitiver Charakter. 2. Äußere Umstände sprachlicher Äußerungen, die mit ausschlaggebend sind für ----> Redeabsicht/mittel, -----> situative Zusammenhänge, u. a.

konkrete Einzelhandlung: ----------> Handlungscharakter.

Kontext: -----------> Kommunikationskontext.

kontextsensitiver Charakter *(der chinesischen Sprache)*: da das Chinesische nur sehr wenige formale Mittel zur grammatischen -----> Markierung einsetzt, muss öfters als im Deutschen auf Konzepte wie Singular, Plural, usw., allein aus dem jeweiligen Sinnzusammenhang geschlossen werden. Dazu müssen verstärkt semantische Kriterien herangezogen werden, um im Einzelfall zu einer expliziten kontextsensitiven Regelformulierung zu kommen.

Kontrastanalyse/kontrastiv: Vergleich z.B. zwischen bestimmten grammatischen Strukturen von ------> Ausgangs- und ------> Zielsprache. U.a. auch für den Bereich der Sprachlaute (-----> Phoneme (Phonologie))), aber auch Lexik (Wortschatzeinheiten) möglich. Im letzteren Fall besonders dann, wenn die jeweiligen Bedeutungen nicht immer deckungsgleich sind, z.B. vgl.: *Schwester* <-----------> 妹妹，姐姐.

Kopulaverben: bezeichnen -----> Zuordnungsrelationen.

Korrelative: *(im Chinesischen)* Wörter wir bestimmte Adverbien, Konjunktionen u.a., die mindestens zwei verschiedene Teilsätze S_1 und S_2 innerhalb eines Gesamtsatzes S miteinander verbinden.

L

lexikalisch leer: ein Wort ohne konkrete Wortbedeutung, z.B. *es* in *Hier ist es kalt*.

lineare Wortfolge *(im Satz)*: Die direkte Aufeinanderfolge von Worten in einem Satz, ein lediglich strukturelles Phänomen, sagt noch nichts über die zugrunde liegende ------> Bedeutungshierarchie aus.

M

Markierung *(grammatischer Kategorien)*: z.B. von Tempus, Aspekt, Singular oder Plural, Satzgliedfunktion durch Wortstellung im Satz u.a.: formale Mittel einer Sprache zum Ausdruck eines bestimmten grammatischen Sachverhalts; grammatische Formen einer Sprache.

metatheoretisch: hier die begriffliche Bedeutung von Konzepten wie ASPEKT (auch in Abgrenzung von TEMPUS), usw.

Modificandum: die ein Kernwort modifizierende/n Konstituente/n.

Modificatum: ein durch -----> Modifikatoren näher bestimmtes Kernwort.

Modifikationsrelation: eine der ---> grammatischen Relationen unterhalb der Satzgliedebene; z.B. zwischen einem Attribut und seinem substantivischen -------> Kernwort oder zwischen Adverb und Prädikat.

Modifikator/en: -------------> Modificandum.

N

Nukleus: ------------> Kernwort.

Q

Quasiobjekt *(im Chinesischen)*: Objekt bei ------> V-O-Konstruktionen.

R

Redundanz: bereits bekannte Informationsanteile, z.B. in *Ich gehe* ist *-e* als Markierung für die 1. Pers. Sg. Präsens *redundant*, da dieser Informationsanteil bereits im Subjekt *ich* von *ich gehe* enthalten ist.

Referenz: das tatsächlich Gemeinte in Abhängigkeit von bestimmten Kommunikationszusammenhängen bei der Verwendung von Worten mit lexikalischer Bedeutung.

relationaler Charakter *(einer Wortbedeutung)*: diejenigen Komponenten der Wortbedeutung z.B. eines Verbs, die u.a. für die Anzahl der -----> Aktanten eines Satzes im Rahmen der Valenz ausschlaggebend sind: z.B. *gehen* mit einer Valenz von n=2 für A1 = der, der geht und A2 = Ort, wohin man geht. Die gleichen relationalen Wortbedeutungskomponenten gelten auch für *fahren; fahren* für (+FORTBEWEGUNG MIT

EINEM FORTBEWEGUNGSMITTEL) und *gehen* (+ FORTBEWEGUNG AUS EIGE-NER KRAFT) unterscheiden sich nur geringfügig voneinander durch nicht-relationale Komponenten der Wortbedeutungen in *fahren* und *gehen*.

Rhema: dasjenige, das unter dem Aspekt des kommunikativen Mitteilungswertes eine Aussage über das -----> Thema eines Satzes macht.

S

Satzgliedfunktion: Elemente einer Wortklasse, z.B. ein Substantiv, kann in einem Satz je nach zugrunde liegender grammatischer Relation, u.a. entweder Subjekt oder Objekt sein. Substantive - wie auch die Elemente anderer Wortklassen - auch können also durchaus unterschiedliche Satzgliedfunktionen haben.

Satzgliednukleus/nuklei: das -------> Kernwort eines Satzglieds im Rahmen einer ------> Modifikationsrelation, z.B.: *Buch* in *Dieses englische Buch gefällt mir* in Subjektfunktion.

Satznegation: die Verneinung eines Sachverhaltes auf Satzebene, in der Regel durch ein Negationsadverb des Prädikats.

Satzprädikat: im Deutschen nur Verben, im Chinesischen Adjektive und Verben . -----> Satzgliedfunktion.

semantisch-strukturelles Zentrum des Satzes: Verben, die Valenzträger eines Satzes sind : Ihre Wortbedeutung ist ausschlaggebend für Art und Anzahl der minimal notwendigen Aktanten in einem Satz, so dass der Satz strukturell vollständig und semantisch sinnvoll ist.

situativer Zusammenhang: Sprachliche Kommunikation findet immer aus einem bestimmten Anlass unter bestimmten Umständen statt in Bezug auf Inhalt und andere Umstände der jeweiligen sprachlichen Äußerung. So kann die Äußerung *Ich möchte bitte 100 g Aufschnitt* beim Einkauf in einer Fleischerei gemacht werden (dies ist dann der situative Zusammenhang).

Skopus: semantischer Gültigkeitsbereich bei -----> Satznegation im Unterschied zu Satzteilnegation.

T

Thema: dasjenige, worüber unter dem Aspekt des kommunikativen Mitteilungswertes etwas durch das -----> Rhema ausgesagt wird.

Topic: ein anderer Terminus für -----> THEMA.

V

Valenz: strukurell-semantische Wertigkeit von Verben auf Grund der jeweiligen Wortbedeutung eines Verbs und der in ihr enthaltenen relationalen Komponenten.

valenzbedingendes Hauptverb: in einem Satz wie *ich möchte nach Hause gehen* ist *gehen* und nicht *möchte* der valenzbedingende Teil des Prädikats.

Verb-Objekt-Konstruktion *(V-O-Konstruktion; im Chinesischen)*: bezeichnet den ----> Handlungscharakter im Gegensatz zu einer ------> konkreten Einzelhandlung. Das Objekt in diesen Satzmustern ist ------> lexikalisch leer und wird in der Regel nichts ins Deutsche mit übersetzt. Diese Satzmuster bezeichnen im Chinesischen eher den ------> Handlungscharakter. Man nennt solche Objekte daher auch ------> *Quasiobjekte*.

W

Wertigkeit: ---------> Valenz.

Wortbildung: kein Teil der Grammatik, sondern der Bildungsgesetze innerhalb der Lexik, z.B. bei Wortzusammensetzungen von Substantiven, Zahlworten, Verben, usw.

Z

Zuordnungsbeziehungen: Oberbegriff für semantische Relationen zwischen Subjekt und Zweitaktant in Sätzen mit ------> Kopulaverben. Drückt entweder eine ----> Element-, -----> Enthaltenseins- oder ------> Identitätsbeziehung

ABKÜRZUNGEN

0   Nullelement (für ein nur abstrakt und nicht konkret in der Satzstruktur vorhandenes Element)

A1, A2, A3   Aktanten 1,2,3...

Adj   Adjektiv

AdjPräd   Adjektivprädikat (in (satz)prädikativer Funktion)

Adv   Adverb, Adverbiale

AdvGr   Adverbialgruppe

AdvPhr   Adverbialphrase

Art   Artikel

Attr   Attribut

Attr1   Attribut 1

Attr2   Attribut 2

Demonstrpr Demonstrativpronomen

Korr   Korrelativ

Mod   Modifikator

MV   Modalverb

N   Nomen

NGr   Nominal/Substantivgruppe

NP   Nominalphrase/gruppe

NS   Nebensatz

Num   Numerale, Zahlwort

Obj   Objekt

Obj1   Objekt 1

Obj2   Objekt 2

Objdir   direktes Objekt

Objindir   indirektes Objekt

Präd   Prädikat

Präd´   ein in ein Satzglied eingebettetes Prädikat (kein Satzprädikat)

Perspr   Personalpronomen

Postp   Postposition

Pron   Pronomen

S   Satz

S'   Gesamtsatz mit S1 und S2

S1   Teilsatz 1 von S (= S1)

S2   Teilsatz 2 von S (= S2)

S1   Teilsatz 1 von S'

S2   Teilsatz 2 von S'

Subj   Subjekt

Subj´, subj´ ein in ein Satzglied eingebettetes Subjekt

Subst   Substantiv

V   Verb

VGr   Verbalgruppe

VP   Verbalphrase/gruppe

ZEW   Zähleinheitswort

IN DIESER ARBEIT VERWENDETE SATZMUSTERNOTATIONEN

Vorbemerkung

Grundsätzliches zu der hier verwendeten Notation der Satzstrukturen wird an Hand der nachfolgenden Beispiele exemplarisch verdeutlicht.

A1/(+HANDLUNGSTRÄGER)
Bezeichnung eines Aktanten in seiner semantischen Rolle.

Subj + Präd = V + Obj...
Satzstrukturmuster mit Subjekt, V als Prädikat und Objekt; hinter dem Objekt können weitere beliebige Konstituenten stehen.

Subj = [Pron + Demonstrpron + ZEW + Subst] + Präd + Obj
Satzstrukturmuster, in dem das Subjekt aus den Konstituenten Pron, Demonstrpr, ZEW und Substantiv besteht und darüber hinaus aus Prädikat und Objekt (im Chinesischen).

 Subj + Präd = Adj/不 + Adj
Satzstrukturmuster mit Subjekt und Prädikat, wobei das Prädikat entweder aus einem Adjektiv oder 不 + Adjektiv bestehen kann.

Subj + Präd = (不) + V + Obj (吗)
Satzstrukturmuster mit Subjekt und Prädikat, wobei das Prädikat ggf. durch vorstehendes 不 verneint sein kann oder auch nicht und die Satzpartikel 吗 am Satzende stehen kann oder auch nicht.

(A) A kann, muss aber nicht verwendet werden, ist optional/fakultativ.
 A/B A kann wahlweise auch an Stelle von B oder umgekehrt verwendet werden.
* Ein Satz mit * davor ist ein grammatisch falscher und nicht sinnvoller Satz.

Index der Beispielsätze in der Hanyu-Pinyin-Umschrift

Deskriptive Grundlagen

1:

(1) wǒ mǎi Zhōngguó shū.

(1) 我买中国书。

(2) zhè běn shū hěn hǎo.

(2) 这本书很好。

(3) zhè běn hǎo shū wǒ yào mǎi.

(3) 这本好书我要买。

(4) jīntiān wǒ mǎi Zhōngguó shū.

(4) 今天我买中国书。

(5) wǒ mǎi shū.

(5) 我买书。

(6) wǒ péngyou yāomǎi hǎo shū.

(6) 我朋友要买好书。

(7) wǒ bù lèi.

(7) 我不累。

(8) wǒ bù mǎi shū.

(8) 我不买书。

(9) wǒmen dōu mǎi bào.

(9) 我们都买报。

(10) wǒmen bù dōu mǎi bào.

(10) 我们不都买报。

(11) wǒmen dōu bù mǎi bào.

(11) 我们都不买报。

2:

(1) tā gěi wǒmen shū.

(1) 他给我们书。

3:

(1) Wǒ gěi tā shū.

(1) 我给他书。

(2) Wǒkàn Zhōngguó shū,Zhōngguó bào děng.

(2) 我看中国书，中国报等。

(3) Zhōngguó shū、Zhōngguó bào,wǒ dōu kàn.

(3) 中国书、中国报，我都看。

(4) wǒ gěi nǐ qián.

(4) 我给你钱。

(5) wǒ huì shuō Fǎguó huà,Yīngguó huà,Zhōngguóhuà.

(5) 我会说法国话,英国话,中国话。

(6) Fǎguó huà、Yīngguó huà、Zhōngguóhuà,wǒ dūhuì shuō.

(6) 法国话、英国话、中国话,我都会说。

4:

(1) Měi shēngshi Zhōngguórén.

(1) 美生是中国人。

(2) Zhōngguórén shì Yàzhōu rén.

(2) 中国人是亚洲人。

(3) Měi shēngshi wǒ hǎo péngyou.

(3) 美生是我好朋友。

(4) wǒ xìng wáng.

(4) 我姓王。

(5) tā jiào měi shēng.

(5) 她叫美生。

(6) tā xìng Wáng měi shēng

(6) 她姓王美生

(7) wǒ zhège péngyou xìng Lǐ.

(7) 我这个朋友姓李。

5:

(1) Tā kànshū.

(1) 他看书。

(2) Tā chīshuǐ guǒ.

(2) 他吃水果。

(3) Tā chīfàn.

(3) 他吃饭。

6:

(1) Wǒ shì cóng Déguó lái de,bù shì cóng Fǎguó lái de.

(1) 我是从德国来的,不是从法国来的。

7:

(1) wǒ zàixué xiào xué Zhōngwén, bù xué Yīngwén.

(1) 我在学校学中文, 不学英文。

(2) jīntiān hěn lěng, suǒyǐ wǒ bù néng lái.

(2) 今天很 冷, 所以我不能来。

(3) tā shuō tā bù shūfú.

(3) 他说他不舒服。

8:

(1)tā yàoshi hái shuìjiào ne, nǐ jiù bié jiào tā.

(1)他要是还睡觉呢, 你就别叫他。

(2) tiān yī liàng le.Wǒmen shàng qǐlái.

(2) 天一亮了。我们上起来。

(3) wǒmen yī kànjian xiǎoháir jiù xǐhuan.

(3) 我们一看见小孩儿就喜欢。

9:

(1) Lǎo lǐ bǐ wǒ pàng.

(1) 老李比我胖。

10:

(1) tā shì shuí?

(1) 他是谁？

(2) tā shì wáng bóshì.

(2) 他是王博士。

(3) A： tā shì Zhōngguórén ma?

(3) A： 他是中国人吗？

B： shì.

B： 是。

bù shì.

不是。

(4) A： zhè běn shū guì bù guì?

(4) A： 这本书贵不贵？

B： guì.

B： 贵。

bù guì.

不贵。

(5) zhè liǎng gè qìchē, shì zhège kuài, shì nàge kuài?

(5) 这两个汽车， 是这个快，是那个快？

(6) wǒmen zuò qìchē háishi zǒu zhè qù?

(6) 我们 坐汽车还是走这去？

(7) huòshi nǐ qù huòshi wǒ qù, dōu kěyǐ.

(7) 或是你去 或是我去， 都可以。

(8) huòshi wǒ zǒulù huòshi wǒ zuò qìchē qù, wǒ hái bù zhīdào.

(8) 或是我走路或是我坐汽车去，我还不知道。

(9) huòshi nǐ lái huòshi tā zǒu, dōu xíng.

(9) 或是你来或是他走，都行。

(10) shì nǐ qù, shì wǒ qù?

(10) 是你去，世我去？

(11) háishi nǐ qù shì wǒ qù?

(11) 还是你去是我去？

(12) huòshi nǐ qù huòshi wǒ qù, dōu kěyǐ.

(12) 或是你去或是我去， 都可以。

(12a) tā yòu bù gāo yòu bù pàng.

(12a) 他又不高又不胖。

(13) A: zhāng xiānsheng háishi gāo háishi pàng?

(13) A： 张先生还是高还是胖？

B: 1. tā hěn gāo.

B: 1. 他很高。

2. tā hěn pàng.

2. 他很胖。

3. tā yòu gāo yòu pàng.

3. 他又高又胖。

(14) tā yòu bù gāo yòu bù pàng.

(14) 他又不高又不胖。

11:

(1) táng jiào háizi(gěi) chī le.

(1) 糖叫孩子(给) 吃了。

(2) mǔqin ràng xiǎoháizi chūqu wánr.

(2) 母亲让小孩子出去玩儿。

(3) mǔqin jiào xiǎoháizi jìnlai.

(3) 母亲叫小孩子进来。

(4) fùqin jiào mǔqin kànbào.

(4) 父亲叫母亲看报。

(5) mǔqin dǎle xiǎoháizi le.

(5) 母亲打了小孩子了。

(6) xiǎoháizi bèi mǔqin dǎ le.

(6) 小孩子被母亲打了。

12:

(1) tāqù/tāqù le.

(1) 他去/他去了。

(2) tā yào qù/ tā yào qù le.

(2) 他要去/ 他要去了。

(3) tāqù/tāqù zhene.

(3) 他去/他去着呢。

(4) xiànzài nà běn shū wǒkàn wán le.

(4) 现在那本书我看完了。

(5) míngtiān nà běn shū shū wǒkàn wán le.

(5) 明天那本书书我看完了。

(6) zuótiān nà běn shū shū kàn wán le.

(6) 昨天那本书书看完了。

(7) xiànzài wǒ bìngle.

(7) 现在我病了。

(8) kǒngpà wǒ bìngle.

(8) 恐怕我病了。

13:

Jīntiān bù néng mǎi

今天不能买

jīntiān, Bǐdé hé shān běn qù shāngdiàn mǎi dōngxi. Bǐdé yàomǎi yī gè lùyīnjī.

今天，彼得和山本去商店买东西。彼得要买一个录音机。

zhège shāngdiàn hěn dà, lùyīnjī hěn duō: yǒu dà de, yǒu xiǎo de, yǒu guì de, yě yǒubiàn yí de. Shān běn duì Bǐdéshuō:

这个商店很大，录音机很多：有大的，有小的，有贵的，也有便宜的。山本对彼得说：

这个商店很大，录音机很多：有大的，有小的，有贵的，
也有便宜的。山本对彼得说：

" nǐ kàn zhège shāngdiàn yǒu hěn duō lùyīnjī,nǐ xǐhuan nǎ zhǒng?Nàge dà de zěnmeyàng?Yī gè wǔ èrshísān kuài;zhège xiǎo de, yòu piányí yòu hǎo,yī gè sānbǎi bāshíliù kuài.Nǐ mǎi dà de háishi xiǎo de?"

" 你看这个商店有很多录音机，你喜欢哪种？那个大的怎么样？一个五二十三块；这个小的， 又便宜又好，一个三百八十六块。你买大的还是小的？"

Bǐdé duì shān běn shuō:"zhèxiē lùyīnjī dōu hěn hǎo,kěshì wǒ jīntiān bù néng mǎi."

彼得对山本说："这些录音机都很好，可是我今天不能买。"

Shān běnwèn Bǐdé:"wèishénme?"

山本问彼得： "为什么？"

Bǐdé shuō:"wǒ jiù yǒu qīshí kuài qián."

彼得说： "我就有七十块钱。"

Wortklassen

1.1.1
(1) wǒkàn le zhè běn shū.---➔ wǒ bǎ zhè běn shū kàn wán le.
(1) 我看了这本书。---➔ 我把这本书看完了。

1.1.3
(2) mǔqin de màozi hěn hǎo kàn.
(2) 母亲的帽子很好看。
(3) wǒ péngyou de shū hěn yǒu yìsi.
(3) 我朋友的书很有意思。
(4) Zhōngguó shì yī gè hěn dà de guójiā.
(4) 中国是一个很大的国家。
(5) yībǎi kuài qián de shū yīdiǎn guì.
(5) 一百块钱的书一点贵。
(6) wǒ yào xǐ xīn de,bùyào jiù de.
(6) 我要喜新的，不要旧的。
(7) A: zhège biǎo shì shéi de?
(7) A: 这个表是谁的？
　　B. zhège biǎo shì wǒ de.
　　B. 这个表是我的。
(8) wǒ mǔqin huì shuō Yīngyǔ.
(8) 我母亲会说英语。
(9) wǒ péngyou bù xǐhuan dài màozi.
(9) 我朋友不喜欢带帽子。

(10) tā bù xǐhuan jiù jiù màozi, bùhǎokàn.
(10) 他不喜欢就旧帽子， 不好看。
(11) tā shì wǒ hěn hǎo de péngyou.
(11) 他是我很好的朋友。
(12) wǒ bùyào jiù de,yào xīn de.
(12) 我不要旧的， 要新的。
(13) zhè běn shū shì shéi de?
(13) 这本书市谁的？

1.1.4
(14)wǒ de màozi de yánsè hěn hǎo kàn.
(14)我 的 帽子的颜色很好看。
(14a) huì shuō Zhōngguóhuà de wàiguórén shì Yīngguórén.
(14a) 会说中国话的外国人是英国人。
(15) nǐ gěi wǒ de màozi bù shì tā de.
(15) 你给我的帽子不是他的。
(16) nǐ kàn de nà běn Rìběn bào bù shì wǒ de.
(16) 你看的那本日本报不是我的。

1.1.5
(17) xiàng、bízi hěn cháng.
(17) 象、鼻子很长。
(18) xiàng de bízi hěn cháng.
(18) 象 的 鼻子很长。

1.1.6
(19) tā yǒu liǎng gè háizi.
(19) 他有两个孩子。
(20) zhèli yǒu shū.
(20) 这里有书。
(21) zhuōzi shàng méiyǒu shū.
(21) 桌子上没有书。
(22) wǒmen xuéxiào yǒu liǎngbǎi duō xuésheng,wǔshí wèi lǎoshī.
(22) 我们学校有两百多学生，五十位老师。
(23) Měiguó méiyǒu hěn duō Zhōngguórén.
(23) 美国没有很多中国人。
(24) zhuōzi xià yǒu háizi.
(24) 桌子下有孩子。

1.1.7
(25) wǒ jiā zàixué xiào hòubian.
(25) 我家在学校后边。
(26) xuéxiào zàihòu biān.
(26) 学校在后边。

(27) shū zài zhuōzi shàng.
(27) 书在桌子上。

1.1.9
(28) péngyoumen
(28) 朋友们
(29) tóngxuémen
(29) 同学们

1.1.10
(30) jiājiā
(30) 家家
(31) niánnián
(31) 年年

1.1.11
(32) chēzi
(32) 车子
(33) zhǐtou
(33) 指头
(34) wǎn ér
(34) 碗儿

1.3
Shí'èr
十二
Shísān
十三
Shíjiǔ
十九
èrshí
二十
sānshí
三十
jiǔshí
九十
Sānbǎi
三百
Wǔqiān
五千
Liùwàn
六万
Sānbǎi wǔshí'èr
三百五十二
Yī jiǔ èr sān líng
一九二三零
Yīqiān jiǔbǎi nián
一千九百年
Yīqiān bābǎi liùshísān nián
一千八百六十三年

Yīqiān jiǔbǎi bāshí nián
一千九百八十年
Yī sì jiǔ èr nián
一四九二年
Yī líng sān yī nián
一零三一年
Yī bā líng líng nián
一八零零年
Yīqiān jiǔbǎi nián
一千九百年
Yīqiān bābǎi liùshísān nián
一千八百六十三年
Yīqiān jiǔbǎi bāshí nián
一千九百八十年
Yī jiǔ yī líng nián
一九一零年
nǎ nián
哪年
Qùnián
去年
Jīnnián
今年
Míngnián
明年
Yīyuè
一月
Èryuè
二月
Sānyuè
三月
Sìyuè
四月
Wǔyuè
五月
Liùyuè
六月
Qīyuè
七月
Bāyuè
八月
Jiǔyuè
九月
Shíyuè
十月
Shíyīyuè
十一月
Shí'èryuè
十二月
Jǐ yuè
几月

Shàng(gè)yuè
上(个)月
Zhè(gè)yuè
这(个)月
Xiàyuè
下月
Yī rì
一日
Èr rì
二日
Sān rì
三日
Sì rì
四日
Wǔ rì
五日
Liù rì
六日
Qī rì
七日
Bā rì
八日
Jiǔrì
九日
Shí rì
十日
Shíyī rì
十一日
Jǐ rì?
几日？
Zuótiān
昨天
Jīntiān
今天
Míngtiān
明天
Nǎ tiān?
哪天？
Xīngqīrì
星期日
Xīngqīyī
星期一
Xīngqī'èr
星期二
Xīngqīsān
星期三
Xīngqīsì
星期四
Xīngqīwǔ
星期五

Xīngqīliù
星期六
Xīngqījǐ?
星期几？
Shàng gè xīngqī
上个星期
Zhège xīngqī
这个星期
Xià gè xīngqī
下个星期
Nà gè xīngqī?
哪个星期？
Shàng gè xīng qī liù
上 个 星 期 六
Zhè gè xīng qī liù
这 个 星 期 六
Xià gè xīng qī liù
下 个 星 期 六
Nǎ gè xīng qī liù?
哪 个 星 期 六？
Dì yī tiān
第 一 天
Dì èrtiān
第 二 天
Dì sān nián
第 三 年
Dì sì gè
第 四 个
Dì wǔ wèi
第 五 位
Dì liù běn
第 六 本
Dì qī zhāng
第 七 张
Dì jǐ běn ？
第 几 本 ？
Jīn tiān xīng qī jǐ ？
今 天 星 期 几 ？
Jīn tiān xīng qī èr.
今 天 星 期 二。
Xiàn zài jǐ yuè ？
现 在 几 月 ？
Xiàn zài Èryuè。
现 在 二 月。
Xiàn zài nǎ nián ？
现 在 哪 年 ？
Xiàn zài yī jiǔ jiǔ sān nián。
现 在 一 九 九 三 年。
Lǐ bài
礼 拜

Shén me shí hòu le？
什 么 时 候 了？
Jǐ diǎn zhōng le？
几 点 钟 了？
Yīdiǎnzhōng
一点钟
Yīdiǎn shí fēn
一点 十 分
Yīdiǎn shí wǔ fēn
一点 十 五 分
(yī diǎn yī kè)
(一点一刻)
Yīdiǎn èrshí fēn
一点 二十分
Yīdiǎn sānshí fēn
一点 三十分
(yī diǎn bàn)
(一点半)
Yīdiǎn sìshí fēn
一点 四十分
Yīdiǎn sìshíwǔ fēn
一点 四十五分
(yī diǎn sān kè zhōng)
(一点三刻钟)
Liǎng diǎnzhōng
两点钟
Liǎng diǎn duō zhōng
两点多钟
A：nǐ kàn kànshū,kànle duōshao shí-
hou le?
A：你看看书，看了多少时候了？
B：nǐ kànle shū,kànle jǐ ge zhōngtóu
le?
B：你看了书，看了几个钟头了？
Yīfēn zhōng
一分中
Liǎng fēnzhōng
两分钟
Sì、wǔ fēnzhōng
四、五分钟
Shíjǐ fēnzhōng
十几分钟
Sānshí fēnzhōng
三十分钟
(bàndiǎnzhōng)
(半点钟)
Sìshíwǔ fēnzhōng
四十五分钟
(sān kèzhōng)
(三刻钟)

Yīdiǎn zhōng
一点中
Yīdiǎn duō zhōng
一点多钟
Yīdiǎn(líng)shífēn
一点(零)十分
Bàn ge zhōngtóu
半个钟头
Yī ge zhōngtou
一个钟头
Yī gè duō zhōngtóu
一个多钟头
Yī gè bàn zhōngtóu
一个半钟头
Sì、wǔ gè zhōngtóu
四、五个钟头
Shíjǐ gè zhōngtóu
十几个钟头
Chē liǎng diǎn zhōng dào le。
车 两点钟 到了。
Wǒ měi tiān shàng sì gè zhōng tóu de kè
我 每 天 上 四 个 钟头 的 课。
Wǒ měi tiān shàng kè shàng sì gè zhōng
tóu。
我 每 天 上 课 上 四 个 钟头。
Nǐ yǒu duōdà suì shù？
你 有 多大 岁数？
Nǐ duō suì shù？
你多岁数？
Wǒ（yǒu）wǔ shí suì。
我（有）五十岁。
Tā yǒu sì shí suì méi yǒu？
他 有 四 十 岁 没 有？
Méiyǒu。
没有。
Yǒu。
有。
Nǐ yǒu jǐ suì？
你 有 几岁？
Nǐ jǐ suì？
你 几 岁？
Yǒu èrshí'èr suì。
有 二十二岁。
Èrshí'èr suì。
二十二岁。
Zhège zhuōzi sānchǐ cháng.
这个桌子三尺长。
Zhè gè zhuō zi méi yǒu sān chǐ cháng。
这 个 桌 子 没 有 三 尺 长。

168

Zhè gè zhuō zi yǒu sān chǐ cháng méi yǒu ？

这个桌子有三尺长没有 ？

Nà gè shān yǒu duōgāo ？ yǒu yī wàn chǐ gāo ma ？

那个山有多高 ？有一万尺高吗 ？

Běi jīng dào nán jīng yǒu èrshí liù gōng lǐ、 yǒu èrshí liù duō gōnglǐ。

北京到南京有二十六公里、 有二十六多公里。

1.4

Zhè běn shū

这本书

Liǎng běn shū

两本书

Liǎng běn rìbào

两本日报

Liǎng gè rén

两个人

Zhè gè rén

这个人

Wǒ yào zhège, bùyào nàge.

我要这个、 不要那个。

Wǒ yào sān gè.

我要三个。

2.1

(1) xuéxí Hànyǔ

(1) 学习汉语

(2) tīngle yīnyuè

(2) 听了音乐

(3) náguòlái

(3) 拿过来

(4) fàngxià

(4) 放下

(5) yě qù

(5) 也去

(6) huìtóng yì

(6) 会同意

(7) bùlái

(7) 不来

(8) wǒ méiyǒu kànshū

(8) 我没有看书

(9) shuōshuo

(9) 说说

(10) shuō bù shuō?

(10) 说不说?

(11) nǐ yàobuyào chīfàn?

(11) 你要不要吃饭?

(12) wǒmen xiànzài méiyǒu shíjiān kànshū.

(12) 我们现在没有时间看书。

(13) nǐ kàn jiàn tā.

(13) 你看见他。

(14) bǐsài kāishǐ.

(14) 比赛开始。

(15) wǒmen kāishǐ yánjiū.

(15) 我们开始研究。

(16) tā xiě bù wán.

(16) 他写不完。

(17) tā xiě bù wán.

(17) 他写不完。

(18) hē de shuǐ bùgān jìng.

(18) 喝的水不干净。

2.1.1

(19) hái zǐdū dà le。

(19) 孩子都大了。

(20) A：　nǐ hái yào shén me ne ？

(20) A：　你还要什么呢？

　　　B：　bùyào shén mòliǎo。

　　　B：　不要 什么了。

(21) wǒ xiànzài zhōng guó huà le。

(21) 我现在中国话了。

(22) chī fàn de shí hòu kuài dào le。

(22) 吃饭的时候快到了。

(23) fù qīn jiù yào huílai láile。

(23) 父亲就要回来来了。

(24) tā lái le.

(24) 他来了。

(25) tā zuótiān wǎnshang shuō gùshi le.

(25) 他昨天晚上说故事了。

(26) tā kànshū le.

(26) 他看书了。

27) tā kànle zhè běn shū(le)。

27) 他看了这本书(了)。

(28) nǐ chī(le)fàn le ma?

(28) 你吃(了)饭了吗?

(29) tā péngyou lái le.

(29) 他朋友来了。

(30) wáng xiānsheng dào fànguǎnr chīfàn qù le.

(30) 王先生到饭馆儿吃饭去了。

(31) tā gěi wǒ nàge qián le.

(31) 他给我那个钱了。

(32) nǐ chīle fàn le ma?

(32) 你吃了饭了吗?

(33) nǐ wènle lǎoshī le ma?

(33) 你问了老师了吗?

(34) wáng xiānsheng lái le.

(34) 王先生来了。

(35) wáng xiānsheng méi lái/méiyǒu lái.

(35) 王先生没来/没有来。

(36) tā láile ma?

(36) 他来了吗?

(37) tā láile méiyǒu?

(37) 他来了没有?

(38) tā méi lái ma?

(38) 他没来吗?

(39) rén hái méi zǒu ne.

(39) 人还没走呢。

(40) wǒ hái méi mǎi dōngxi ne.

(40) 我还没买东西呢。

(41) tā hái méi wèn lǎoshī ne.

(41) 他还没问老师呢。

(42) guāfēng le.

(42) 刮风了。

(43) wǒ yǐjing xiěle xìn le.

(43) 我已经写了信了。

(44) xiūxile.

(44) 休息了。

(45) tā yǐjing láile,bùyòng dǎ diànhuà le.

(45) 他已经来了,不用打电话了。

(46) ròu huái le,bù néng chī le.

(46) 肉怀了,不能吃了。

(47) huā mànmàn hóng le.

(47) 花慢慢红了。

(48) A:qǐngwèn,hái yǒu fàn ma?

(48) A:请问,还有饭吗?

(49) B: méiyǒu le.

(49) B: 没有了。

2.1.2

(1) wǒ zuò zuòyè le.

(1) 我做作业了。

(2) wǒ gàosu tā le.

(2) 我告诉他了。

(3) A: zuótiān wǎnshang nǐ dōu gàns-hénme le?

(3) A: 昨天晚上你都干什么了?

B: xiěle yī fēng xìn, kànle yīhuìr diànshì, hái qùle yī tàng túshūguǎn.

B: 写了一封信, 看了一会儿电视, 还去了一趟图书馆。

(4) A: zuótiān tāqù nǎr le?

(4) A: 昨天他去哪儿了?

B: tāqù túshūguǎn le.

B: 他去图书馆了。

(5) A: shéi mǎi shūle?

(5) A: 谁买书了?

B: wǒ mǎi(shū) le.

B: 我买(书) 了。

(6) A: shéi hēle liǎng bēi jiǔ?

(6) A: 谁喝了两杯酒?

B: tā hēle liǎng bēi jiǔ.

B: 他喝了两杯酒。

(7) tā yǐjing sān tiān méi(yǒu)chīfàn le.

(7) 他已经三天没(有)吃饭了。

(8) wǒ yǐjing sān nián méi(yǒu)xué Hànyǔ le.

(8) 我已经三年没(有)学汉语了。

(9) A: tā chīfànle ma?

(9) A: 他吃饭了吗?

B: chī le.

B: 吃了。

méi chīfàn.

没吃饭。

(10) wǒ jiéhūn sān nián le.

(10) 我结婚三年了。

(11) tā bìyè èrshí nián le.

(11) 他毕业二十年了。

(12) wǒmen rènshi liǎng gè yuè le.

(12) 我们认识两个月了。

(13) wáng xiānsheng zài Déguó yī nián le.

(13) 王先生在德国一年了。

(14) tā sǐ le sān nián le.

(14) 他死了三年了。

Tā dǎ wán diànhuà,liúxia qián, ná qǐ shūbāo,jiù chūqù le.

她打完电话,留下钱, 拿起书包,就出去了。

Zǒudào xuéxiào dà ménkǒu ér,tā pèngjiàn měi yīng le.

走到学校大门口儿,她碰见美英了。

Gēn xiǎozhāng shuōle yīhuìr huà, tā jiù qù gōnggòng qìchē zhàn le.

跟小张说了一会儿话, 她就去公共汽车站了。

Zǒudào chēzhàn,chē hái méiyǒu,tā jiù dào pángbiānr de xiǎoshū diàn qù mǎi bào.

走到车站, 车还没有, 她就到旁边儿的小书店去买报。

Mǎile bào,chē yě lái le,tā jiù shàngchē huíjiā le.

买了报, 车也来了, 她就上车回家了。

(15) lǎo wáng jīnnián bāshí suì.

(15) 老王今年八十岁。

(15a) lǎo wáng jīnnián bāshí suì le.

(15a) 老王今年八十岁了。

(16) jīntiān Xīngqīyī.

(16) 今天星期一。

(16a) jīntiān Xīngqīyī le.

(16a) 今天星期一了。

(17) wǒ yǐjing mǎile sān běn shū le.

(17) 我已经买了三本书了。

(18) wǒ yǐjing chīle sì kuài ròu le.

(18) 我已经吃了四块肉了。

(19) wǒ yǐjing xuéle sān nián le.

(19) 我已经学了三年了。

(20) tā xué Yīngwén yǐjing xuéle liǎng nián le.

(20) 他学英文已经学了两年了。

(20a) tā yǐjing xuéle liǎng nián de Yīngwén le.

(20a) 他已经 学了两年的英文了。

(21) wǒkàn le shūle.

(21) 我看了书了。

2.1.3

(1) tāmen zhèngzài shuōhuà ne.

(1) 他们正在说话呢。

(2) tā hái zài zhèr zhùzhù ne.

(2) 他还在这儿住着呢。

2.1.4

(1) nǐ chīguò Rìběn fàn méiyǒu?

(1) 你吃过日本饭没有？

(2) méi chī guò.

(2) 没吃过。

(3) tā hái méi lái ne.

(3) 他还没来呢。

2.2

(1) nǐ xiǎng qù xuéxiào ma?

(1) 你想去学校吗？

(2) wǒ yào mǎi zhè běn shū.

(2) 我要买这本书。

(2) wǒ bù xiǎng mǎi zhè běn shū.

(2) 我不想买这本书。

(3) nǐ yào huànchē ma?

(3) 你要换车吗？

(3a) bùyòng huànchē.

(3a) 不用换车。

(4) nǐmen kěyǐ zǒu le.

(4) 你们可以走了。

(4a) A: wǒmen kěyǐ zài zhèr wánr ma?- B: bùxíng, zhèr yǒu shàngkè.

(4a) A: 我们可以在这儿玩儿吗？ - B: 不行， 这儿有上课。

(5) tā huì shuō Yīngyǔ.

(5) 他会说英语。

(6) wǒ bù huì zuò Zhōngguócài.

(6) 我不会做中国菜。

(7) wǒ bù néng lái, méiyǒu shíjiān.

(7) 我不能来， 没有时间。

(8) wǒ míngtiān xiàwǔ néng lái ma?

(8) 我明天下午能来吗？

2.3

(1) hǎohǎor

(1) 好好儿

(2) mànmàn ér

(2) 慢慢儿

(3) gāoxìng gāoxìng

(3) 高兴高兴

(4) gānjìng gānjìng

(4) 干净干净

(5) nàge qìchē bǐ zhège qìchē hǎo.

(5) 那个汽车比这个汽车好。

(5a) nàge qìchē hěn hǎo.

(5a) 那个汽车很好。

(6) zhè běn shū bǐ nà běn shū piányi.

(6) 这本书 比那本书便宜。

(6a) zhè běn shū hěn piányi.

(6a) 这本书很便宜。

(7) zuìhǎo

(7) 最好

(8) zuì guì

(8) 最贵

(9) zuì piányi

(9) 最便宜

(10) xiǎo wáng shū shūfu fú dì tǎng zài chuáng shàng shuì le.

(10) 小王舒舒服服地躺在床上睡了。

(11) nǐ mànmàn de zǒu ā!

(11) 你慢慢地走阿！

(12) tā zǒu de hěn kuài.

(12) 他走得很快。

(13) xiǎo wáng bìngle.

(13) 小王病了。

(14) kě měi le!

(14) 可美了！

(15) kě gāo le!

(15) 可高了！

(16) zhè gè háizi dà le.

(16) 这个孩子大了。

3:

(1) shàngwǔ tāmen cóng qī diǎn bàn kāishǐ shàngkè

(1) 上午他们从七点半开始上课

(2) cóng shàngwǔ qī diǎn bàn dào shíyī diǎn wǒmen shàngdé yǔ kè.

(2) 从上午七点半到十一点我们上德语课。

(3) tā cóng Běijīng dào Hángzhōu qù le.

(3) 他从北京到杭州去了。

(4) xiànzài lí Shíyuè hái yǒu shí'èr tiān.

(4) 现在离十月还有十二天。

(5) zuótiān tā gěi wǒ dǎ diànhuà le.

(5) 昨天他给我打电话了。

(6) tā gěi wǒ zuòguò yīfu.

(6) 他给我做过衣服。

3.1

(7) A: wáng xiānsheng zài jiā ma?

(7) A: 王先生在家吗?

   B: tā bù zài jiā,zài fànguǎn chīfàn.

   B: 他不在家,在饭馆吃饭。

(8) tā zài fànguǎn chīfàn.

(8) 他在饭馆吃饭。

(9) tā zàixué xiào xiě Hànzì.

(9) 他在学校写汉字。

(10) tā zàixué xiào xuéxí Déyǔ.

(10) 他在学校学习德语。

3.2

(11) wǒ jiā zàixué xiào hòubian.

(11) 我家在学校后边。

(12) xuéxiào zàihòu biān.

(12) 学校在后边。

(13) shū zài zhuōzi shàng.

(13) 书在桌子上。

3.3

(14) tā lái xuéxiào.

(14) 他来学校。

(15) tāqù Běijīng.

(15) 他去北京。

(16) tā dào běi jīng qù 。

(16) 他 到 北 京 去 。

(17) tā cóng xuéxiào lái.

(17) 他 从 学校来.

(18) wáng xiānsheng dàole

(18) 王先生到了

(19) lǐ xiānsheng yào dào Fǎguó qù.

(19) 李先生要到 法国去。

(20) tā zuò fēijī dào Zhōngguó qù.

(20) 他坐飞机到中国去。

(21) tā qí zìxíngchē dào xuéxiào lái.

(21) 他骑自行车到学校来。

3.4

(22) háizi yào gēn mǔqin qián.

(22) 孩子要跟母亲 钱。

(23) wǒmen yào gēn tāmen yīkuàir chī wǎnfàn.

(23) 我们要跟他们一块儿吃晚饭。

(24) tā gēn wǒ shuō "zàijiàn" 。

(24) 他跟我说 "再见" 。

(25) wǒ tàitai gěi wǒmen zuòfàn.

(25) 我太太给我们做饭。

(26) nǐ néngbunéng gěi wǒ mǎi yīdiǎnr dōngxi?

(26) 你能不能给我买一点儿东西?

(27) tā cháng gěi fùmǔ xiěxìn.

(27) 他常给父母写信。

(28) tā yào tì wǒ zuò zhège shì.

(28) 他要替我作这个事。

(29) qǐng nǐ tì wǒ wèn tāmen hǎo.

(29) 请你替我问他们好。

(30) háizi yòng xiǎo bēizi hēshuǐ.

(30) 孩子用小杯子喝水。

(31) nǐ yào yòng nàge qìchē dào Běijīng qù?

(31) 你要用哪个汽车到北京去?

(32) tā yòng Zhōngguóhuà xiěxìn.

(32) 他用中国话写信。

(33) tā duì wǒ shuō tā hěn máng.

(33) 他对我说他很忙。

(34) tā duì wǒ hěn kèqi.

(34) 他对我很客气。

(35) Zhōngwén duì wǒ hěn nán xué.

(35) 中文对我很难学。

(36) Yīngwén duì tā hěn nán.

(36) 英文对他很难。

(37) hēshuǐ duì jiànkāng hǎo.

(37) 喝水对健康好。

3.5

(38) zhè běn shū gēn nà běn shū yīyàng piányi.

(38) 这本书跟那本书一样便宜。

(39) zhège zhuōzi gēn nàge zhuōzi bù yīyàng cháng.

(39) 这个桌子跟那个桌子不一样长。

(40) zhège zhuōzi bǐ nàge cháng.

(40) 这个桌子比那个长。

(41) nàge zhuōzi méi(yǒu)zhège zhuōzi(zhème)cháng.

(41)
那个桌子没(有)这个桌子(这么)长。

(42) lǎo lǐ bǐ wǒ pàng, lǎo wáng bǐ lǎo lǐ gèng pàng.

(42) 老李比我胖， 老王比老李更胖。

(43) lǎo lǐ hěn pàng,láowù lǎo wáng yě hěn pàng,lǎo zhào bǐ tāmen dōu zuì pàng.

(43) 老李很胖，劳务老王也很胖，老赵比他们都最胖。

3.6

(44) nǐjiā lí dàxué yuǎn bùyuǎn.

(44) 你家离大学远不远。

(45) nǐjiā lí dàxué yuǎn ma?

(45) 你家离大学远吗？

(46) wǒ jiā lí dàxué bùyuǎn.

(46) 我家离大学不远。

(47)nǐjiā lí xuéxiào bǐ wǒ jiā lí xuéxiào yuǎn bùyuǎn?

(47)你家离学校比我家离学校远不远？

(48)nǐjiā lí xuéxiào bǐ wǒ jiā lí xuéxiào yuǎn ma?

(48)你家离学校比我家离学校远吗？

(49) nǐjiā lí xuéxiào bùbǐ wǒ jiā lí xué-xiào yuǎn.

(49) 你家离学校不比我家离学校远。

(49a)wǒ jiā lí nǐjiā jìnhǎo jǐ gōnglǐ.

(49a)我家离你家近好几公里。

(50) wǒ jiā lí nǐjiā jìn duō le.

(50) 我家离你家近多了。

(51) nǐjiā lí xuéxiào duōme yuǎn?

(51) 你家离学校多么远？

(52) wǒ jiā lí xuéxiào yǒu bàn gōnglǐ.

(52) 我家离学校有半公里。

(53) nǐjiā lí xuéxiào méiyǒu bàn gōnglǐ.

(53) 你家离学校没有半公里。

3.7

(54) ròu jiào biéren mài wán le.

(54) 肉叫别人卖完了。

(55) shū ràng tāmen kàn wán le.

(55) 书让他们看完了。

(56) bàozhǐ gěi fēng chuī zǒu le.

(56) 报纸给风吹走了。

(57) tā bèi biéren dǎ le.

(57) 他被别人打了。

(58) chá ràng kèren dōu gěi hē wán le.

(58) 茶让客人都给喝完了。

(59) tā bèi gēshēng suǒ xīyǐn.

(59) 他被歌声所吸引。

(60) tā bù bèi wǒmen dǎ.

(60) 他不被我们打。

(61) tā méi bèi wǒmen dǎ.

(61) 他没被我们打。

(62) tā bèi nǐmen dǎle ma?

(62) 他被你们打了吗？

4:

(1) tā zuótiān cái lái.

(1) 他昨天才来。

(2) wǒ xiànzài cái dǒngde zhè gè dàoli.

(2) 我现在才懂得这个道理。

(3) zhè běn shū cái yòngle liǎng yuán.

(3) 这本书才用了两元。

(4) tā láile cái shí tiān.

(4) 他来了才十天。

(5) wǒ zhè jiù qù.

(5) 我这就去。

(6) zhè shì wǒ shàng gè xīngqī jiù dào le.

(6) 这事我上个星期就到了。

(7) tā chīwán jiù zǒu.

(7) 他吃完就走。

(8) guāng jiànzhù fèi yī xiàng jiùshì èrqiān sìbǎi wàn yuán.

(8) 光建筑费一项就是二千四百万元。

(9) nàli yǒu yāpò,nàli jiù yǒu fǎnkàng.

(9) 哪里有压迫，哪里就有反抗。

(10) diū jiù diū le ba,yǐhòu xiǎoxīn diǎn.

(10) 丢就丢了吧，以后小心点。

(11) wǒ jiù kē dào tā huì děng wǒmen de.

(11) 我就科到他会等我们的。

(12) wǒ jiù yào jǐ zhāng zhǐ.

(12) 我就要几张纸。

(13) tā jiù bùkěn xiē yīxiē.

(13) 他就不肯歇一歇。

(14) yīwùshì jiù zài zhèr.

(14) 医务室就在这儿。

(15) nǐ jiù bù shuō,wǒ yě huì zhīdao.

(15) 你就不说，我也会知道。

5.2:

(1) wǒ bùyào shénme.

(1) 我不要什么。

(2) wǒ méi shuō shénme.

(2) 我没说什么。

(3) wǒ méi kàn shéi.

(3) 我没看谁。

(4) méiyǒu rén zài zhèr.

(4) 没有人在这儿。

(5) wǒ méi shuō shénme.

(5) 我没说什么。

(6) wǒ bù gěi shéi xiěxìn.

(6) 我不给谁写信。

(7) wǒ méi duì shéi shuō

(7) 我没对谁说

(8) wǒ shénme dōu yào

(8) 我什么都要

(9) wǒ shénme dōu bù ài chī.

(9) 我什么都不爱吃。

(9) wǒ yīdiǎnr dōu bù huì shuō Yīngyǔ.

(9) 我一点儿都不会说英语。

(10) wǒ yī gè zì yě bù huì xiě.

(10) 我一个字也不会写。

Eigenständige und untergeordnete Satzteile

Übersicht über die wichtigsten Satzteile im Chinesischen

1:
(1) wǒ qù Běijīng.
(1) 我去北京。
(2) wèishénme nǐ bùlái?
(2) 为什么你不来？

2:
(1) wǒ qù Běijīng.
(1) 我去北京。
(2) wèishénme nǐ bùlái?
(2) 为什么你不来？

3:
(1) tā huì shuō Hànyǔ.
(1) 他会说汉语。
(2) nǐ kàn jiàn tā ma?
(2) 你看见他吗？

4:
(1) wǒ hěn hǎo.
(1) 我很好。
(2) tā zài Běijīng xuéxí Hànyǔ.
(2) 他在北京学习汉语。

5:
(1) wǒ mèimei bù zài.
(1) 我妹妹不在。
(2) nǐ de shū zài nàli?
(2) 你的书在哪里？
(3) qìchē de jiàoshòu huàile.
(3) 汽车的教授坏了。
(4) wǒmen zài Déguó gōngzuò de bàba huílái le.
(4) 我们在德国工作的爸爸回来了。

6:
(1) tā shuō Hànyǔ.
(1) 他说汉语。
(2) tāmen dōu lái le.
(2) 他们都来了。
(3) tā yě lái.
(3) 他也来。
(4) tāmen zài Běijīng xuéxí Hànyǔ.
(4) 他们在北京学习汉语。
(5) tā de Yīngwén shū zài túshūguǎn.
(5) 他的英文书在图书馆。

(6) wǒ zài Běijīng gōngzuò de péngyou yǒubìng.
(6) 我在北京工作的 朋友有病。
(7) tā shuō de hěn kuài.
(7) 他说得很快。

Adverbialbestimmungen des Ortes, Attribute und adverbiale Beifügungen

1:
(1) tā cóng wǒ zhèli qù shūdiàn.
(1) 他从我这里去书店。
(2) wǒmen cóng lǐ dàifu nàli lái.
(2) 我们从李大夫那里来。
(3) wǒ gēge zài mèimei nàli chànggē.
(3) 我哥哥在妹妹那里唱歌。
(4) tā de bǐ zài wǒ nàli.
(4) 他的笔在我那里。

2:
(5) tā de shū zài túshūguǎn.
(5) 他的书在图书馆。
(6) gēge de zìxíngchē huàile.
(6) 哥哥的自行车坏了。
(7) zhāng lǎoshī de xuésheng yǐjing zǒu.
(7) 张老师的学生已经走。
(8) Zhōngguó shì wǒ zǔguó.
(8) 中国是我祖国。
(9) wǒ gēge zài jiā.
(9) 我哥哥在家。
(10) zhè zhǒng jùxíng méiyǒu zhǔyǔ.
(10) 这 种句型没有主语。
(11) zhè běn shū bùhǎo.
(11) 这本书不好。
(12) nà běn hái hěn yǒu yìsi de shū méiyǒu le.
(12) 那本还很有意思的书 没有了。
(13) zhè liǎng gè rén lái le.
(13) 这两个人来了。
(14) liǎng gè rén lái le.
(14) 两个人来了。
(15) zài Déguó, xuéxí Hànyǔ de xuésheng bǐjiào shǎo.
(15) 在德国， 学习汉语的学生 比较少。
(16) jīntiān lái de rén bù duō.
(16) 今天 来的人不多。
(17) zhè shì zhǔxí gěi nǐ xiě díxìn.
(17) 这是主席给你写的信。

(18) zuótiān lái de xuésheng jīntiān hěn lèi.

(18) 昨天来的学生今天很累。

(19) jīnnián wǒmen méiyǒu cóng dàxué bìyè de xuésheng.

(19) 今年我们没有从大学毕业的学生。

(20) zài zhèli yǒu hěn duō cóng dàxué bìyè de bóshì.

(20) 在这里有很多从大学毕业的博士。

3:

(21) tā cháng qù wǒ jiā kàn mèimei.

(21) 他常去我家看妹妹。

(22) nǐmen kuàilái!

(22) 你们快来!

(23) tā bā diǎn qù gōngzuò.

(23) 她八点去工作。

(24) wǒ mèimei zài dàxué gōngzuò.

(24) 我妹妹在大学工作。

(25) zuótiān yǒu yīdiǎn lěng.

(25) 昨天有一点冷。

Komplemente
1:

(1) tā shuō de hěn qīngchu.

(1) 他说得很清楚。

(2) nǐ shuō dé wǒ gèng hútu.

(2) 你说得我更糊涂。

(3) tā lèi dé dǎoxià le.

(3) 他累得倒下了。

(4) tā chàng de hěn hǎo.

(4) 他唱得很好。

(5) tā shuō de tèbié hǎo.

(5) 他说得特别好。

(6) tā gōngzuò de hěn kuài.

(6) 他工作得很快。

(7) zuótiān wǒ chī de tài duōle, suǒyǐ jīntiān wǒ bù shūfú.

(7) 昨天 我吃得太多了, 所以今天我不舒服。

(8) nǐ zhǎng de gāo gāo de!

(8) 你长得高高的!

(9) jīntiān tā dǎban dé piāo piàoliang liàng de.

(9) 今天他打扮得漂漂亮亮的。

(10) tā chīfàn chī de tài duō.

(10) 他吃饭吃得太多。

(11) nǐ shuō Hànyǔ shuō de hěn hǎo.

(11) 你说汉语说得很好。

(12) tā chuīniú dé shéi dōu bù xǐhuan tā.

(12) 她吹牛得谁都不喜欢她。

(13) tāmen shuō de bùhǎo.

(13) 他们说得不好。

(14) tā shuō Déyǔ shuō de bù tài hǎo.

(14) 他说德语说得不太好。

(15) tā méiyǒu pǎo de chuǎn bùshàng qǐlái.

(15) 他没有跑得喘不上起来。

(16) tā méi shuō de wǒ gèng hútu.

(16) 他没说得我更糊涂。

(17) tā shuō de hǎoma?

(17) 他说得好吗?

(18) tā shuō de hǎobùhǎo?

(18) 他说得好不好?

(19) tā pǎo de chuǎn bùshàng qǐlái, shì bu shì?

(19) 他跑得喘不上起来, 是不是?

(20) tā shì bu shì xiào dé qián yǎng hòu hé?

(20) 他是不是笑得前仰后合?

(21) tiānqì lěng de shéi bù xiǎng chūqu, shì bu shì?

(21) 天气冷得谁不想出去, 是不是?

(22) tā shuō de hěn qīngchu.

(22) 他说得很清楚。

(23) tā shuō de fēicháng bùkèqi.

(23) 他说得非常不客气。

(24) wèishénme nǐ xué dé bù tài yònggōng?

(24) 为什么你学得不太用功?

(25) zhāng xiānsheng zhǎng de yòu gāo yòu shòu.

(25) 张先生长得又高又瘦。

(26) wǒ zuòfàn zuòde bùgòu.

(26) 我做饭做得不够。

(27) tāmen děng dé tài jiǔ le.

(27) 他们等得太久了。

(28) tā bìng dé bù néng lái shàngkèle

(28) 他病得不能来上课了

(29) tā xiě de shǒu dōu suān.

(29) 他写得手都 酸

(30) tā è dé hūnguoqu le.

(30) 他饿得昏过去了。

(31) tiānqì lěng de shéi dōu bù xiǎng chūqu.

(31) 天气冷得谁都不想出去。

2:

(1) kànjian

(1) 看见

(2) kànshū
(2) 看书
(3) kàndǒng
(3) 看懂
(4) tā kànjian wǒ le.
(4) 他看见我了。
(5) nàge shìqing wǒ zuòwánle
(5) 那个事情我做完了
(6) tā chīwán le.
(6) 他吃完了。
(7) wǒmen chīwán fàn le.
(7) 我们吃完饭了。
(7a) nà gè wèntí wǒ huídá duìle
(7a) 那个问题我回答对了
(8) wǒ bù zuòwán zuòyè jiù bù shuì jué.
(8) 我不做完作业就不睡觉。
(9) wǒ méi zuòwán zuòyè.
(9) 我没做完作业。
(10) nǐ zuòwán zuòyè le ma?
(10) 你做完作业了吗?
(11) nǐ zuòwán zuòyè le méiyǒu?
(11) 你做完作业了没有?
(11a) zuòwán le.
(11a) 做完了。
(11b) méi zuòwán.
(11b) 没做完。
(12) tā bǎ wǒ de mén xiūhǎo le.
(12) 他把我的门修好了。
(13) tā bǎ jīntiān de zuòyè zuòwán le.
(13) 他把今天的作业做完了。

3:
(1) tā shànglái le.
(1) 他上来了。
(2) tā shàngqù le.
(2) 他上去了。
(3) wǒ zài lóushàng, qǐng nǐ shànglái.
(3) 我在楼上, 请你上来。
(4) nǐ xiǎng bù xiǎng shàngqù kànkan?
(4) 你想不想上去看看?
(5) tā zài lóushàng.Wǒ jiào tā xiàlai.
(5) 他在楼上。我叫他下来。
(6)qǐng nǐ xiaqu.
(6)请你下去。
(7) jìnlai!
(7) 进来!
(8) wǒmen kuài jìnqu ba.
(8) 我们快进去吧。
(9)qǐng nǐ chūlái.
(9)请你出来。
(10) tā chūqù le.

(10) 他 出去了。
(11) wǒ míngtiān huílai.
(11) 我明天回来。
(12) jīnnián tā huíqu.
(12) 今年他回去。
(13) wǒ xiǎng guòqù kànkan.
(13) 我想过去看看。
(14) guolai kànkan zhège qìchē.
(14) 过来看看这个汽车。
(15) yǐjing bā diǎn le.Kuài qǐlái ba!
(15) 已经八点了。快起来吧!
(16) huānyíng nǐ dào Shànghǎi lái!
(16) 欢迎你到上海来!
(17) wǒ hěn xiǎng dào Zhōngguó qù.
(17) 我很想到中国去。
(18) tā nálái zhè běn shū gěi wǒ.
(18) 他拿来这本书给我。
(19) zhège zhuōzi qǐng nǐ gěi wǒ dàilái.
(19) 这个桌子请你给我带来。
(20) jīntiān mèimei gěi wǒ sònglai wǔbǎi kuài qián.
(20) 今天妹妹给我送来五百块钱。
(21) xià gè yuè wǒ gěi gēge sòngqu sānbǎi kuài qián.
(21) 下个月我给哥哥送去三百块钱。
(22) sì lóu bān lái yī jiā Zhōngguórén.
(22) 四楼搬来一家中国人。
(23) tā yǐjing huílái le.
(23) 他已经回来了。
(24) wǒ jìnchéng qùle
(24) 我进城去了
(25) wǒ gěi tā dàiqù le jǐ běn xiǎoshuō.
(25) 我给他带去了 几本小说。
(26) wǒmen hái méi bānjìnqu.
(26) 我们还没搬进去。
(27) tā ná chūlái yī běn shū.
(27) 他拿出来一本书。
(28) xiǎo wáng pǎoguò lái bāng wǒ ná xíngli.
(28) 小王跑过来帮我拿 行李。
(29) lǐ xiānsheng bān huí Běijīng qù le.
(29) 李先生搬回北京去了。
(30) tāmen bānjìnqu yī gè dà xiāngzi.
(30) 他们搬进去一个大箱子。
(31) tāmen bǎ nàge dà xiāngzi bān jìnqu le.
(31) 他们把那个大箱子搬进去了。
(32) tiānqì rè qǐláile
(32) 天气热起来了

(33) wǒ xiǎng qǐlái le, tā jiào wáng dà shān, duì bùduì?

(33) 我 想起来了， 他叫王大山， 对不对？

(34) rén zhǐyǒu tuánjié qǐlái,zǔzhī qǐlái, cái kěyǐ zuòdà shì.

(34) 人只有团结起来，组织起来， 才可以做大事。

(35) tiānqì rè qǐlái le.

(35) 天气热起来了。

4:

(1) jīntiān wǒ zuòde wán zuòyè.

(1) 今天我做得完作业。

(2) zuótiān zuòbuwán zuòyè.

(2) 昨天做不完作业。

(3)jīntiān de gōngzuò bù duō,liǎng diǎn yǐqián yīdìng gān dé wán.

(3)今天的 工作不多，两点以前一定干得完。

(4) zhège zhuōzi bù zhòng, nǐ yī gè rén bān dé dòng.

(4) 这个桌子不重， 你一个人搬得动。

(5) wǒ yīdìng kǎo de shàng dàxué.

(5) 我一定考得上大学。

(6) zhèxiē Hànzì zhēn nán xiě,wǒ zǒngshì xiě bùhǎo.

(6) 这些汉字真难写，我总是写不好。

(7) wǒ de hàn dé cídiǎn zhǎobuzháo le.

(7) 我的汉德词典找不着了。

(8) hēle kāfēi yǐhòu,wǒ jiù shuìbuzháo jué le.

(8) 喝了咖啡以后，我就睡不着觉了。

(9) zuótiān xué shí gè Hànzì,nǐ jìde zhù ma?

(9) 昨天学十个汉字，你记得住吗？

(10) tā yī gè rén chī de le zěnme duō fàn ma?

(10) 他一个人吃得了怎么多饭吗？

(11) nǐ tīng de dǒng ma?

(11) 你听得懂吗？

(12) shān hěn gāo,nǐ shàng dé qù shàng-buqù?

(12) 山很高，你上得去上不去？

(13) nǐ míngtiān lái de le láibuliǎo?

(13) 你明天来得了来不了？

(14) nǐ pǎo de kuàipǎo bùkuài?

(14) 你跑得快跑不快？

(15) zhème duō zuòyè nǐ néngzuò dé wán?

(15) 这么多作业 你能做得完？

(16) tā bǎ Hànzì xiě de bùhǎo.

(16) 他把汉字写得不好。

(17) Hànzì tā xiě bùhǎo.

(17) 汉字他写不好。

(18) zhè zhǒng mógu chī de, nà zhǒng chībudé.

(18) 这 种蘑菇吃得， 那种吃不得。

(19) zhè zhāng huà jiànbudé guāng.

(19) 这张画见不得光。

(20) zhè zhǒng gōngzuò tā zuòdele ma?

(20) 这种工作他做得了吗？

(21) wǒ chībuliǎo zhème duō fàn.

(21) 我吃不了这么多饭。

(22) wǒ gēn tā tándelái.

(22) 我跟他谈得来。

(23) nǐmen gēn tā tánbulái.

(23) 你们跟他谈不来。

(24) zhège qìchē tài guì, mǎibuqǐ.

(24) 这个汽车太贵， 买不起。

(25) nàge qìchē piányi yīdiǎn,mǎideqǐ.

(25) 那个汽车便宜一点，买得起。

(26) qǐng nǐ duìdeqǐ!

(26) 请你对得起！

5:

(1) tā jiā bǐ wǒ jiā duō liǎng kǒu rén.

(1) 他家比我家多两口人。

(2) tā bǐ wǒ dàliǎng suì.

(2) 他比我大两岁。

(3) tā shuō Hànyǔ dé bǐ wǒ hǎo de duō.

(3) 他说汉语得比我好得多。

(4) wǒ bǐ nǐ dàyī diǎn.

(4) 我比你大一点。

(5) wǒ bǐ nǐ dàyī xiē.

(5) 我比你大一些。

6:

(1) tā zhǎoguò wǒ liǎng cì,(dànshì) wǒ dōu bù zài.

(1) 他找过我两次，(但是) 我都不在。

(2) nǐ zhǐ lái yīcì.

(2) 你只来一次。

(3) qǐng nǐ děng yī xià.

(3) 请你等一下。

(4) gěi nǐ jièshào yī xià.

(4) 给你介绍一下。

7:

(1) tā liànle sān gè xīngqī le.

(1) 他练了三个星期了。

(2) tā shuō yī gè xiǎoshí.

(2) 他说一个小时。

(3) tā xué Yīngyǔ xuéle sān nián le.

(3) 他学英语学了三年了。

(4) tāmen kāihuì kāile bàn ge xiǎoshí.

(4) 他们开会开了半个小时。

(5) wǒ měi tiān kàn yī gè xiǎoshí diànshì.

(5) 我每天看一个小时 电视。

(6) jīntiān wǒ xuéle liǎng gè xiǎoshí de Hànyǔ.

(6) 今天我学了两个小时的汉语。

(7) zhè běn Yīngwén shū wǒ jīntiān kànle liǎng gè xiǎoshí.

(7) 这本英文书我今天看了两个小时。

(8) wǒ hǎode péngyou wǒ zuótiān wǎnshang kànle liǎng gè xiǎoshí.

(8) 我好的朋友我昨天晚上看了两个小时。

(9) tā lái Běijīng yǐjing liǎng nián le.

(9) 他来北京已经两年了。

(10) xiàkè shí fēnzhōng le.

(10) 下课十分钟了。

Aussagesätze

1:

(1) jīntiān Xīngqīliù.
(1) 今天星期六。
(2) wǒ èrshísān suì.
(2) 我二十三岁。
(3) tā Shànghǎi rén.
(3) 他上海人。
(4) *jīntiān shì Xīngqīliù.
(4) *今天是星期六。

2:

(4a) zhè duǒ huā hóng.
(4a) 这朵花红。
(5) zhè běn shū hěn hǎo.
(5) 这本书很好。
(6) wǒ ài nǐ.
(6) 我爱你。
(7) tā kuàilái le.
(7) 他快来了。
(8) wǒ fùmǔ zài jiā.
(8) 我父母在家。
(9) wǒmen lái.
(9) 我们来。
(10) xiànzài shì dōngtiān le. tiānqì lěng le.
(10) 现在是冬天了。天气冷了。
(11) tā xiànzài bù shì xuésheng, shì lǎoshī le.
(11) 他现在不是学生 是老师了。
(12) wǒ gěi nǐ yī běn shū.
(12) 我给你一本书。
(13) tā zhǎo wǒ wǔ kuài qián.
(13) 他找我五块钱。
(14) tā shì wǒ hǎo péngyou.
(14) 他是我好朋友。
(15) hòubian shì yī gè túshūguǎn, bù shì xuéxiào.
(15) 后边是一个图书馆 不是学校。
(16) zhè suǒ fángzi shì xīn de.
(16) 这所房子是新的。
(17) zhè běn shū shì wǒ de.
(17) 这本书是我的。
(18) wǒ yǒu Yīngwén shū.
(18) 我有英文书。
(19) tā bùlái.
(19) 他不来。
(20) tā méiyǒu qián.
(20) 他没有钱。
(21) tā zàixué xiào.
(21) 他在学校。

(22) tā bù zài.
(22) 他不在。

3:

(23) zhuōzi shàng yǒu yī běn hàn dé cídiǎn.
(23) 桌子上 有一本汉德词典。
(24) nàbian zǒu lái yī gè xuésheng.
(24) 那边走来一个学生。
(25) shàngxīngqī zǒule yī gè wàiguó lǎoshī.
(25) 上星期走了一个外国老师。
(26) tā shì cóng Bólín lái de.
(26) 他是从柏林来的。
(27) wǒ shì zuò fēijī qù Zhōngguó de.
(27) 我是坐飞机去中国的。
(28) zhè běn zázhì shì zài Déguó mǎi de
(28) 这本杂志是在德国买的
(29) wǒ qù wèn tā.
(29) 我去问他。
(30) mèimei cháng qù kàn diànyǐng.
(30) 妹妹常去看电影。
(31) wǒ qù kàn tā.
(31) 我去看他。
(32) wǒ yòng Yīngyǔ jièshào nǐmen.
(32) 我用 英语介绍你们。
(34) wǒ qǐng tā bāngzhù nǐ.
(34) 我请他帮助你。
(35) mǎ lì wèn wǒ gàosu nǐ zhè jiàn shì.
(35) 玛丽问我告诉你这件事。
(36) lǐbian yǒu rén děng nǐ.
(36) 里边有人等你。
(37) lǎoshī ràng wǒmen xiě Hànzì.
(37) 老师让我们写汉字。
(38) gōngsī ràng tā huíguó.
(38) 公司让他回国。

4:

(39) qǐng nǐ bǎ nà běn shū huán gěi wǒ.
(39) 请 你把那本书还给我。
(40) wǒ bǎ zhè běn zázhì kàn wán le.
(40) 我把这本杂志看完了。
(41) wǒ yǐjing bǎ wǒ de nánpéngyou jièshào gěi wǒ fùmǔ le.
(41) 我已经把我的男朋友介绍给我父母了。
(42) wǒ bǎ zhàopiàn jìhuí guó le.
(42) 我把照片寄回国了。
(43) nǐ bǎ mén kāikai.
(43) 你把门开开。

(44) wǒ bǎ zhè jiàn shì gàosu tā.

(44) 我把这件事告诉他。

(45) tā bǎ zhè fēng xìn gěi wǒ le.

(45) 他把这封信给我了。

(46) wǒ bǎ dìzhǐ xiě zài běnzi shàng le.

(46) 我把地址写在本子上了。

(47) tā bǎ qìchē kāidào dàxué ménkǒu le.

(47) 他把汽车开到大学门口了。

(48) wǒ méi bǎ zhè jiàn shì gàosu tā.

(48) 我没把这件事告诉他。

(49) nǐ bù bǎ shū dàilái zěnme shàngkè?

(49) 你不把书带来怎么上课

(50) nǐ míngtiān bǎ zhè jiàn shì gàosu tā.

(50) 你明天把这件事告诉他。

(51) nǐ kěyǐ bǎ zhè jiàn shì gàosu tā.

(51) 你可以把这件事告诉他。

5:

(52) tā shēntǐ hěn hǎo.

(52) 他身体很好。

(52) wǒ gōngzuò hěn máng.

(52) 我工作很忙。

(53) Xīngqītiān rén hěn duō.

(53) 星期天人很多。

(54) xiàngbí zi hěn cháng.

(54) 象鼻子很长。

6:

(55) zhuōzi bèi tāmen bānzǒu le.

(55) 桌子被他们搬走了。

(56) shū bèi tā kàn wán.

(56) 书被他看完。

(57) shuǐguǒ bèi wǒmen zài shìchǎng mài.

(57) 水果被我们在市场卖。

(58) nǐmen bèi tāmen dǎ le.

(58) 你们被他们打了。

(59) nǐmen bù bèi tāmen dǎ.

(59) 你们不被他们打。

(60) shuǐguǒ zài shìchǎng mài.

(60) 水果在市场卖。

7:

(61) yǒu rén děng nǐ zài lǐbian.

(61) 有人等你在里边。

(62) yǒu rén qǐng nǐ kàn zhè běn bào.

(62) 有人请你看这本报。

(63) xiàyǔ.

(63) 下雨。

(64) xiàxuě.

(64) 下雪。

(65) guāfēng le.

(65) 刮风了。

(66) gāishang kè le.

(66) 该上课了。

Fragesatzmuster

1:

(1) nǐ shì xuésheng.   ---->
nǐ shì xuésheng ma? (2)   nǐ qù
Běijīng ma?

(1) 你 是 学生。   ---->   你
是 学生 吗? (2)   你去 北京吗?

(3)   tā yǒu zìxíngchē ma?

(3)   他有自行车吗?

wǒ shì xuésheng.

b. shì.

我是学生.

b. 是。

(5) a. wǒ qù Běijīng.   b.
qù. (5) a. tā méiyǒu
zìxíngchē. b. méiyǒu. (7)   A:
nǐ qù
Běijīng ma?   B1: wǒ bùqù
Běijīng.   B2: bù qù.   2:

(5) a. 我去北京。   b.   去。
(5) a. 他没有自行车。 b.   没
有。 (7) A: 你去北京吗?
B1: 我不去北京。 B2: 不去。
2:

(8) wǒmen jīntiān qù fànguǎn
chīfàn, hǎoma? (9) hǎo. (10)
bùhǎo.

(8) 我们今天去饭馆吃饭, 好吗?

(9) 好。 (10) 不好。

3:

(11) Hànyǔ hěn nán xué ba? duì,
hěn nán xué. (12) nǐ zuìjìn hěn
máng ba?   bù tài máng.

(11) 汉语很   难学吧? 对,很难
学。 (12) 你最近   很忙吧? 不
太忙。

(13)nǐ shēntǐ hǎo ba? duì, hǎo
jí le.

(13)你身体好吧? 对,   好极了。

4:

(14) jīntiān nǐ hǎo bùhǎo? bù tài hǎo. (15) jīntiān nǐ qùbuqù Běijīng? qù.
(16) tā shì bu shì Zhōngguórén? bù shì, tā shìrì běnrén. (17) tā míngtiān láibulái?

(14) 今天你好 不好？ 不太好。
(15) 今天你去不去北京？去。
(16) 他是不是中国人？不是，他是日本人。(17) 他明天来不来？

bùlái.

不来。

5:

(18) shì bu shì, nǐ de zìxíngchē huàile? shì.
(19) tā shì bu shìhuíguó le? shì, huíguó le.

(18) 是不是， 你的自行车坏了？ 是。
(19) 他是不是回国了？ 是，回国了。

(20) jiùshì nǐ shì Déguórén, shì bu shì? bù shì.

(20) 就是 你是德国人，是不是？不是。

6:

(21) nǐ jīntiān qù háishi míngtiān qù? míngtiān qù.

(21) 你今天去还是明天去？ 明天去。
(22) tā shuō Yīngyǔ, shì Yīngguórén háishi Měiguórén? shì Měiguórén.
(23) nǐ hē kāfēi háishi hēchá? hēchá.

3) 我在看电视，你呢？ 我也在看电视。

(22) 他说英语，是英国人还是美国人？ 是美国人。
(23) 你喝咖啡还是喝茶？喝茶。

7:

(24) nǐ shi shuí? wǒ shì wǔ pín, nǐ de Zhōngguó péngyou.
(24) 你是谁？ 我是武苹，你的中国朋友。
(25) zhège shì shénme? zhège shì yī běn shū. (26) dào Běidà lù, zěnme zǒu? wǎng qián zǒu.
(27) wǒmen shénmeshíhòu qù Zhōngguó fànguǎn chīfàn? jīntiān wǎnshang qù, hǎo ba?
(28) tā de yèwùshuǐpíng zěnmeyàng? tā deyèwùshuǐpíng hěn gāo. (29) túshūguǎn zài nàli? túshūguǎn zàixué xiào hòubian.
(30) zhè běn shū shì duōshaoqián? zhè běn shū shì wǔ kuài qián.
(31) jīntiān xīngqī jǐ? jīntiān Xīngqīliù.

(25) 这个是什么？ 这个是 一本书。(26) 到北大路，怎么走？ 往前走。 (27) 我们什么时候去中国饭馆吃饭？ 今天晚上去，好吧？ (28)他的业务水平怎么样？他的业务水平很高。 (29) 图书馆在哪里？ 图书馆在学校后边。 (30) 这本书是多少钱？这本书是五块钱。 (31) 今天星期几？ 今天星期六。

8:

(32) shéi qù ne? wǒmen dōu qù.
(33) wǒ zài kàn diànshì,nǐ ne? wǒ yě zài kàn diànshì.
(32) 谁去呢？我们都去。(3

Einige besondere Satzmuster I

Einleitende Vorbemerkungen zu komplexen Satzstrukturen

(1) tā bùdàn piàoliang,érqiě cōngming.

(1) 她不但漂亮，而且聪明。

(2) yīnwèi shíjiān bùgòu,suǒyǐ wǒ méi fùxí wán.

(2) 因为时间不够，所以我没复习完。

(3) tā shuō wǒmen bù huì shuō Hànyǔ.

(3) 他说我们不会说汉语。

Satzmuster mit Korrelativen und anderen Strukturhilfswörtern im Chinesischen

1:

(1) nǐ lái wǒ jiā, hǎoma?

(1) 你来我家, 好吗？

(2) míngtiān dào Běijīng qù, hǎoma?

(2) 明天到北京去, 好吗？

2:

(1) zhè jiàn shì wǒ hái méi zhīdao ne

(1) 这件事我还没知道呢

(2) nǐ hái méi lái ne.

(2) 你还没来呢。

3:

(1) huǒchē yào kāi le.

(1) 火车要开了。

(2) tiānqì yào lěng le.

(2) 天气要冷了。

4:

(1) tā yī xià chē jiù kànjian xiǎo wàngle

(1) 他一下车 就 看见小王了

(2) tā yī lèi jiù tóuténg.

(2) 他一累就头疼。

5:

(1) tā Hànzì xiě de yòu hǎo yòu kuài

(1) 他汉字写得又好又快

(2) zhège qì yòu piányí yòu hǎo.

(2) 这个汽又便宜又好。

6:

(1) wǒ zuòle zuòyè,jiù kàn diànshì.

(1) 我做了作业，就看电视。

(2) zuótiān wǒmen xiàle kè,jiù qù chéngshì le.

(2) 昨天我们下了课，就去城市了。

7:

(1) tā yàoshi yǒushí jiān,tā jiù kàn diànshì.

(1) 他要是有时间，他就看电视。

(2) yàoshi míngtiān bùshàng kè,wǒmen dōu qù Xī Hú gōngyuán.

(2) 要是明天不上课，我们都去西湖公园。

8:

(1) chúle lǎo wáng yǐwài, lǎo zhāng、lǎoxǔ、lǎo lǐ lái le.

(1) 除了老王以外，老张、老许、老李来了。

(2) chúle lǎo wáng yǐwài,lǎo zhāng、lǎoxǔ、lǎo lǐ hái lái le.

(2) 除了老王以外，老张、老许、老李还 来了。

(3) chúle tā yǐwài,wǒ yě qù le.

(3) 除了他以外，我也去了。

(4) chúle Yuēhàn yǐwài, wǒmen dōu qùguò Chángchéng le.

(4) 除了约翰以外，我们都去过长城了。

9:

(1) xiǎoli bù shì qùle ma?

(1) 小李不是去了吗？

(2) nǐ bù shì xǐhuan tā ma?

(2) 你不是喜欢他吗？

10:

(1) yǒu de huà wǒ tīng bu dǒng.

(1) 有的话我听不懂。

(2) tā de wàiguó péngyou hěn duō, yǒu de shì Yīngguórén,yǒu de shì Měiguórén, yǒu de shì Déguórén.

(2) 他的外国朋友很多，有的是英国人，有的是美国人，有的是德国人。

11:

(1) suīrán xiàyǔ,kěshì tiānqì bù tài lěng.

(1) 虽然下雨，可是天气不太冷。

(2) tā suīrán hěn lèi, dànshì kàn wán shū.

(2) 他虽然很累，但是看完书。

12:

(1) tā bùdàn hěn lèi, érqiě yǒubìng.

(1) 他不但很累，而且有病。

(2) bùdàn tiānqì bùhǎo, érqiě tāmen dōu lái le.

(2) 不但天气不好，而且他们都来了。

Einige besondere Satzmuster II

1:

(1) xiǎo qīng shì shénme shíhòu qù Shànghǎi de?

(1) 小青是什么时候去上海的？

(2) xiǎo qīng shì gēn shéi qù Shànghǎi de?

(2) 小青是跟谁去上海的？

(3) xiǎo qīng shì zěnme qù Shànghǎi de?

(3) 小青是怎么去上海的？

(4) xiǎo qīng shì jīntiān qù Shànghǎi de ma?

(4) 小青是今天去上海的吗？

(5) xiǎo qīng shì yī gè rén qù Shànghǎi de ma?

(5) 小青是一个人去上海的吗？

(6) xiǎo qīng shì zuò huǒchē qù Shànghǎi de ma?

(6) 小青是坐火车去上海的吗？

(7) tā shì zuótiān qù Shànghǎi de.

(7) 她是昨天去上海的。

(8) tā shì gēn xiǎo wáng qù Shànghǎi de.

(8) 她是跟小王去上海的。

(9) tā shì zuò fēijī qù Shànghǎi de.

(9) 她是坐飞机去上海的。

(10) tā shì zuótiān zǒu de.

(10) 他是昨天走的。

(11) tā shì zài Zhōngguó rènshi wǒ de.

(11) 他是在中国认识我的。

(12) wǒ shì zuò huǒchē lái Běijīng de

(12) 我是坐火车来北京的

(12a) wǒ shì zuò huǒchē lái de Běijīng.

(12a) 我是坐火车来的北京。

(13) wǒ shì zàixué xiào qiántou mài de piào.

(13) 我是在学校前头卖的票。

(14) wǒ tàitai shì jīnnián bān dào Běijīng de.

(14) 我太太是今年搬到北京的。

(15) zhège shì qùnián mǎi lái qìchē de

(15) 这个是去年买来汽车的

(16) zhège shì qùnián mǎi lái de qìchē.

(16) 这个是去年买来的汽车。

(17) lǐ xiānsheng shì shénme shíhòu bìyè de?

(17) 李先生是什么时候毕业的？

lǐ xiānsheng shì qùnián bìyè de.

李先生是去年毕业的。

(18) lǐ xiānsheng shì zài nǎr bìyè de?

(18) 李先生是在哪儿毕业的？

lǐ xiānsheng shì zài Běijīng Dàxué bìyè de.

李先生是在北京大学毕业的。

(19) lǐ xiānsheng gēn shéi bìyè de?

(19) 李先生跟谁毕业的？

lǐ xiānsheng gēn wáng xiānsheng bìyè de.

李先生跟王先生毕业的。

(20) lǐ xiānsheng shì zěnme qù dàxué de?

(20) 李先生是怎么去大学的？

lǐ xiānsheng shì qí zìxíngchē qù dàxué de.

李先生是骑自行车去大学的。

(21)lǐ xiānsheng shì zěnme xiě díxìn?

(21)李先生是怎么写的信？

lǐ xiānsheng shì yòng máobǐ xiě díxìn.

李先生是用毛笔写的信。

(22) lǐ xiānsheng qù nàr, tā de lǎoshī zěnme bù zhīdào?

(22) 李先生去那儿，他的老师怎么不知道？

tā shì tōutōu qù de?

他是偷偷去的？

(23) zhè jiàn shìqing shì lǐ xiānsheng gàosu nǐ de ma

(23) 这件事情是李先生告诉你的吗

(24) zhè fú huà tā shì wèiwǒ huà de.

(24) 这幅画他是为我画的。

(25) zhège fàn shì gěi nǐ zuò de

(25) 这个饭是给你做的

(26) tā bù shì zài Yīngguó xué de Yīngwén, tā zài Zhōngguóxué de.

(26) 他不是在英国学的英文，他在中国学的。

(27) wǒ yě shì zài Zhōngguóxué de Yīngwén.

(27) 我也是在中国学的英文。

(28) jīntiān wáng xiānsheng shì shí diǎn bàn cái qǐchuáng de.

(28) 今天王先生是十点半才起床的。

(29) lǐ xiānsheng zuò fēijī lái de.

(29) 李先生坐飞机来的。

(30) wáng xiānsheng bù shì zài Shànghǎi dǎdī diànhuà.

(30) 王先生不是在上海打的电话。

(31) nà shì zài Běijīng mǎi de.

(31) 那是在北京买的。

(32) tārén hěn hēi,shì shài de.

(32) 他人很黑，是晒的。

(33) nǐ shì zǒulù lái de háishi zuò qìchē lái de?

(33) 你是走路来的还是坐汽车来的？

(34) nǐmen shì zài Běijīng rènshi de ba?

(34) 你们是在北京认识的吧？

(35) (I) A：tā mǎi qìchē le ma?

(35) (I) A：他买汽车了吗？

            B：mǎi le.

            B：买了。

   (II) A：shì shénme shíhòu mǎi de?

   (II) A：是什么时候买的？

            B：shì zuótiān mǎi de.

            B：是昨天买的。

  (III) A：shì zài nǎr mǎi de?

  (III) A：是在哪儿买的？

            B：shì zài Běijīng mǎi de.

            B：是在北京买的。

2:

(1) tā bǎ jīntiān de zuòyè zuòwán.

(1) 他把今天的作业做完。

(2) tā bǎ jīntiān de zuòyè zuòwán.

(2) 他把今天的作业做完。

(2) * wǒ bǎ fàn chībǎo le.

(2) * 我把饭吃饱了。

(3) wǒ bǎ fàn chīwán le.

(3) 我把饭吃完了。

(4) zuótiān tā bǎ háizi cóng Běijīng dài-lái le.

(4) 昨天她把孩子从北京带来了。

(5) tā bǎ yǐzi bān dào lóushàng qù le.

(5) 他把椅子搬到楼上去了。

tā bǎ shū wàng zài túshūguǎn le.

他把书忘在图书馆了。

(7) bǎ zhèxiē shū mài gěi tā ba

(7) 把这些书卖给他吧

(8) qǐng nǐ bǎ zhè gè jùzi fānyì chéngdé yǔ.

(8) 请你把这个句子翻译成德语。

(9) tā bǎ wǒ dāng zuòhǎo péngyou.

(9) 他把我当作好朋友。

(10) bié bǎ yàoshi diū le.

(10) 别把钥匙丢了。

(11) qǐng bǎ zhè kuài biǎo xiūxiu

(11) 请把这块表修修

(12) gōngzuò hé jiāwù bǎ tā lèi débìng dào le.

(12) 工作和家务把她累得病倒了。

(13) bǎ zhè piān kèwén niàn sān biàn

(13) 把这篇课文念三遍

(14) wǒmen yīdìng yào bǎ chǎnliàng tígāo bǎi fēnzhī èr.

(14) 我们一定要把产量提高百分之二。

(15) nǐ shuìjiào zěnme hái bǎ dēng kāizhe? tài fèidiàn le!

(15) 你睡觉怎么还把灯开着？太费电了！

(16) wǒ yǐjing bǎ ròu kǎo le wǔ fēnzhōng le,zài kǎo jiù gāi kǎo hú le.

(16) 我已经把肉烤了五分钟了，在烤就该烤糊了。

(17) wǒ méi bǎ qìchē mài gěi tā de péngyou.

(17) 我没把汽车卖给他的朋友。

(18) wǒ bù xiǎng bǎ zhè jiàn shì gàosu tā.

(18) 我不想把这件事告诉他。

(19) wǒmen dōu bǎ Zhōngwén zuòyè zuòwán le.

(19) 我们都把中文作业做完了。

(20) wǒmen bǎ Zhōngwén zuòyè dōu zuòwán le.

(20) 我们把中文作业都做完了。

(21) *nǐ bǎ gōngzuò zuòde wán.

(21) *你把 工作做得完。

3:

(1) wǒmen dōu shì xuésheng.

(1) 我们都是学生。

(2) tāmen dōu lái le.

(2) 他们 都来了。

(3) qìchē dōu mài le.

(3) 汽车都卖 了。

(4) *shū、 bào、 zázhì, wǒ dōu yāomǎi.

(4) *书、报、 杂志，我都要买。

(5) shū、 bào、 zázhì dōu wǒ yào mǎi.

(5) 书、报、 杂志都我要买。

(6) tāmen yě lái le.

(6) 他们也来了。

(7) wǒmen dōu shì Zhōngguórén, tāmen yě dōu shì Zhōngguórén.

(7) 我们都是中国人， 他们也 都是中国人。

(8) tāmen yě dōu shì nánren.

(8) 他们也都是男人。

(9) wǒ hěn hǎo, tāmen yě dōu hěn hǎo.

(9) 我很好，他们也都很好。

(10) nǐ lái, xīwàng tāmen yě dōu lái.

(10) 你来，希望他们也都来。

4:

(1) lǐ xiānsheng bǐ wáng xiānsheng máng.

(1) 李先生比王先生忙。

(2) xiǎoli èrshíyī suì, xiǎo wáng shíjiǔ suì; xiǎoli bǐ xiǎo wáng dà.

(2) 小李二十一岁，小王十九岁；小李比小王大。

(3) xiǎo wáng tiàowǔ tiào dé bǐ xiǎoli hǎo.

(3) 小王跳舞跳得比小李好。

(3) wǒ yǒu nǐ chàng dé hǎo.

(3) 我有你唱得 好。

(4) wǒ méiyǒu nǐ chàng dé hǎo.

(4) 我没有你唱得 好。

(5) nǐ yǒu wǒ gāo ma?

(5) 你有我高吗？

(6) tā de Hànyǔ shuǐpíng bùrú nǐ gāo.

(6) 他的汉语水平不如你高。

(7) zhège qìchē bùrú nàge qìchē piányi.

(7) 这个汽车不如那个汽车便宜。

(8) tā Hànyǔ shuō de hěn hǎo, tā mèimei shuō de gèng hǎo.

(8) 他汉语说得很好，他妹妹说得更好。

(9) zhècì kǎoshì tā de chéngjì zuìhǎo.

(9) 这次考试她的成绩最好。

(10) jīntiān de tiānqì gēn zuótiān yīyàng.

(10) 今天的天气跟昨天一样。

(11) wǒ mǎi de qìchē gēn nǐ de yīyàng guì.

(11) 我买的汽车跟你的一样贵。

LITERATURVERZEICHNIS

Beijing Yuyanxueyuan Juxing Yanjiu Xiaozu (Forschungsgruppe Satzmodelle am Pekinger Fremdspracheninstitut): Xiandai Hanyu Jiben Juxing ("*Grundlegende Satzmodelle des modernen Chinesisch*), in: SHIJIE HANYU JIAOXUE (Chinese Language Teaching In The World,), Nr. 1 ff., S. 26 ff., Peking 1989 ff.

CHANGYONG HANZI DE BIHUA BISHUN (Nachschlagewerk zur Schreibstrichfolge der am häufigsten verwendeten Schriftzeichen (Kurzzeichen),), Hongkong, o.J.
CI HAI, Shanghai 1979
CI YUAN, Peking 1946
CONGMING DE XIAOBAITU (Lektüreband für chinesische Grundschulen), Peking 1992

HANYING CIDIAN (CHINESE-ENGLISH DICTIONARY), Peking 1988
HANYU SHUIPING DENGJI BIAOZHUN HE DENGJI DAGANG (Lehr- und Anforderungsplan für den Unterricht von Chinesisch als Fremdsprache auf verschiedenen Niveaustufen), Peking 1988
HANYU YUFA XIU CIDIAN, Hefei 1988
HELBIG, G. / BUSCHA, J.: Deutsche Grammatik. Ein Handbuch für den Ausländerunterricht. München 2001 (8., neu bearbeitete Auflage, Leipzig 1984).

JINGXUAN YINGHAN HANYING CIDIAN (Concise English-Chinese/Chinese-English Dictionary), Hongkong 1986

KUPFER, P.: Die Wortarten im modernen Chinesischen. Zur Entwicklung und Etablierung einer grammatischen Kategorie im Rahmen der chinesischen Linguistik. Dissertation Universität Bonn, Bonn 1979

Li, Yude: Xiandai Hanyu Shiyong Yufa, Verlag für Erziehung und Wissenschaft, Peking 1995.
LÜ, Shuxiang(Hrsg.): Xiandai Hanyu Babai Ci (800 Worte des Modernen Chinesisch, Lexikon mit grammatischen und bedeutungsmäßigen Angaben zu 800 Worten des Modernen Chinesisch). Erweiterte Auflage. Peking 2002.

MA JIANZHONG: MASHI WENTONG, Peking 1983 (Shanghai 1898)
MENG CONG et al.: DONGCI YONGFA CIDIAN, Shanghai 1987

NORMAN, Jerry : Chinese, Cambridge 1988.

SCHMIDT, Muhammad Wolfgang G. A.(= Schmidt, W. G. A.): Zur Bildung einer fachspezifischen Terminologie in den Sprachen der Dritten Welt in der nachkolonialen Periode. Dargestellt am Beispiel des Kiswahili und des Chinesischen. M.A.-Arbeit, FU Berlin 1981, Berlin 1981
-------------: Zu einigen Grundfragen der chinesischen Sprachwissenschaft, in: KUBIN, W./STERMANN, K.(Hrsg.): ZIELSPRACHE CHINESISCH, Beiträge zur Sprachbeschreibung und -unterrichtung. Bonn 1986a, S. 129 - 154.
-------------: Kopulasätze des Deutschen und ihre Wiedergabe im Chinesischen. Eine kontrastive Analyse aus valenztheoretischer Sicht. Dissertation FU Berlin 1986. Frankfurt a.M.- Bern- New York 1986b
----------- : Kontrastive Grammatikanalyse und Valenztheorie. Teil I: Eine Einfüh-

rung in Konzeption und Methode an Hand des Deutschen und des Koreanischen. Teil II: Anwendungen und Beispiele an Hand des Deutschen und des Koreanischen. Deutsche Hochschulschriften (DHS) 2431, Egelsbach 1996b.

------------ : Kopulasätze des Deutschen und ihre Wiedergabe im Chinesischen. Eine kontrastive Analyse aus valenztheoretischer Sicht. DHS 2377, Egelsbach 1996c (Frankfurt a.M., Bern, New York 1986).

----------- : Grammatische Grundmuster der modernen chinesischen Umgangssprache und Kontrastanalyse Chinesisch-Deutsch. Unter Einbezug valenztheoretischer Fragestellungen und mit kontrastiven und methodischen Handreichungen für den Unterricht von Chinesisch und Deutsch als Fremdsprache. DHS 2378, Egelsbach 1996d (Mikroedition Verlag Hänsel-Hohenhausen, Deutsche Hochschulschriften Bd. 2378).

-------------: Grundzüge einer kontrastiven Valenzgrammatik für den Fremdsprachenunterricht. Deskriptive, sprachtypologische und curriculare Aspekte am Beispiel des Deutschen, Koreanischen und Chinesischen. DHS 2392, Egelsbach 1997a (=Habilitationsschrift Bochum 1990b).

Speaking Chinese. 300 Grammatical Points. 2. Auflage 2000, New World Press, Peking 2000.

Speed Up Chinese, Peking University Press, Peking 1997.

WAIGUOREN SHIYONG HANYU YUFA (A Practical Chinese Grammar For Foreigners,), Peking 1988

WANG, Li: Zhongguo Yufa Lilun, Bd. I - II, Peking 1957 (1954).

WU, Ping: Practical Chinese Grammar. Ebook. Peking 2008. Vertrieb über www.applechinese.com

XIANDAI HANYU BABAI CI, Peking 1980 (=vgl. Lü Shuxiang, 2001).

XIN HANDE CIDIAN (Neues Chinesisch-Deutsches Wörterbuch),Hongkong 1 986 (1985)

XINHUA ZIDIAN, Peking 1987

XINHUA ZIDIAN. With English Annotation, Peking 2000.

XUE HANYU (Learning Chinese), Peking, Nr. 1-12/1988, Nr. 1-12/1989, Nr.1-12/1990

YUYAN WENZI GUIFAN SHOUCI (Wissenswertes zu Schriftzeichen,), Peking 1991

ZHANG, Pengpeng: Intensive Spoken Chinese, Sinolingua, Peking 2001.

ZHONGGUO YUYANXUE SHI, Bd. I - III, Taiyuan 1983

ZHAO, Yuan-Ren: ZHONGGUOHUA DE WENFA, Hongkong1980

ZHONGGUOHUA (GUOYU HUIHUA), Bd. I, Mandarin Training Center, National Taiwan Normal University, Taibei 1984.

ZUI XIN SHIYONG HANYING CIDIAN (A New Practical Chinese-English Dictionary, enthält Langzeichen und viele Elemente der klassischen Schriftsprache), Taibei 1971

Daodejing, Spruch 1

老子道經
第一章

道可道，非常道。名可名，非
常名。
無，名天地之始；有，名萬物
之母。
故常無，欲以觀其妙；常有，
欲以觀其徼。
此兩者，同出而異名，同謂之
玄。
玄之又玄，眾妙之門。

Das Dao, das man aussprechen kann, ist nicht das ewige Dao.

Der Name, den man erklären kann, ist nicht der ewige Name.

Namenlos ist der Anfang von Himmel und Erde.

Der vorhandene Name ist die Mutter aller Dinge.

Ohne Begierden wird man das Geheimnisvolle schauen.

Mit Begierden wird man nur die Grenzen erblicken.

Diese Beiden sind gleich und doch einander fremd.

Sie gleichen dem, was Dunkelheit genannt wird.

Dunkelheit ist ihrerseits Dunkelheit;

Alles ist eingehüllt in das Geheimnisvolle.

Aus: SCHMIDT, MUHAMMAD W. G. A. (Übers./Hrsg.): Laozi Daodejing oder Der Klassiker vom Dao und vom De. Aus dem klassisch-chinesischen Urtext übersetzt. Mit Kommentar und vielen anderen Beigaben. viademica.verlag, Berlin 2015, 2. Auflage, S. 3

www.ingramcontent.com/pod-product-compliance
Lightning Source LLC
Chambersburg PA
CBHW080358030426
42334CB00024B/2924